Type & Practice

유형과 실전

YONSEI

TOPIK II

Test of Proficiency in Korean

Reading

토픽을 체계적으로 공부하기 위한

연세 토픽 II 읽기

연세대학교 한국어학당 편

연세대학교 출판문화원

토픽을 체계적으로 공부하기 위한

연세 토픽 II 읽기

- 유형과 실전 -

편저자 연세대학교 한국어학당 교재편찬위원회
집필진 한상미 · 윤은미 · 김영희 · 유연희 · 조하민 · 김주은
펴낸곳 연세대학교 출판문화원

주소 서울시 서대문구 연세로 50
전화 02) 2123-3380~2
팩스 02) 2123-8673
ysup@yonsei.ac.kr
http://press.yonsei.ac.kr
등록 1955년 10월 13일 제9-60호
인쇄 (주)네오프린텍

2016년 4월 28일 1판 1쇄
2024년 4월 12일 1판 6쇄
ISBN 978-89-6850-150-0 (03710)

값 20,000원

머리말

1959년 설립된 후 지금까지 한국 내 한국어 교육을 선도해 온 연세대학교 언어연구교육원 한국어학당에서는 한국어 교육의 질을 높이기 위해 그 동안 많은 교재를 편찬해 왔다. 최근 한국어 학습자가 증가하고 한국어 학습의 목적도 다양해짐에 따라 한국어 교재에 대한 요구도 다양해지고 있다. 학습자 요구가 강한 교재 중의 하나가 한국어능력시험(TOPIK)대비서이다. 이에 연세대학교 언어연구교육원 한국어학당에서는 한국어능력시험(TOPIK)에 보다 체계적으로 대비할 수 있는 교재로서 연세 토픽Ⅱ 시리즈를 출간하게 되었다.

연세 토픽Ⅱ 시리즈는 한국어능력시험(TOPIK)의 '읽기 영역'에 대비하고 읽기 능력을 집중적으로 향상시킬 수 있는 『연세 토픽 Ⅱ 읽기』와 한국어능력시험(TOPIK) 의 '듣기 영역'에 대비하고 듣기 능력을 집중적으로 향상시킬 수 있는 『연세 토픽 Ⅱ 듣기』로 구성되어 있다.

연세 토픽Ⅱ 시리즈는 한국어능력시험(TOPIK)의 문제 유형을 분석하여 유형별로 문항에 대한 이해력과 적용력을 기를 수 있도록 유도한 '유형편'과 실제 시험 형태와 같은 구조로 시험에 대한 적응력을 기를 수 있도록 유도한 '실전편'으로 구성되어 있다. 뿐만 아니라 학습자들이 '유형편'과 '실전편'을 공부하는 동안 자연스럽게 한국어 어휘력과 고급 읽기 및 듣기 능력이 축적될 수 있도록 다양한 영역의 주제들을 다루었다.

연세 토픽 Ⅱ 시리즈는 한국어능력시험(TOPIK)에 대비하고자 하는 학습자뿐만 아니라 한국 대학이나 대학원에서 공부하려고 하는 학습자들에게도 훌륭한 고급 한국어 교재가 될 수 있을 것이다. 또한 한국 내에서 공부하고 있는 학습자는 물론 한국 밖에서 한국어를 공부하는 학습자에게도 좋은 안내서, 대비서가 될 것이다. 이 책이 보다 많은 학습자들에게 도움이 되기를 바란다.

연세대학교 언어연구교육원
한국어학당 교재편찬위원회

일러두기

- 『연세 토픽 II 읽기』는 한국어능력시험(TOPIK) II 읽기를 준비하는 외국인 및 교포 학습자들을 위한 교재이며 유형편과 실전편으로 나누어 구성하였다.
- 본 교재는 유형편 5회 250문항, 실전편 5회 250문항으로 총 500문항을 수록하였다.
- 유형편은 각 유형별로 분류하여 구성하였다. 유형별 연습문제 풀이를 통해 한국어능력시험에 출제되는 유형들에 대한 이해에 도움이 되고자 하였다. 유형편은 유형 제목, 문제풀이 방법, 예시문제, 예시문제 정답 및 문제풀이, 연습문제, 연습문제 정답 및 문제풀이의 순으로 구성하였다.

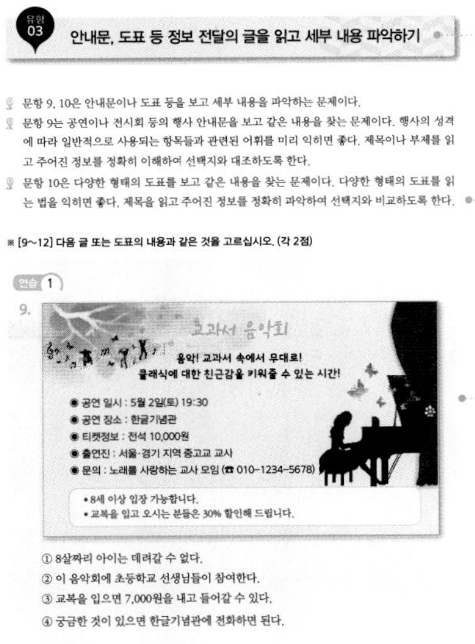

유형 03 안내문, 도표 등 정보 전달의 글을 읽고 세부 내용 파악하기

- 문항 9, 10은 안내문이나 도표 등을 보고 세부 내용을 파악하는 문제이다.
- 문항 9는 공연이나 전시회 등의 행사 안내문을 보고 같은 내용을 찾는 문제이다. 행사의 성격에 따라 일반적으로 사용되는 항목들과 관련된 어휘를 미리 익히면 좋다. 제목이나 부제를 읽고 주어진 정보를 정확히 이해하여 선택지와 대조하도록 한다.
- 문항 10은 다양한 형태의 도표를 보고 같은 내용을 찾는 문제이다. 다양한 형태의 도표를 읽는 법을 익히면 좋다. 제목을 읽고 주어진 정보를 정확히 파악하여 선택지와 비교하도록 한다.

※ [9~12] 다음 글 또는 도표의 내용과 같은 것을 고르십시오. (각 2점)

연습 1

9.

① 8살짜리 아이는 데려갈 수 없다.
② 이 음악회에 초등학교 선생님들이 참여한다.
③ 교복을 입으면 7,000원을 내고 들어갈 수 있다.
④ 궁금한 것이 있으면 한글기념관에 전화하면 된다.

14 연세 토픽 II 읽기

- 유형별로 어떠한 유형의 문제인지를 알 수 있도록 제목을 제시하였다.
- 문제풀이에 도움이 될 수 있는 풀이 방법을 제시하여 학습자가 문제를 풀이할 때 도움이 되도록 하였다.
- 유형별로 예시문제를 제공하여 학습자가 예시문제를 통해 문제를 이해하고 풀이하는 데 도움을 주고자 하였다.

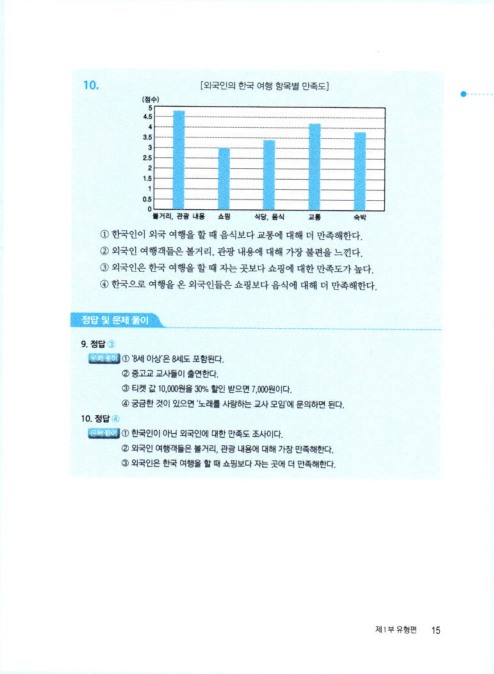

10.

[외국인의 한국 여행 항목별 만족도]

① 한국인이 외국 여행을 할 때 음식보다 교통에 대해 더 만족해한다.
② 외국인 여행객들은 볼거리, 관광 내용에 대해 가장 불편을 느낀다.
③ 외국인은 한국 여행을 할 때 자는 곳보다 쇼핑에 대한 만족도가 높다.
④ 한국으로 여행을 온 외국인들은 쇼핑보다 음식에 대해 더 만족해한다.

정답 및 문제 풀이

9. 정답 ③
문제 풀이 ① '8세 이상'은 8세도 포함된다.
② 중고교 교사들이 출연한다.
③ 티켓 값 10,000원을 30% 할인 받으면 7,000원이다.
④ 궁금한 것이 있으면 '노래를 사랑하는 교사 모임'에 문의하면 된다.

10. 정답 ④
문제 풀이 ① 한국인이 아닌 외국인에 대한 만족도 조사이다.
② 외국인 여행객들은 볼거리, 관광 내용에 대해 가장 만족해한다.
③ 외국인은 한국 여행을 할 때 쇼핑보다 자는 곳에 더 만족해한다.

제1부 유형편 15

예시문제 제시 후에는 정답과 문제풀이를 제공하여 학습자가 스스로 문제풀이를 확인해 볼 수 있도록 하였다.

예시문제와 유사한 연습문제들을 덧붙여 공부한 내용을 점검해 볼 수 있도록 구성하였다.

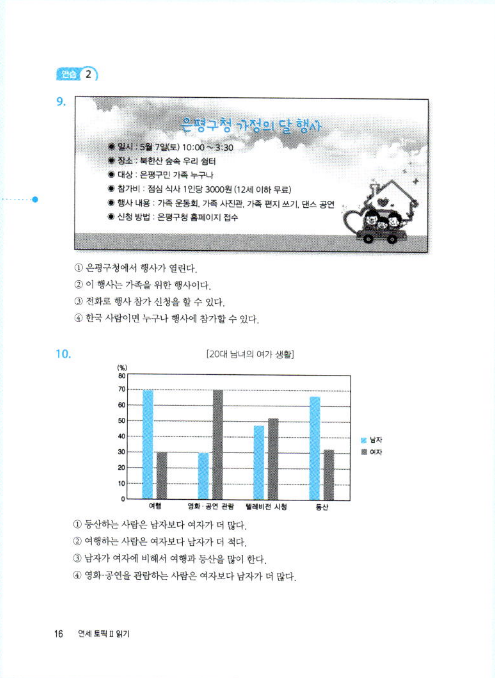

연습 2

9.

① 은평구청에서 행사가 열린다.
② 이 행사는 가족을 위한 행사이다.
③ 전화로 행사 참가 신청을 할 수 있다.
④ 한국 사람이면 누구나 행사에 참가할 수 있다.

10.

[20대 남녀의 여가 생활]

① 등산하는 사람은 남자보다 여자가 더 많다.
② 여행하는 사람은 여자보다 남자가 더 적다.
③ 남자가 여자에 비해서 여행과 등산을 많이 한다.
④ 영화·공연을 관람하는 사람은 여자보다 남자가 더 많다.

16 연세 토픽 II 읽기

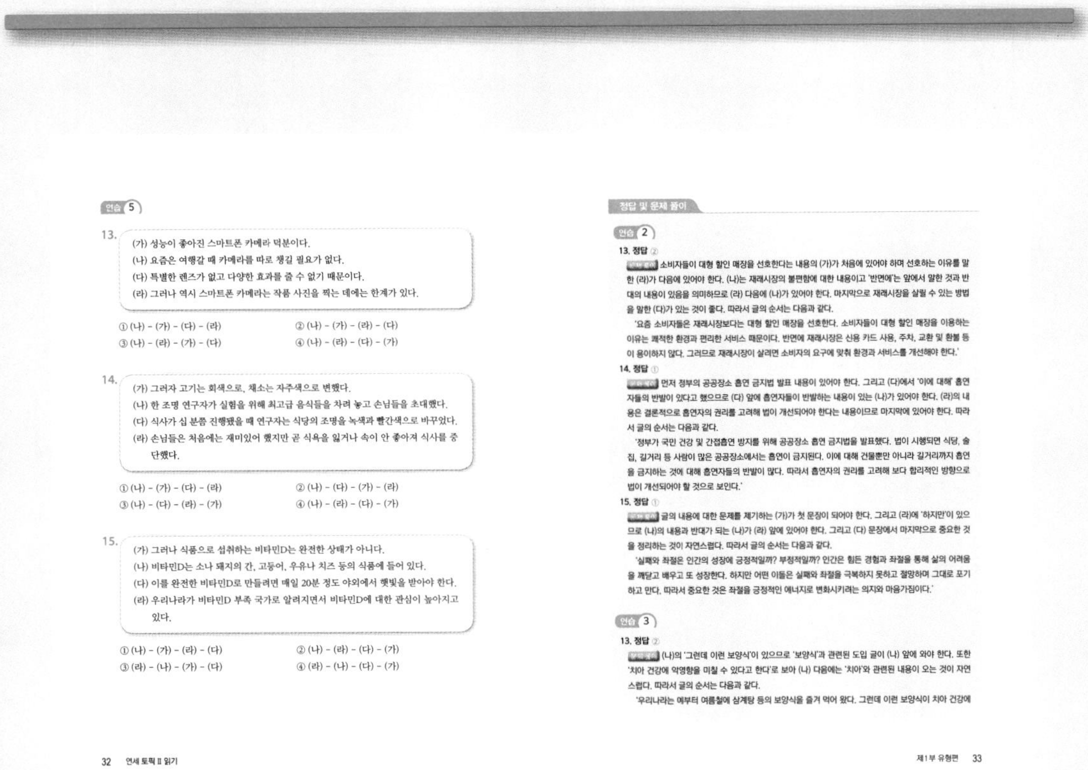

연습 5

13.

(가) 성능이 좋아진 스마트폰 카메라 덕분이다.
(나) 요즘은 여행갈 때 카메라를 따로 챙길 필요가 없다.
(다) 특별한 렌즈가 없고 다양한 효과를 줄 수 없기 때문이다.
(라) 그러나 역시 스마트폰 카메라는 작품 사진을 찍는 데에는 한계가 있다.

① (나) - (가) - (다) - (라)　② (나) - (가) - (라) - (다)
③ (나) - (라) - (가) - (다)　④ (나) - (라) - (다) - (가)

14.

(가) 그러자 고기는 회색으로, 채소는 자주색으로 변했다.
(나) 한 조명 연구자가 실험을 위해 최고급 음식들을 차려 놓고 손님들을 초대했다.
(다) 식사가 십 분쯤 진행됐을 때 연구자는 식당의 조명을 녹색과 빨간색으로 바꾸었다.
(라) 손님들은 처음에는 재미있어 했지만 곧 식욕을 잃거나 속이 안 좋아져 식사를 중단했다.

① (나) - (가) - (다) - (라)　② (나) - (다) - (가) - (라)
③ (나) - (다) - (라) - (가)　④ (나) - (라) - (다) - (가)

15.

(가) 그러나 식품으로 섭취하는 비타민D는 완전한 상태가 아니다.
(나) 비타민D는 소나 돼지의 간, 고등어, 우유나 치즈 등의 식품에 들어 있다.
(다) 이를 완전한 비타민D로 만들려면 매일 20분 정도 야외에서 햇빛을 받아야 한다.
(라) 우리나라가 비타민D 부족 국가로 알려지면서 비타민D에 대한 관심이 높아지고 있다.

① (나) - (가) - (라) - (다)　② (나) - (라) - (다) - (가)
③ (라) - (나) - (가) - (다)　④ (라) - (나) - (다) - (가)

32　연세 토픽 II 읽기

정답 및 문제 풀이

연습 2

13. 정답 ②

소비자들이 대형 할인 매장을 선호한다는 내용의 (가)가 처음에 있어야 하며 선호하는 이유를 말한 (라)가 다음에 있어야 한다. (나)는 재래시장의 불편함에 대한 내용이고 '반면에'는 앞에서 말한 것과 반대의 내용이 있음을 의미하므로 (라) 다음에 (나)가 있어야 한다. 마지막으로 재래시장을 살릴 수 있는 방법을 말한 (다)가 있는 것이 좋다. 따라서 글의 순서는 다음과 같다.

'요즘 소비자들은 재래시장보다는 대형 할인 매장을 선호한다. 소비자들이 대형 할인 매장을 이용하는 이유는 쾌적한 환경과 편리한 서비스 때문이다. 반면에 재래시장은 신용 카드 사용, 주차, 교환 및 환불 등이 용이하지 않다. 그러므로 재래시장이 살려면 소비자의 요구에 맞춰 환경과 서비스를 개선해야 한다.'

14. 정답 ①

먼저 정부의 공공장소 흡연 금지법 발표 내용이 있어야 한다. 그리고 (다)에서 '이에 대해' 흡연자들의 반발이 있다고 했으므로 (다) 앞에 흡연자들이 반발하는 내용이 있는 (나)가 있어야 한다. (라)의 내용은 결론적으로 흡연자의 권리를 고려해 법이 개선되어야 한다는 내용이므로 마지막에 있어야 한다. 따라서 글의 순서는 다음과 같다.

'정부가 국민 건강 및 간접흡연 방지를 위해 공공장소 흡연 금지법을 발표했다. 법이 시행되면 식당, 술집, 길거리 등 사람이 많은 공공장소에서는 흡연이 금지된다. 이에 대해 건물뿐만 아니라 길거리까지 흡연을 금지하는 것에 대해 흡연자들의 반발이 많다. 따라서 흡연자의 권리를 고려해 보다 합리적인 방향으로 법이 개선되어야 할 것으로 보인다.'

15. 정답 ①

글의 내용에 대한 문제를 제기하는 (가)가 첫 문장이 되어야 한다. 그리고 (라)에 '하지만'이 있으므로 (나)의 내용과 반대가 되는 (나)가 (라) 앞에 있어야 한다. 그리고 (다) 문장에서 마지막으로 중요한 것을 정리하는 것이 자연스럽다. 따라서 글의 순서는 다음과 같다.

'실패와 좌절은 인간의 성장에 긍정적일까? 부정적일까? 인간은 힘든 경험과 좌절을 통해 삶의 어려움을 깨닫고 배우고 또 성장한다. 하지만 어떤 이들은 실패와 좌절을 극복하지 못하고 절망하며 그대로 포기하고 만다. 따라서 중요한 것은 좌절을 긍정적인 에너지로 변화시키려는 의지와 마음가짐이다.'

연습 3

13. 정답 ②

(나)의 '그런데 이런 보양식'이 있으므로 '보양식'과 관련된 도입 글이 (나) 앞에 와야 한다. 또한 '치아 건강에 악영향을 미칠 수 있다고 한다'로 보아 (나) 다음에는 '치아'와 관련된 내용이 오는 것이 자연스럽다. 따라서 글의 순서는 다음과 같다.

'우리나라는 예부터 여름철에 삼계탕 등의 보양식을 즐겨 먹어 왔다. 그런데 이런 보양식이 치아 건강에

제1부 유형편　33

연습문제 제시 후에는 정답과 문제풀이를 제공하여 학습자가 스스로 공부할 수 있도록 하였다.

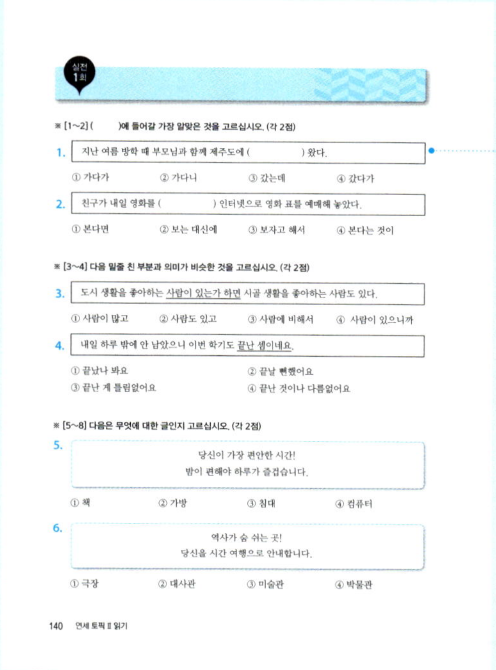

실전 1회

※ [1~2] ( )에 들어갈 가장 알맞은 것을 고르십시오. (각 2점)

1. 지난 여름 방학 때 부모님과 함께 제주도에 ( ) 왔다.

① 가다가 ② 가다니 ③ 갔는데 ④ 갔다가

2. 친구가 내일 영화를 ( ) 인터넷으로 영화 표를 예매해 놓았다.

① 본다면 ② 보는 대신에 ③ 보자고 해서 ④ 본다는 것이

※ [3~4] 다음 밑줄 친 부분과 의미가 비슷한 것을 고르십시오. (각 2점)

3. 도시 생활을 좋아하는 사람이 있는가 하면 시골 생활을 좋아하는 사람도 있다.

① 사람이 많고 ② 사람도 있고 ③ 사람에 비해서 ④ 사람이 있으니까

4. 내일 하루 밖에 안 남았으니 이번 학기도 끝난 셈이네요.

① 끝났나 봐요 ② 끝날 뻔했어요
③ 끝난 게 틀림없어요 ④ 끝난 것이나 다름없어요

※ [5~8] 다음은 무엇에 대한 글인지 고르십시오. (각 2점)

5. 당신이 가장 편안한 시간!
밤이 편해야 하루가 즐겁습니다.

① 책 ② 가방 ③ 침대 ④ 컴퓨터

6. 역사가 숨 쉬는 곳!
당신을 시간 여행으로 안내합니다.

① 극장 ② 대사관 ③ 미술관 ④ 박물관

140 연세 토픽 II 읽기

실전편은 총 5회로 구성하여 한국어능력시험을 보기 전에 실제와 유사한 형태의 문제들을 접할 수 있도록 하였다.

실전 5회 정답

1	2	3	4	5	6	7	8	9	10
④	③	④	④	③	③	①	②	③	④
11	12	13	14	15	16	17	18	19	20
③	①	③	②	①	②	③	②	④	①
21	22	23	24	25	26	27	28	29	30
③	③	①	④	③	②	①	④	②	①
31	32	33	34	35	36	37	38	39	40
③	③	④	④	②	④	③	④	④	③
41	42	43	44	45	46	47	48	49	50
②	②	①	④	④	③	③	④	③	④

실전 1회 문항 구성표

문항	문형 유형	배점	대주제 / 소주제	텍스트 유형
1	어휘나 표현의 의미 파악하기	2점	문법(-았다가) / 여행	문장
2	어휘나 표현의 의미 파악하기	2점	문법(-자고 하다) / 영화표 예매	문장
3	어휘나 표현의 의미 파악하기	2점	문법(-는가 하면) / 도시·시골 생활	문장
4	어휘나 표현의 의미 파악하기	2점	문법(-는 셈이다) / 학기	문장
5	광고, 안내문 등 실용적인 글을 읽고 글의 핵심 내용 파악하기	2점	광고 / 침대	광고문
6	광고, 안내문 등 실용적인 글을 읽고 글의 핵심 내용 파악하기	2점	광고 / 박물관	광고문
7	광고, 안내문 등 실용적인 글을 읽고 글의 핵심 내용 파악하기	2점	광고 / 대중교통	광고문
8	광고, 안내문 등 실용적인 글을 읽고 글의 핵심 내용 파악하기	2점	광고 / 예매 안내	광고문
9	안내문, 도표 등 정보 전달의 글을 읽고 세부 내용 파악하기	2점	문화 / 한강길 걷기 대회	행사 안내문
10	안내문, 도표 등 정보 전달의 글을 읽고 세부 내용 파악하기	2점	경제 / 대학생 용돈 사용	그래프
11	안내문, 도표 등 정보 전달의 글을 읽고 세부 내용 파악하기	2점	문화 / 외국인 노래자랑 대회	소개글
12	안내문, 도표 등 정보 전달의 글을 읽고 세부 내용 파악하기	2점	사회 / 농촌 체험	기사문
13	글 단위 간의 관계 추론하기	2점	사회 / 주차 문화	설명문

부록으로 토픽 읽기 실전편 정답 및 문항구성표를 수록하여 학습자가 정답을 확인하고 문항 관련 주요 정보를 이해할 수 있도록 하였다.

차례

머리말 ····· iii

일러두기 ····· iv

제1부 유형편

01 어휘나 표현의 의미 파악하기 ····· 2
02 광고, 안내문 등 실용적인 글을 읽고 글의 핵심 내용 파악하기 ····· 8
03 안내문, 도표 등 정보 전달의 글을 읽고 세부 내용 파악하기 ····· 14
04 글 단위 간의 관계 추론하기 I ····· 27
05 세부 내용 추론하기 ····· 36
06 핵심 내용, 세부 내용 파악하기 ····· 44
07 기사의 제목을 읽고 제목의 세부 내용 파악하기 ····· 61
08 세부 내용 추론하기 ····· 67
09 세부 내용 추론하기 ····· 77
10 주제 추론하기 ····· 87
11 글 단위 간의 관계 추론하기 II ····· 100
12 핵심 내용, 세부 내용 파악하기 ····· 110

제2부 실전편

실전 **1**회 ····· 140
실전 **2**회 ····· 158
실전 **3**회 ····· 176
실전 **4**회 ····· 195
실전 **5**회 ····· 214

부록 실전편 : 정답 및 문항 구성표

정답 ····· 235
문항 구성표 ····· 238

제 1 부

유형편

연세 토픽 II

읽기

유형 01 어휘나 표현의 의미 파악하기

문항 1, 2는 제시된 하나의 문장을 읽고 괄호 안에 들어갈 어휘나 표현을 찾는 문제이다. 주어진 문장의 어휘와 문법을 토대로 문장의 의미를 파악하여 문맥에 맞는 어휘나 표현을 찾도록 한다. 알맞은 어휘를 고르는 문제도 있으나 주로 연결 어미[1] 및 종결 어미[2], 그리고 여러 문법 요소가 결합된 표현을 고르는 문제이므로 중급 수준의 어휘와 문법의 의미를 잘 익혀 놓아야 한다.

※ [1~2] (　　　)에 들어갈 가장 알맞은 것을 고르십시오. (각 2점)

연습 1

1. 아침에 (　　　　　　) 고향에 계시는 부모님께 전화를 드렸다.

① 일어나는데　② 일어나는 대로　③ 일어나자마자　④ 일어나고 해서

2. 나는 나중에 돈을 많이 (　　　　　　) 가난한 사람을 돕고 싶다.

① 못 벌어서　② 못 벌어도　③ 못 벌던데　④ 못 벌고도

정답 및 문제 풀이

1. 정답 ③

문제 풀이 ③ '-자마자'는 어떤 상황이 일어나고 바로 그 다음에 잇따라 또 다른 상황이 일어남을 나타낸다.

2. 정답 ②

문제 풀이 ② '-어도'는 앞선 행위나 상태와 관계없이 꼭 뒤의 일이 있음을 나타낸다.

1) 어간에 붙어 다음 말에 연결하는 기능을 하는 어미. '-고', '-며', '-나', '-러', '-도록' 따위가 있다.
2) 용언을 서술어로 만들어 문장을 끝맺게 하는 어미. 동사에는 평서형, 감탄형, 의문형, 명령형, 청유형이 있고, 형용사에는 평서형, 감탄형, 의문형이 있다. '-다', '-구나', '-느냐', '-라', '-자' 따위가 이에 해당한다.

연습 2

1. 날이 갈수록 공장과 자동차가 (   ) 도시의 공기가 나빠지고 있다.

① 늘면서 ② 늘다가 ③ 많아져야 ④ 많아져도

2. 수업이 끝나고 집에 (   ) 슈퍼마켓에 들러서 우유를 샀다.

① 돌아오려고 ② 돌아왔다가 ③ 돌아오느라고 ④ 돌아오는 길에

연습 3

1. 일요일에 일을 (   ) 월요일에 쉰다.

① 하면서도 ② 하다가도 ③ 하는 대신에 ④ 할 뿐만 아니라

2. 여행 준비를 다 했으니까 이제 (   ).

① 떠날 만해요 ② 떠날 뿐이에요
③ 떠난 모양이에요 ④ 떠나기만 하면 돼요

연습 4

1. 내가 가고 싶은 학교는 입학하기가 (   ) 졸업하기도 어렵다.

① 어렵거나 ② 어렵던데
③ 어려워도 ④ 어려울 뿐만 아니라

2. 어젯밤에 시험공부를 (   ) 잠을 자지 못했다.

① 하더니 ② 하는데도 ③ 하느라고 ④ 했을 테니까

연습 5

1. 옆 교실에 (   ) 아무도 없었다.

① 가니까　　② 가도록　　③ 가는데　　④ 간다면

2. 학생증이 (   ) 도서관에 들어갈 수 있다.

① 있어야　　② 있거나　　③ 있든지　　④ 있으면서

정답 및 문제 풀이

연습 2

1. 정답 ①

문제 풀이 ① '-으면서'는 어떤 행위를 하거나 어떤 상태를 유지하면서 동시에 다른 행위를 하거나 다른 상태도 가지고 있음을 나타낸다.

2. 정답 ④

문제 풀이 ④ '-는 길에'는 '가거나 오는 도중이나 기회에'의 의미를 나타낸다.

연습 3

1. 정답 ③

문제 풀이 ③ '-는 대신에'는 선행절의 행위나 상태로 생기는 결과를 후행절의 것으로 보상함을 나타낸다.

2. 정답 ④

문제 풀이 ④ '-기만 하면 되다'는 동사나 형용사의 어간 뒤에 쓰여 오직 이 행위만 하거나 이 상태만 되면 충분함을 나타낸다.

연습 4

1. 정답 ④

문제 풀이 ④ '-을 뿐만 아니라'는 어떤 사실에 더하여 다른 상황도 있음을 나타낸다.

2. 정답 ③

문제 풀이 ③ '-느라고'는 앞 문장이 뒤 문장에 대한 원인이나 이유가 됨을 나타낸다.

연습 5

1. 정답 ①

문제 풀이 ① '-으니까'는 앞의 행위를 한 결과 뒤의 사실을 발견하게 되었음을 나타낸다.

2. 정답 ①

문제 풀이 ① '-어야'는 앞선 행위가 뒤 상황에 대한 필수적인 조건임을 나타낸다.

문항 3, 4는 주어진 문장의 밑줄 친 부분과 의미가 비슷한 표현을 찾는 문제이다. 문장의 의미를 정확하게 파악해야 비슷한 의미의 다른 표현을 찾을 수 있다. 의미가 같거나 유사한 표현들을 묶어서 함께 공부하는 것이 좋다.

※ [3~4] 다음 밑줄 친 부분과 의미가 비슷한 것을 고르십시오. (각 2점)

연습 1

3. 외국에서 유학 생활을 <u>하자면</u> 여러 가지 준비가 필요해요.

① 하려면 ② 하더니 ③ 하면서도 ④ 하다가 보면

4. 잠깐 자리를 <u>비우는 바람에</u> 그 사람의 연락을 받을 수 없었다.

① 비웠길래 ② 비웠지만 ③ 비운 김에 ④ 비운 탓에

정답 및 문제 풀이

3. 정답 ①

문제 풀이 '-자면'은 어떤 의도나 목적을 가정하여 그 조건에 따라 다른 행위를 하거나 상태에 있음을 진술할 때 쓴다. ① '-으려면'은 어떤 일을 할 의도나 의향이 있는 경우를 가정할 때 쓴다.

4. 정답 ④

문제 풀이 '-는 바람에'는 선행 동작에 근거하거나 그 영향으로 인해 후행절에서 어떤 결과가 나옴을 나타낸다. 그런데 대부분 그 결과는 부정적인 경우가 많다. ④ '-은 탓'은 후행절의 부정적인 현상이 생긴 원인을 나타낼 때 쓴다.

연습 2

3. 시대가 변하면 사람들의 사고방식도 <u>달라지게 마련이에요</u>.

① 달라지는 법이에요 ② 달라지는 셈이에요
③ 달라질 따름이에요 ④ 달라지는 수가 있어요

4. 그 영화가 <u>재미있다기에</u> 봤는데 저는 별로 재미없었어요.

① 재미있다가 보니 ② 재미있다고 해서
③ 재미있다고 해도 ④ 재미있다고 하면

연습 3

3. 그렇지 않아도 저도 지금 집에 가려던 참이었어요.

① 갈걸요 ② 가야지요 ③ 가고말고요 ④ 가려고 했어요

4. 그 사람은 그 소식을 듣고도 놀라지 않았다.

① 듣다가 ② 듣던데 ③ 듣느라고 ④ 들었는데도

연습 4

3. 부모님께서 새로 이사한 우리 집을 못 찾아오실까 봐 마중을 나갔다.

① 못 찾으시도록 ② 못 찾으시는 김에
③ 못 찾으시는 사이에 ④ 못 찾아오실 것 같아서

4. 이번 지진으로 피해를 입은 곳이 여간 많지 않다.

① 많은 셈이다 ② 많을 따름이다
③ 많을 리가 없다 ④ 얼마나 많은지 모른다

연습 5

3. 눈길을 걸을 때 조심하지 않으면 미끄러지는 수가 있다.

① 미끄러지는 셈이다 ② 미끄러질 리가 없다
③ 미끄러질 게 틀림없다 ④ 미끄러질 가능성이 있다

4. 선생님의 말씀대로 했을 따름인데 상을 받게 되었다.

① 했으므로 ② 했을 뿐인데
③ 하긴 했는데 ④ 하지 않았는데도

정답 및 문제 풀이

연습 2

3. 정답 ①

문제 풀이 '-게 마련이다'는 그러한 일이 있는 것이 당연하다는 뜻을 나타낸다. ① '-는 법이다'는 앞말의 동작이나 상태가 이미 그렇게 정해져 있다거나 그런 것이 당연하다는 의미를 나타낸다.

4. 정답 ②

문제 풀이 '-는다기에'는 다른 사람에게 들은 사실이 뒤 문장의 행위를 하는 이유나 판단의 근거임을 나타낸다. ② '-는다고 해서' 역시 다른 사람에게서 들은 내용이 뒤 문장의 행위를 하는 이유임을 나타낸다.

연습 3

3. 정답 ④

문제 풀이 '-으려던 참이다'는 어떤 행위를 하려는 중이라는 뜻을 나타낸다. ④ '-으려고 하다'는 주어의 의도만을 나타내므로 아직 행위로 옮기지는 않은 상태를 나타낸다.

4. 정답 ④

문제 풀이 '-고도'는 어떠한 사실이나 느낌을 나타내면서 뒤이어 이에 상반되거나 또 따른 특성이 있음을 나타낸다. ④ '-었는데도'는 완료된 선행절의 동작이나 상태에 구애받지 않고 후행절의 동작이나 상태가 일어남을 나타낸다.

연습 4

3. 정답 ④

문제 풀이 '-을까 봐'는 앞 문장이 뜻하는 상황이 될 것 같아 걱정하거나 두려워함을 나타낸다. ④ '-을 것 같다'는 추측의 뜻을 나타낸다.

4. 정답 ④

문제 풀이 '여간 -지 않다'는 상태가 보통으로 넘길 만한 것이 아님을 나타낸다. ④ '얼마나 -은지 모르다'는 앞선 상황이 상당함을 강조할 때 쓴다.

연습 5

3. 정답 ④

문제 풀이 '-는 수가 있다'에서 '수'는 어떤 일이 일어날 가능성을 의미하므로 '-는 수가 있다'는 ④ '-을 가능성이 있다'와 의미가 비슷하다.

4. 정답 ②

문제 풀이 '-을 따름이다'와 ② '-을 뿐이다'는 모두 현재의 상황 이외에 다른 가능성이나 상황은 없으며 다른 선택은 배제한다는 뜻을 나타낸다.

유형 02

광고, 안내문 등 실용적인 글을 읽고 글의 핵심 내용 파악하기

- 문항 5~8은 실용적인 글을 읽고 글의 핵심 내용을 파악하는 문제이다.
- 문항 5~7은 광고 문구로 주로 상품, 공공시설, 공익 캠페인 광고 등이다. 한두 문장의 짧은 글이므로 핵심 단어를 찾아 광고 대상, 목적 등을 파악하도록 한다.
- 문항 8은 설명서, 안내문 등으로 전체적인 내용이 무엇을 말하고 있는지 핵심 내용을 파악하도록 한다.

※ [5~8] 다음은 무엇에 대한 글인지 고르십시오. (각 2점)

연습 1

5.

힘든 업무와 공부에 지친 당신!
이제 건강한 허리와 함께 편안하게 집중하십시오.

① 옷장　　② 의자　　③ 책상　　④ 침대

6.

소중한 순간을 아름답게 담아 드립니다.
당신의 특별한 그 날, 저희가 함께 하겠습니다.

① 병원　　② 식당　　③ 박물관　　④ 사진관

7.

5분 먼저 가려다 50년 먼저 갑니다.
당신의 생명은 소중합니다.

① 건강 관리　　② 보험 소개　　③ 안전 운전　　④ 환경 보호

8.

먼저 제품에 배터리를 끼우십시오.
제품 앞면의 스위치를 누르면 램프가 켜집니다.
스위치를 두 번 누르면 밝기가 약해지고
한 번 더 누르면 램프가 꺼집니다.

① 사용 방법 ② 재료 안내 ③ 제품 소개 ④ 주의 사항

정답 및 문제 풀이

5. 정답 ②

문제 풀이 '업무', '공부', '건강한 허리', '집중하십시오' 등을 통해 의자에 대한 광고임을 알 수 있다.

6. 정답 ④

문제 풀이 '소중한 순간', '특별한 날', '아름답게 담아 드리다'를 통해 기념할 만한 물건을 아름답게 남겨주는 곳, 즉 '사진관'임을 알 수 있다.

7. 정답 ③

문제 풀이 '먼저 가다'의 두 가지 다른 의미를 통해 과속 운전을 하면 생명을 잃을 수도 있다는 것을 강조하는 공익 광고임을 알 수 있다.

8. 정답 ①

문제 풀이 '누르다', '켜지다', '꺼지다'를 통해 제품을 사용하는 방법에 대한 글임을 알 수 있다.

연습 2

5.

새로 사서 입은 것 같은 느낌!
마음까지 시원하고 깨끗해집니다.

① 냉장고 ② 세탁기 ③ 에어컨 ④ 청소기

6.

이제 나의 반쪽을 만나고 싶다!
당신에게 어울리는 짝을 찾아 드립니다.

① 이삿짐센터 ② 직업소개소 ③ 결혼 정보 회사 ④ 부동산 소개소

7.

밝은 불, 시원한 에어컨, 재미있는 텔레비전
당신이 모르는 사이에 당신의 돈은 계속 나가고 있습니다.

① 경제 활동　② 상품 광고　③ 안전 관리　④ 에너지 절약

8.

얼굴, 목, 팔, 다리 등에 적당량을 바르십시오.
땀이 많이 난 경우, 두 시간 마다 한 번 씩 바르십시오.

① 교환 방법　② 구입 방법　③ 사용 방법　④ 주의 사항

연습 3

5.

어버이 날 선물로 최고!
어머니의 세월, 이젠 펴 드리세요.

① 책　② 이불　③ 다리미　④ 화장품

6.

하루 사용하고 364일은 '짐' …….
이제 사지 마세요!

① 대여점　② 도서관　③ 분실물 센터　④ 서비스 센터

7.

우리가 조금 덜 남기면
지구가 조금 더 건강해집니다.

① 에너지 절약　② 자원 재활용　③ 쓰레기 줄이기　④ 공중질서 지키기

8.

- 1회 2정 이상 복용하지 마십시오.
- 식후에 복용하고 주스와 같이 드시지 마십시오.
- 임산부와 어린이는 반드시 의사 또는 약사와 상의 후 복용하십시오.

① 구입 문의 ② 복용 방법 ③ 상담 방법 ④ 성분 설명

연습 4

5.

접으면 한 손에 쏙!
펴면 짐이 다 그 안에!

① 가방 ② 부채 ③ 우산 ④ 지갑

6.

웃을 때는 자신 있게!
행복한 미소를 찾아드립니다.

① 치과 ② 경찰서 ③ 사진관 ④ 놀이공원

7.

끊으시겠습니까? 계속하시겠습니까?
당신의 미래가 사라지고 있습니다.

① 금연 ② 보험 ③ 시간 관리 ④ 환경 보호

8.

- 임산부가 복용해서는 안 됩니다.
- 졸리거나 손발이 차가워질 수도 있습니다.

① 보관 방법 ② 제품 안내 ③ 제품 효과 ④ 주의 사항

연습 5

5.

구름을 신은 듯한 가벼움!
몸까지 가벼워집니다.

① 가방　② 모자　③ 신발　④ 안경

6.

일상에서 벗어나고 싶으십니까?
당신이 꿈꾸는 그곳으로 모시겠습니다.

① 방송사　② 신문사　③ 여행사　④ 잡지사

7.

돈은 물 쓰듯 하면 안 되지만
물은 돈 쓰듯 해야 합니다.

① 기부　② 봉사　③ 음주　④ 절약

8.

'목란'과 함께 할 분을 찾습니다.
업무: 꽃 장식, 꽃 배달 외 꽃 관련 업무
오랫동안 성실하게 일할 분들의 많은 지원 바랍니다.
문의: 02-987-6543

① 가게 광고　② 구인 광고　③ 상품 설명　④ 제품 문의

정답 및 문제 풀이

연습 2

5. 정답 ②

문제 풀이 '입은', '깨끗해집니다'를 통해 옷을 깨끗하게 만드는 세탁기에 대한 광고임을 알 수 있다.

6. 정답 ③

문제 풀이 '나의 반쪽', '어울리는 짝'을 통해 결혼과 관련된 회사 광고임을 알 수 있다.

7. 정답 ④

문제 풀이 '불', '에어컨', '텔레비전'과 '당신의 돈은 계속 나가고 있습니다'의 의미를 종합해 보면 에너지 절약에 대한 광고임을 알 수 있다.

8. 정답 ③

문제 풀이 '얼굴', '목', '팔'은 바르는 부위를 나타내고 '두 시간 마다'는 바르는 시간을 나타낸다. 따라서 사용 방법에 대한 광고임을 알 수 있다.

연습 3

5. 정답 ④

문제 풀이 '세월을 펴 드리세요'라는 표현에서 주름을 펴 준다는 의미를 추측해 화장품에 대한 광고임을 알 수 있다.

6. 정답 ①

문제 풀이 '사지 마세요'라는 표현에서 대여점 광고임을 알 수 있다.

7. 정답 ③

문제 풀이 '덜 남기면', '지구가 건강해집니다'란 표현을 통해 음식물 쓰레기를 줄이자는 내용임을 알 수 있다.

8. 정답 ②

문제 풀이 '1회 2정 이상 복용하지 마십시오', '식후에 복용' 등을 통해 복용 방법에 대한 글임을 알 수 있다.

연습 4

5. 정답 ①

문제 풀이 접고 펼 수 있고 '짐'이 다 들어갈 수 있는 것은 가방이므로 가방 광고임을 알 수 있다.

6. 정답 ①

문제 풀이 '자신 있게 웃게' 해주고 잃어버렸던 '미소를 찾아 '주는 곳은 치아 교정 치료를 하는 '치과'이다.

7. 정답 ①

문제 풀이 '끊으시겠습니까?'라는 표현을 통해 '금연' 공익 광고임을 알 수 있다.

8. 정답 ④

문제 풀이 임산부가 먹어서는 안 된다는 내용과 약의 부작용에 대한 내용이 있으므로 '주의 사항'임을 알 수 있다.

연습 5

5. 정답 ③

문제 풀이 '신다'를 통해 신발에 대한 광고임을 알 수 있다.

6. 정답 ③

문제 풀이 '일상에서 벗어나다', '모시겠습니다'가 각각 여행과 서비스 업종과 관계가 있는 표현이므로 여행사 광고임을 알 수 있다.

7. 정답 ④

문제 풀이 '돈을 물 쓰듯 하다'라는 관용 표현을 이용하여 물을 쓸 때는 돈을 쓰는 것처럼 아껴 쓸 것을 독려하는 공익 광고이다.

8. 정답 ②

문제 풀이 '함께 할 분', '업무', '지원' 등을 통해 일할 사람을 구하는 구인 광고임을 알 수 있다.

유형 03 안내문, 도표 등 정보 전달의 글을 읽고 세부 내용 파악하기

- 문항 9, 10은 안내문이나 도표 등을 보고 세부 내용을 파악하는 문제이다.
- 문항 9는 공연이나 전시회 등의 행사 안내문을 보고 같은 내용을 찾는 문제이다. 행사의 성격에 따라 일반적으로 사용되는 항목들과 관련된 어휘를 미리 익히면 좋다. 제목이나 부제를 읽고 주어진 정보를 정확히 이해하여 선택지와 대조하도록 한다.
- 문항 10은 다양한 형태의 도표를 보고 같은 내용을 찾는 문제이다. 다양한 형태의 도표를 읽는 법을 익히면 좋다. 제목을 읽고 주어진 정보를 정확히 파악하여 선택지와 비교하도록 한다.

※ [9~12] 다음 글 또는 도표의 내용과 같은 것을 고르십시오. (각 2점)

연습 1

9.

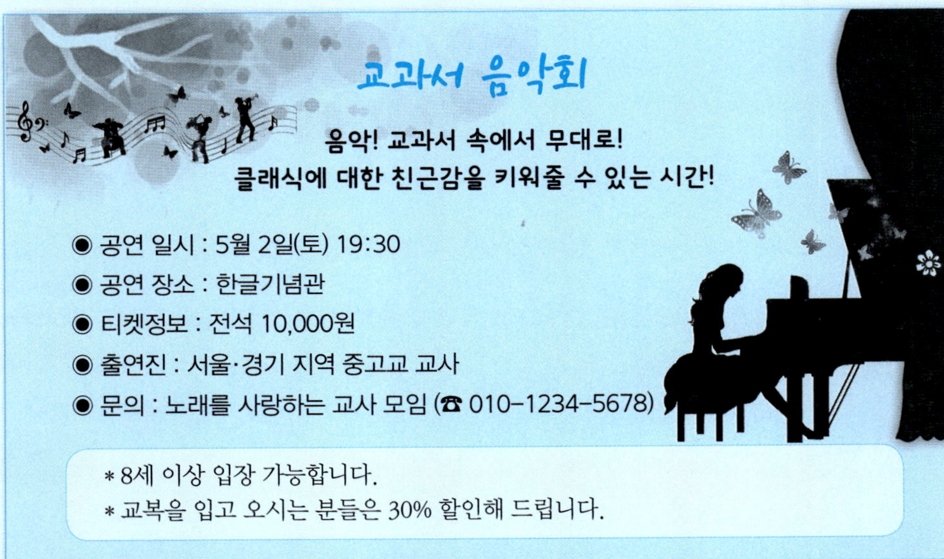

① 8살짜리 아이는 데려갈 수 없다.
② 이 음악회에 초등학교 선생님들이 참여한다.
③ 교복을 입으면 7,000원을 내고 들어갈 수 있다.
④ 궁금한 것이 있으면 한글기념관에 전화하면 된다.

10.

[외국인의 한국 여행 항목별 만족도]

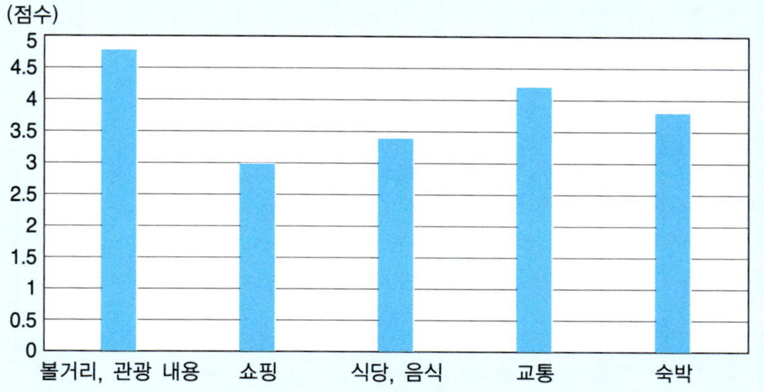

① 한국인이 외국 여행을 할 때 음식보다 교통에 대해 더 만족해한다.
② 외국인 여행객들은 볼거리, 관광 내용에 대해 가장 불편을 느낀다.
③ 외국인은 한국 여행을 할 때 자는 곳보다 쇼핑에 대한 만족도가 높다.
④ 한국으로 여행을 온 외국인들은 쇼핑보다 음식에 대해 더 만족해한다.

정답 및 문제 풀이

9. 정답 ③

문제 풀이 ① '8세 이상'은 8세도 포함된다.
② 중고교 교사들이 출연한다.
③ 궁금한 것이 있으면 '노래를 사랑하는 교사 모임'에 문의하면 된다.

10. 정답 ④

문제 풀이 ① 한국인이 아닌 외국인에 대한 만족도 조사이다.
② 외국인 여행객들은 볼거리, 관광 내용에 대해 가장 만족해한다.
③ 외국인은 한국 여행을 할 때 쇼핑보다 자는 곳에 더 만족해한다.

9.

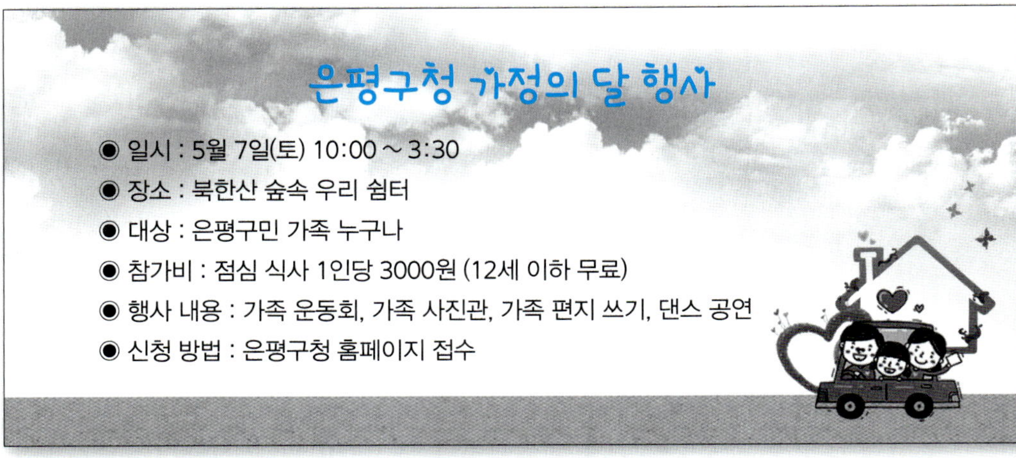

① 은평구청에서 행사가 열린다.

② 이 행사는 가족을 위한 행사이다.

③ 전화로 행사 참가 신청을 할 수 있다.

④ 한국 사람이면 누구나 행사에 참가할 수 있다.

10.

[20대 남녀의 여가 생활]

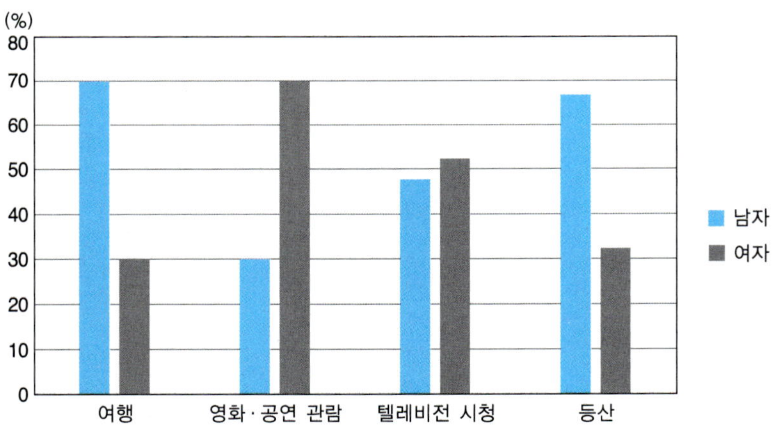

① 등산하는 사람은 남자보다 여자가 더 많다.

② 여행하는 사람은 여자보다 남자가 더 적다.

③ 남자가 여자에 비해서 여행과 등산을 많이 한다.

④ 영화·공연을 관람하는 사람은 여자보다 남자가 더 많다.

연습 3

9.

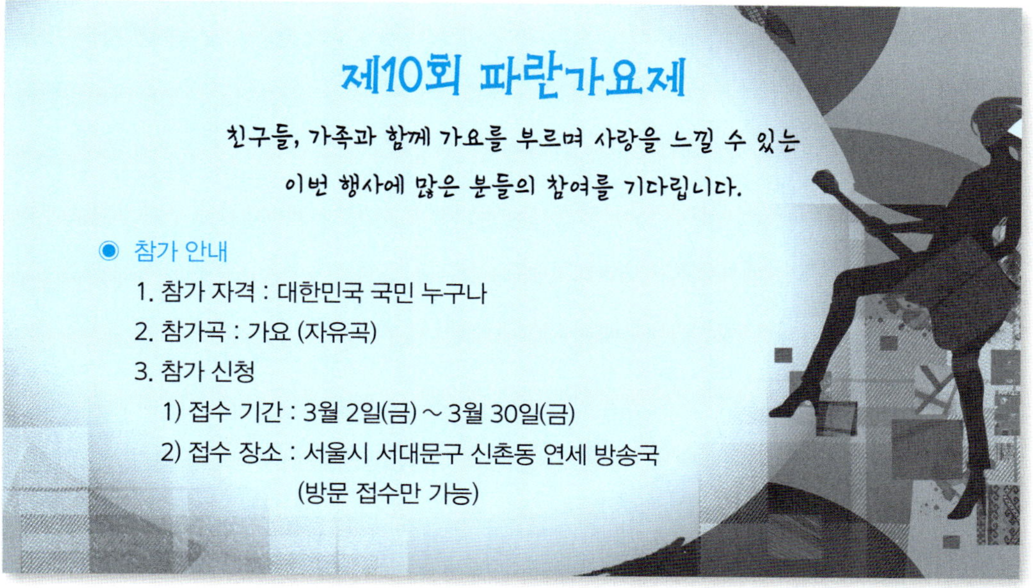

① 이 행사는 처음 열리는 행사이다.
② 어린이는 이 가요제에 참가할 수 없다.
③ 참가 신청 접수는 우편으로도 가능하다.
④ 참가곡은 가요 중에서 자유롭게 고를 수 있다.

10.

[자녀가 부모로부터 가장 듣고 싶은 말]

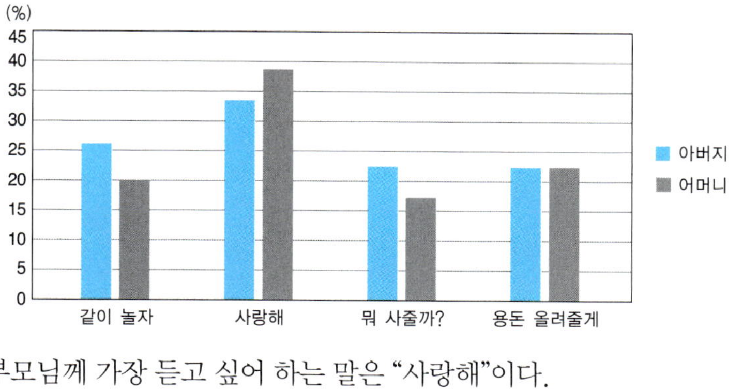

① 자녀들이 부모님께 가장 듣고 싶어 하는 말은 "사랑해"이다.
② 자녀들이 아버지께 제일 듣고 싶어 하는 말은 "뭐 사줄까?"이다.
③ 자녀들은 "같이 놀자"라는 말은 아버지께보다 어머니께 더 많이 듣고 싶어한다.
④ 자녀들은 어머니께 "같이 놀자"라는 말보다 "뭐 사줄까?"라는 말을 더 듣고 싶어한다.

연습 4

9.

이병욱 만화 전시회

- 수많은 만화 주인공들을 사진으로 만나볼 수 있습니다 -

◉ 전시 기간 : 5월 30일(토) ~ 8월 30일(일)
◉ 전시 장소 : 한국대학교 박물관
◉ 관람 시간 : 오전 10시 ~ 오후 8시
◉ 관람료 : 성인 12,000원 / 청소년 10,000원 / 어린이 8,000원(12세 이하)

* 매달 마지막 주 월요일은 쉽니다.
* 장애인은 본인 포함 동반 1인까지 무료입니다.

① 장애인은 관람료를 내지 않아도 된다.
② 이 전시회는 석 달 동안 날마다 열린다.
③ 6월에 한국대학교 박물관에 가면 영화를 볼 수 있다.
④ 이 전시회에 가면 여러 만화가들의 사진을 볼 수 있다.

10.

[성인 남녀의 시간 활용]

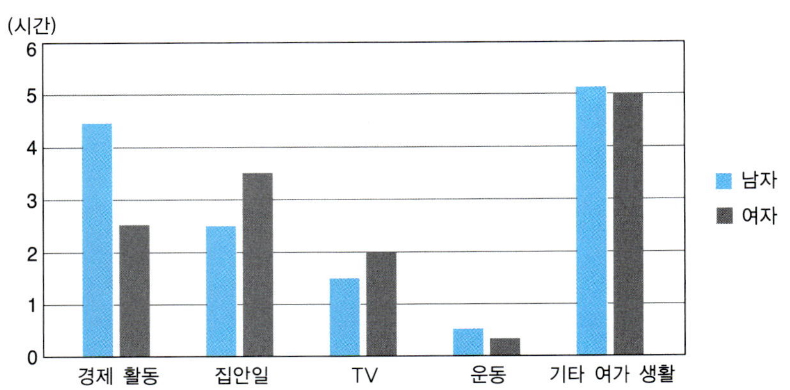

① 남자가 여자보다 TV를 더 많이 본다.
② 남녀 모두 운동을 하는 시간이 가장 적다.
③ 남자에 비해서 여자가 집안일을 하는 시간이 더 적다.
④ 돈을 벌기 위해서 일하는 시간은 남자와 여자가 거의 비슷하다.

연습 5

9.

① 월요일마다 전시회장의 문을 닫는다.

② 신분증을 보여 주면 누구나 할인을 받을 수 있다.

③ 세계 여러 나라 여성 화가들의 작품을 볼 수 있다.

④ 나이와 관계없이 모든 사람들이 전시회에 갈 수 있다.

10.

[미혼 남녀의 결혼 조건]

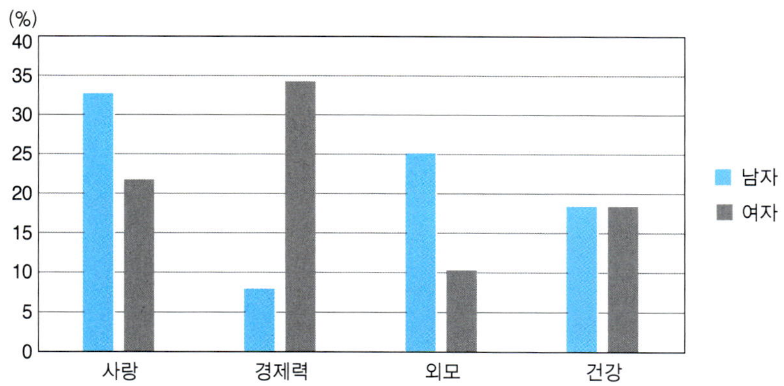

① 남녀 모두 사랑을 가장 중요하게 생각한다.

② 여자는 남자만큼 외모를 중요하게 생각한다.

③ 여자는 남자보다 건강을 더 중요하게 생각한다.

④ 남녀 간 가장 큰 차이를 보이는 것은 경제력에 대한 생각이다.

정답 및 문제 풀이

연습 2

9. 정답 ②

문제 풀이 ① '북한산 숲속 우리 쉼터'에서 행사가 열린다.
③ 은평구청 홈페이지 접수를 통해 신청할 수 있다.
④ 은평구민 가족이어야 행사에 참가할 수 있다.

10. 정답 ③

문제 풀이 ① 등산하는 사람은 남자보다 여자가 더 적다.
② 여행하는 사람은 여자보다 남자가 더 많다.
④ 영화·공연을 관람하는 사람은 여자보다 남자가 더 적다.

연습 3

9. 정답 ④

문제 풀이 ① '제10회'에서 처음 열리는 행사가 아님을 알 수 있다.
② 참가 자격이 '대한민국 국민 누구나'이므로 어린이도 참가할 수 있다.
③ '방문 접수만 가능'에서 우편 접수는 불가능함을 알 수 있다.

10. 정답 ①

문제 풀이 ② 자녀들이 아버지께 제일 듣고 싶어 하는 말은 "사랑해."이다.
③ 자녀들은 "같이 놀자"라는 말은 아버지께 더 많이 듣고 싶어한다.
④ 자녀들은 어머니께 "같이 놀자"라는 말을 "뭐 사줄까?"라는 말보다 더 듣고 싶어한다.

연습 4

9. 정답 ①

문제 풀이 ② 전시회는 마지막 주 월요일마다 볼 수 없다.
③ '영화'가 아니라 만화 전시회를 관람할 수 있다.
④ 전시회에 가면 영화나 만화가들의 사진이 아니라 만화 주인공들의 사진을 볼 수 있다.

10. 정답 ②

문제 풀이 ① 여자가 남자보다 TV를 더 많이 본다.
③ 여자가 집안일을 하는 시간이 더 많다.
④ 경제 활동을 하는 시간은 남자가 더 많다.

연습 5

9. 정답 ④

문제 풀이 ① 매월 마지막 월요일에 휴관한다.
② 노인, 7세 미만 어린이, 장애인만 할인을 받을 수 있다.
③ 북유럽 여성 화가 작품전이다.

10. 정답 ④

문제 풀이 ① 여자는 경제력을 가장 중요하게 생각한다.
② 외모에 대한 생각은 남녀 간 차이가 크다.
③ 건강에 대한 생각은 남녀가 같다.

문항 11, 12는 기사 형식의 소개글과 다양한 정보를 전달하는 글을 읽고 읽은 글과 같은 내용을 찾는 문제이다. 글에 담긴 구체적이고 세부적인 사항을 이해했는지를 파악하는 문제이므로 글과 선택지의 내용을 꼼꼼하게 비교해야 한다. 보통 선택지에는 주어진 글과 동일한 표현을 사용하지 않고 유사한 의미를 갖는 표현으로 바꿔 쓰거나 요약된 내용이 많기 때문에 이에 주의해서 읽어야 한다.

연습 1

11. 다음 달 5월 12일부터 5월 26일까지 전주에서 국제 영화제가 열린다. 이번 전주 국제 영화제에는 세계의 유명한 감독들이 참석해 자신의 영화를 상영하기에 앞서 영화 소개와 함께 팬들과의 대화 시간도 가질 예정이다. 전주시는 올해부터 관람객을 위해 3일 간 새벽에도 영화를 관람할 수 있도록 준비했으며 저렴한 가격에 전통 한정식을 맛보고 한옥 마을 체험도 할 수 있는 다양한 행사도 마련한다.

① 영화제 기간 내내 새벽에 영화 관람을 할 수 있다.
② 영화제 기간에 무료로 전통 한정식을 맛볼 수 있다.
③ 영화를 본 후에 세계적인 감독과 대화를 할 수 있다.
④ 세계적인 감독이 직접 자신의 영화에 대해 소개한다.

12. 국내 캠핑 인구의 증가로 인해 캠핑 음식 문화가 달라지고 있다. 획일적인 바비큐 요리에서 벗어나 다양한 음식을 해 먹으려는 이들이 늘어나면서 재료 준비와 조리 방법의 번거로움을 호소하는 사람이 많아졌다. 이들을 위해 컵밥과 같은 '이색 간편식'이 등장해 인기를 끌고 있다. 특별한 조리 없이 쉽게 먹을 수 있을 수 있을 뿐만 아니라 맛과 영양도 좋아 앞으로도 인기가 지속될 전망이다.

① 캠핑족들에게 다양한 바비큐 요리가 인기를 끌고 있다.
② 조리 방법의 간편성 때문에 캠핑족들은 간편식을 많이 찾는다.
③ 최근 다양한 간편식의 등장으로 캠핑을 즐기려는 인구가 증가했다.
④ 컵밥은 맛도 좋고 영양도 좋지만 조리 방법이 번거로워 인기가 없다.

정답 및 문제 풀이

11. 정답 ④

문제 풀이 ① 영화제 기간은 12일부터 26일까지이고 새벽 영화 관람은 3일간만 할 수 있다.
② 저렴한 가격에 전통 한정식을 맛볼 수 있다.
③ 영화를 상영하기에 앞서 감독과 대화를 할 수 있다.

12. 정답 ②

문제 풀이 ① 캠핑족들에게 이색 간편식이 인기를 끌고 있다.
③ 다양한 간편식의 등장으로 캠핑족이 증가한 것이 아니라 캠핑족이 증가하면서 다양한 간편식을 찾는 사람들이 많아졌다.
④ 컵밥은 이색 간편식으로 특별한 조리 없이 쉽게 먹을 수 있다.

연습 2

11.

다음 달부터 YBC에서 '오늘, 한 권의 책과 함께'라는 제목의 프로그램이 방송될 예정이다. 이 프로그램에는 책의 저자가 출연해 책을 쓴 의도와 과정, 책의 내용과 관련된 상황 등에 대해 진행자와 이야기하고 다양한 연령대의 방청객과 함께 책에 대한 질문을 받는 방식으로 진행된다. 또 책을 읽고 감상문을 보낸 시청자 중 매주 100명을 뽑아 저자의 또 다른 책을 보내 준다.

① 독서를 해야하는 학생들이 주로 방청객으로 참석한다.
② 이 프로그램에서는 진행자가 방청객에게 책에 대한 설명을 한다.
③ 방청객은 저자에게 책의 내용에 대해 궁금한 것을 질문할 수 있다.
④ 글을 보낸 시청자 중 일부에게 프로그램에서 소개한 책을 선물로 준다.

12.

현대 사회가 점차 가족 중심에서 개인 중심의 삶으로 변화하면서 많은 부분에서 변화가 나타나고 있다. 마트에 가면 적은 양으로 포장해서 파는 식품이 많아졌고 가전제품도 작은 크기로 만들어서 팔고 있다. 그리고 식당에서도 1인용 자리가 많아지고 혼자 살기에 적당한 크기의 오피스텔도 점점 늘고 있다. 이런 변화는 행복에 대한 인식 변화, 나빠진 경제 상황 등과 관계가 있다.

① 경제 상황이 개인 중심의 삶에 영향을 주었다.
② 바쁜 직장인을 위해 식당에 1인용 자리가 많아졌다.
③ 현대인들에게 가족의 중요성은 점점 더 커지고 있다.
④ 많은 양의 식품을 싼 가격으로 파는 마트가 늘고 있다.

연습 3

11.

한국대학교에서는 오는 5월 30일에 외국인 시 낭송 대회를 개최한다. 이 대회는 시를 사랑하는 외국인은 누구나 참가할 수 있으며 한 편의 지정시와 한 편의 자유시를 외워서 낭송하면 된다. 참가를 희망하는 사람은 참가 신청서를 이메일로 보내면 된다. 본선 참가자와 수상자는 홈페이지를 통해 공지할 예정이다. 대상 수상자에게는 상장과 70만 원의 상금을 수여한다.

① 이 대회 참가자는 두 편의 시만 외우면 된다.
② 이 대회의 수상자 모두에게 상장과 상금을 수여한다.
③ 이 대회에는 시를 사랑하는 한국 사람도 참가할 수 있다.
④ 대회 참가 희망자는 낭송한 시를 녹음해 이메일로 보내면 된다.

12.

요즘 건강을 위해 서서 일하는 사무실이 확산되고 있다. 실제로 장시간 앉아 생활하면 심장병과 당뇨병, 암, 그리고 사망 위험이 높아진다는 연구 결과가 나왔다. 연구 결과에 따르면 하루 여덟, 아홉 시간씩 앉아 있으면 운동을 규칙적으로 해도 사망 위험이 뚜렷하게 감소하지 않았다고 한다. 따라서 건강을 위해서는 최소 30분에 한 번씩, 3분 이상 일어나 있는 습관을 들여야 한다.

① 앉아 있는 자세와 건강은 관계가 있다.
② 건강을 위해서는 일찍 일어나는 습관을 들여야 한다.
③ 서서 일하면 앉아서 일할 때보다 암 발병 가능성이 높아진다.
④ 장시간 앉아 있으면 규칙적인 운동을 해도 사망 위험성이 줄지 않는다.

연습 4

11.

오는 22일부터 25일까지 대표적인 전통문화 축제인 '춘향제'가 남원시에서 펼쳐진다. 올해도 춘향의 정신을 이어받은 미인을 뽑는 '춘향 선발 대회'가 축제의 시작을 알린다. 이번 춘향제에서는 해외 유명 예술단을 초청하는 데다가 다양한 전시 행사까지 준비되어 볼거리가 풍부하다. 또한 그네뛰기, 씨름 대회 등 관객들이 참여하여 추억을 만들 수 있는 행사들도 있다.

① 남원시에서 미인 대회가 열린다.
② 이 축제는 사흘 동안 계속될 것이다.
③ 이 축제에 가면 한국 전통문화에 대해서만 알 수 있다.
④ 이 축제에서 전통문화를 직접 체험할 수 있는 행사는 없다.

12.

지난해부터 운동복을 일상복으로 활용하는 옷차림이 유행하면서 운동화를 찾는 사람이 늘었다. 심지어 정장 차림의 직장인들까지 운동화를 신고 출근하는 풍경을 어렵지 않게 볼 수 있다. 올해 나온 운동화는 지난해에 비해서 모양이 다양해졌으며 굽도 높아지고 소재와 색은 더 화려해졌다. 이렇게 편안함과 멋을 모두 갖춘 운동화가 인기를 끌면서 명품 업체들도 운동화 시장에 뛰어들고 있다.

① 정장에 운동화를 신은 사람을 보기가 어렵다.
② 평상시에 입는 옷을 운동복으로 입는 옷차림이 유행하고 있다.
③ 요즘 유행하는 운동화는 신기에 편한 데다가 모양이나 색도 멋있다.
④ 올해 인기있는 운동화는 작년보다 모양은 여러 가지이지만 색은 단순해졌다.

연습 5

11. 국제 만화 축제가 12일부터 18일까지 일주일 동안 서울문화센터에서 열린다. 이 축제에서는 어린이 잡지에 30년간 만화를 연재해 온 김영호 작가의 만화와 그림이 전시된다. 또한 40개 나라에서 만들어진 애니메이션을 대형 화면에서 감상할 수 있다. 이 밖에 만화 캐릭터들을 다양한 상품으로 만날 수 있고 축제 첫날에는 만화 퀴즈 대회가 열리는 등 다양한 즐길 거리가 마련되어 있다.

① 축제가 끝나는 날 퀴즈 대회가 열린다.
② 축제에서 외국의 애니메이션을 볼 수 있다.
③ 30년간 신문에 만화를 연재한 작가의 작품을 볼 수 있다.
④ 만화 캐릭터로 만든 물건들은 전시를 위한 것이므로 살 수 없다.

12. 무선 청소기의 배터리 가격이 높아 소비자 불만이 많아지고 있다. 수명이 1년에서 1년 반 정도라는 배터리 가격이 제품 가격의 절반에 가깝기 때문이다. 그야말로 배보다 배꼽이 더 큰 격이다. 이에 대해 회사 측에서는 다른 가전제품의 경우도 마찬가지이며 앞으로 효율성이 좋은 배터리를 출시할 예정이라는 대답을 하고 있다.

① 배터리 하나의 가격이 제품 가격보다 비싸다.
② 무선 청소기를 사용하는 사람들이 점점 많아지고 있다.
③ 무선 청소기는 1년에서 1년 반 정도 쓴 후 바꿔야 한다.
④ 청소기 회사에서는 다른 가전제품도 배터리 가격이 높다고 주장한다.

정답 및 문제 풀이

연습 2

11. 정답 ③

문제 풀이 ① 다양한 연령대의 방청객이 참석한다.
② 저자와 진행자가 책에 대해 이야기한다.
④ 글을 보낸 시청자 중 일부에게 저자의 또 다른 책을 보내 준다.

12. 정답 ①

문제 풀이 ② 가족 중심에서 개인 중심의 삶으로 변화하면서 식당에 1인용 자리가 많아졌다.
③ 현대 사회는 가족 중심에서 개인 중심의 삶으로 변화하고 있다.
④ 적은 양으로 포장해서 파는 식품이 많아졌다.

연습 3

11. 정답 ①

문제 풀이 ② 이 대회의 대상 수상자에게 상장과 상금을 수여한다.
③ 시를 사랑하는 외국인이 참가할 수 있다.
④ 참가 희망자는 신청서를 이메일로 보내면 된다.

12. 정답 ④

문제 풀이 ① 앉아 있는 시간과 건강이 관계가 있다.
② 건강을 위해서는 최소 30분에 한 번씩, 3분 이상 일어나 있는 습관을 들여야 한다.
③ 장시간 앉아서 일하면 암 발병 가능성이 높아진다.

연습 4

11. 정답 ①

문제 풀이 ② 22~25일까지 나흘 동안 열린다.
③ 이 축제에는 해외 유명 예술단도 초청된다.
④ '그네뛰기' 등은 관객들이 직접 참여할 수 있는 행사이다.

12. 정답 ③

문제 풀이 ① 정장 차림의 직장인들이 운동화를 신고 출근하는 풍경을 어렵지 않게 볼 수 있다.
② 운동복을 평상복으로 활용하는 옷차림이 유행하고 있다.
④ 운동화의 색은 더 화려해졌다.

연습 5

11. 정답 ②

문제 풀이 ① 축제 첫날에 퀴즈 대회가 열린다.
③ 30여 년 간 어린이 잡지에 만화를 연재한 작가의 작품을 볼 수 있다.
④ 만화 캐릭터를 다양한 상품으로 만날 수 있다.

12. 정답 ④

문제 풀이 ① 배터리 가격은 제품 가격의 절반에 가깝다.
② 무선 청소기 배터리 가격에 대한 소비자 불만이 많아지고 있다.
③ 무선 청소기 배터리의 수명이 1년에서 1년 반 정도이다.

유형 04 글 단위 간의 관계 추론하기 I

문항 13~15는 네 개의 문장을 순서대로 배열하는 문제이다. 네 개의 문장을 모두 읽고 논리적인 흐름을 파악하여 글의 순서를 배열해야 한다. 이 때 반복되는 어휘, 지시사, 접속사 등에 유의해 문장 순서를 배열하도록 한다.

※ [13~15] 다음을 순서대로 맞게 배열한 것을 고르십시오. (각 2점)

연습 1

13.

(가) 사람들은 외모에 대해 신경을 많이 쓴다.
(나) 아름답거나 잘 생기면 자신감이 높아지고 사회생활도 더 쉬워지기 때문이다.
(다) 그러나 최근 한 설문 조사에서는 외모보다 건강이 중요하다는 대답이 많았다.
(라) 이는 사람들의 수명이 길어지면서 오래 사는 것에 대해 걱정을 하기 시작했음을 보여준다.

① (가) - (나) - (다) - (라)　　② (가) - (다) - (라) - (나)
③ (나) - (가) - (라) - (다)　　④ (나) - (다) - (라) - (가)

14.

(가) 그리고 공기 중에 떠다니다가 호흡을 통해 사람의 몸속에 들어간다.
(나) 체내에 들어온 미세 먼지는 계속 쌓이면 각종 질병을 유발할 수 있다.
(다) 그러므로 미세 먼지가 심할 때는 건강을 위해서 마스크를 착용하는 것이 좋다.
(라) 우리의 건강에 해를 끼치는 미세 먼지는 자동차 배기가스와 공장의 매연 등에 의해 발생한다.

① (나) - (가) - (라) - (다)　　② (나) - (라) - (다) - (가)
③ (라) - (가) - (나) - (다)　　④ (라) - (다) - (나) - (가)

15.

(가) 이러한 변화는 택시업계에서도 발견할 수 있다.
(나) 모바일 기기가 우리 생활을 편리하게 변화시키고 있다.
(다) 앱을 통해 택시를 잡을 수도 있고 요금까지 편리하게 계산할 수 있다.
(라) 이제는 언제 올지 모르는 택시를 기다리지만 말고 스마트폰을 이용해 보는 건 어떨까?

① (나) - (가) - (다) - (라)
② (나) - (라) - (가) - (다)
③ (다) - (나) - (가) - (라)
④ (다) - (라) - (나) - (가)

정답 및 문제 풀이

13. 정답 ①

문제 풀이 (나),(다),(라)는 첫 문장이 될 수 없다. 각각 이유를 설명하고 있거나 '그러나'라는 접속어, '이'라는 지시어가 있기 때문이다. 따라서 첫 문장은 (가)이다. 다음은 (가)의 이유를 설명하는 (나)가 뒤따라야 한다. 다음은 변화된 사회 상황을 알리는 (다)가, 그리고 그러한 상황을 '이'로 지시하고 있는 (라)가 뒤따라야 한다. 따라서 글의 순서는 다음과 같다.

'사람들은 외모에 대해 신경을 많이 쓴다. 아름답거나 잘생기면 자신감이 높아지고 사회생활도 더 쉬워지기 때문이다. 그러나 최근 한 설문 조사에서는 외모보다 건강이 중요하다는 대답이 많았다. 이는 사람들의 수명이 길어지면서 오래 사는 것에 대해 걱정을 하기 시작했음을 보여준다.'

14. 정답 ③

문제 풀이 먼저 미세 먼지가 발생하고, 이런 미세 먼지가 사람의 몸 속으로 들어와 질병을 유발한다는 내용의 흐름이 순서에 맞는다. 그리고 마지막에 건강을 위해서 조심해야 할 점을 말하는 것이 좋다. 따라서 글의 순서는 다음과 같다.

'우리의 건강에 해를 끼치는 미세 먼지는 자동차 배기가스와 공장의 매연 등에 의해 발생한다. 그리고 공기 중에 떠다니다가 호흡을 통해 사람의 몸속에 들어간다. 체내에 들어온 미세 먼지는 계속 쌓이면 각종 질병을 유발할 수 있다. 그러므로 미세 먼지가 심할 때는 건강을 위해서 마스크를 착용하는 것이 좋다.'

15. 정답 ①

문제 풀이 (가)에서의 '이러한 변화'는 (나)의 내용을 지시하므로 (나)가 (가)의 앞에 와야 한다. 또한 (가)에서 언급한 택시업계에서의 변화는 (다)에서 구체적으로 설명하고 있으므로 (가) 뒤에 (다)가 와야 한다. 따라서 글의 순서는 다음과 같다.

'모바일 기기가 우리 생활을 편리하게 변화시키고 있다. 이러한 변화는 택시업계에서도 발견할 수 있다. 앱을 통해 택시를 잡을 수도 있고 요금까지 편리하게 계산할 수 있다. 이제는 언제 올지 모르는 택시를 기다리지만 말고 스마트폰을 이용해 보는 건 어떨까?'

연습 2

13.

(가) 요즘 소비자들은 재래시장보다는 대형 할인 매장을 선호한다.
(나) 반면에 재래시장은 신용 카드 사용, 주차, 교환 및 환불 등이 용이하지 않다.
(다) 그러므로 재래시장이 살려면 소비자의 요구에 맞춰 환경과 서비스를 개선해야 한다.
(라) 소비자들이 대형 할인 매장을 이용하는 이유는 쾌적한 환경과 편리한 서비스 때문이다.

① (가) - (다) - (라) - (나)
② (가) - (라) - (나) - (다)
③ (라) - (가) - (나) - (다)
④ (라) - (나) - (가) - (다)

14.

(가) 정부가 국민 건강 및 간접흡연 방지를 위해 공공장소 흡연 금지법을 발표했다.
(나) 법이 시행되면 식당, 술집, 길거리 등 사람이 많은 공공장소에서는 흡연이 금지된다.
(다) 이에 대해 건물뿐만 아니라 길거리까지 흡연을 금지하는 것에 대해 흡연자들의 반발이 많다.
(라) 따라서 흡연자의 권리를 고려해 보다 합리적인 방향으로 법이 개선되어야 할 것으로 보인다.

① (가) - (나) - (다) - (라)
② (가) - (라) - (나) - (다)
③ (나) - (가) - (라) - (다)
④ (나) - (다) - (가) - (라)

15.

(가) 실패와 좌절은 인간의 성장에 긍정적일까? 부정적일까?
(나) 인간은 힘든 경험과 좌절을 통해 삶의 어려움을 깨닫고 배우고 또 성장한다.
(다) 따라서 중요한 것은 좌절을 긍정적인 에너지로 변화시키려는 의지와 마음가짐이다.
(라) 하지만 어떤 이들은 실패와 좌절을 극복하지 못하고 절망하며 그대로 포기하고 만다.

① (가) - (나) - (라) - (다)
② (가) - (라) - (나) - (다)
③ (나) - (다) - (가) - (라)
④ (나) - (라) - (다) - (가)

연습 3

13.

(가) 우리나라는 예부터 여름철에 삼계탕 등의 보양식을 즐겨 먹어 왔다.
(나) 그런데 이런 보양식이 치아 건강에는 악영향을 미칠 수 있다고 한다.
(다) 따라서 보양식을 먹을 때에는 밥을 국물에 말아 먹지 않는 것이 바람직하다.
(라) 치아가 고르지 않은 경우 국물에 포함된 지방이 충치를 유발하기 쉽기 때문이다.

① (가) - (나) - (다) - (라)
② (가) - (나) - (라) - (다)
③ (다) - (나) - (가) - (라)
④ (다) - (나) - (라) - (가)

14.

(가) 인간관계와 행복은 관계가 있는 것일까?
(나) 이 물질로 인해 행복감이 증대되고 집중력도 향상된다.
(다) 좋은 인간관계는 실제로 신체의 변화를 가져온다고 한다.
(라) 예컨대 사랑을 하게 되면 '도파민'이라는 신경 전달 물질의 수치가 높아진다.

① (가) - (나) - (다) - (라)
② (가) - (다) - (라) - (나)
③ (다) - (가) - (라) - (나)
④ (다) - (라) - (나) - (가)

15.

(가) 사람들은 원하는 물건을 가지는 상상을 하며 행복해 한다.
(나) 물건을 갖게 된 만족감보다 카드 결제 등 현실적인 걱정이 더 커지기 때문이다.
(다) 실제로 욕심나는 물건을 구하게 되면 오히려 만족감이 급격히 떨어진다는 연구 결과가 나왔다.
(라) 그러나 갖고 싶었던 물건을 막상 갖게 되면 생각보다 그 행복함이 덜함을 느낀 경험들이 있을 것이다.

① (가) - (다) - (나) - (라)
② (가) - (라) - (다) - (나)
③ (다) - (나) - (가) - (라)
④ (다) - (라) - (나) - (가)

연습 4

13.

(가) 오늘은 10월 9일 한글날인데 공휴일이어서 수업이 없다.
(나) 한글날을 맞이하여 한글에 대한 고마움을 다시 한 번 마음에 새겨야겠다.
(다) 한글날은 세종대왕이 한글을 만들어서 세상에 펴낸 것을 기념하는 국경일이다.
(라) 그래서 한글날을 전후해 정부·학교·민간단체 등에서 한글날을 축하하는 기념행사를 연다.

① (가) - (나) - (라) - (다)
② (가) - (다) - (라) - (나)
③ (다) - (가) - (나) - (라)
④ (다) - (라) - (나) - (가)

14.

(가) 의학적으로 치매는 완치가 불가능한 병이다.
(나) 그렇다고 치료를 포기한다면 상태는 급속도로 악화된다.
(다) 그러므로 치료를 일찍 시작하고 가족들이 함께 한다면 진행 속도를 늦출 수 있다.
(라) 다행히 의학의 발전과 정부의 다양한 지원책 덕분에 치매로 인한 가족들의 부담이 많이 줄었다.

① (가) - (나) - (라) - (다)
② (가) - (라) - (다) - (나)
③ (라) - (나) - (다) - (가)
④ (라) - (다) - (나) - (가)

15.

(가) 따라서 보조금, 기술 개발, 충전소 설치 등 정부의 지원이 필요하다.
(나) 국내 전기 자동차의 수가 다른 나라들에 비해 적은 것으로 나타났다.
(다) 일반 자동차의 두 배에 이르는 가격이 이에 대한 가장 큰 원인으로 꼽혔다.
(라) 또한 일반 승용차보다 짧은 주행 거리와 충전 시설 부족도 그 원인이라고 할 수 있다.

① (나) - (가) - (다) - (라)
② (나) - (다) - (라) - (가)
③ (나) - (라) - (다) - (가)
④ (다) - (가) - (나) - (라)

연습 5

13.

(가) 성능이 좋아진 스마트폰 카메라 덕분이다.
(나) 요즘은 여행갈 때 카메라를 따로 챙길 필요가 없다.
(다) 특별한 렌즈가 없고 다양한 효과를 줄 수 없기 때문이다.
(라) 그러나 역시 스마트폰 카메라는 작품 사진을 찍는 데에는 한계가 있다.

① (나) - (가) - (다) - (라)　　② (나) - (가) - (라) - (다)
③ (나) - (라) - (가) - (다)　　④ (나) - (라) - (다) - (가)

14.

(가) 그러자 고기는 회색으로, 채소는 자주색으로 변했다.
(나) 한 조명 연구자가 실험을 위해 최고급 음식들을 차려 놓고 손님들을 초대했다.
(다) 식사가 십 분쯤 진행됐을 때 연구자는 식당의 조명을 녹색과 빨간색으로 바꾸었다.
(라) 손님들은 처음에는 재미있어 했지만 곧 식욕을 잃거나 속이 안 좋아져 식사를 중단했다.

① (나) - (가) - (다) - (라)　　② (나) - (다) - (가) - (라)
③ (나) - (다) - (라) - (가)　　④ (나) - (라) - (다) - (가)

15.

(가) 그러나 식품으로 섭취하는 비타민D는 완전한 상태가 아니다.
(나) 비타민D는 소나 돼지의 간, 고등어, 우유나 치즈 등의 식품에 들어 있다.
(다) 이를 완전한 비타민D로 만들려면 매일 20분 정도 야외에서 햇빛을 받아야 한다.
(라) 우리나라가 비타민D 부족 국가로 알려지면서 비타민D에 대한 관심이 높아지고 있다.

① (나) - (가) - (라) - (다)　　② (나) - (라) - (다) - (가)
③ (라) - (나) - (가) - (다)　　④ (라) - (나) - (다) - (가)

연습 2

13. 정답 ②

문제 풀이 소비자들이 대형 할인 매장을 선호한다는 내용의 (가)가 처음에 있어야 하며 선호하는 이유를 말한 (라)가 다음에 있어야 한다. (나)는 재래시장의 불편함에 대한 내용이고 '반면에'는 앞에서 말한 것과 반대의 내용이 있음을 의미하므로 (라) 다음에 (나)가 있어야 한다. 마지막으로 재래시장을 살릴 수 있는 방법을 말한 (다)가 있는 것이 좋다. 따라서 글의 순서는 다음과 같다.

'요즘 소비자들은 재래시장보다는 대형 할인 매장을 선호한다. 소비자들이 대형 할인 매장을 이용하는 이유는 쾌적한 환경과 편리한 서비스 때문이다. 반면에 재래시장은 신용 카드 사용, 주차, 교환 및 환불 등이 용이하지 않다. 그러므로 재래시장이 살려면 소비자의 요구에 맞춰 환경과 서비스를 개선해야 한다.'

14. 정답 ①

문제 풀이 먼저 정부의 공공장소 흡연 금지법 발표 내용이 있어야 한다. 그리고 (다)에서 '이에 대해' 흡연자들의 반발이 있다고 했으므로 (다) 앞에 흡연자들이 반발하는 내용이 있는 (나)가 있어야 한다. (라)의 내용은 결론적으로 흡연자의 권리를 고려해 법이 개선되어야 한다는 내용이므로 마지막에 있어야 한다. 따라서 글의 순서는 다음과 같다.

'정부가 국민 건강 및 간접흡연 방지를 위해 공공장소 흡연 금지법을 발표했다. 법이 시행되면 식당, 술집, 길거리 등 사람이 많은 공공장소에서는 흡연이 금지된다. 이에 대해 건물뿐만 아니라 길거리까지 흡연을 금지하는 것에 대해 흡연자들의 반발이 많다. 따라서 흡연자의 권리를 고려해 보다 합리적인 방향으로 법이 개선되어야 할 것으로 보인다.'

15. 정답 ①

문제 풀이 글의 내용에 대한 문제를 제기하는 (가)가 첫 문장이 되어야 한다. 그리고 (라)에 '하지만'이 있으므로 (라)의 내용과 반대가 되는 (나)가 (라) 앞에 있어야 한다. 그리고 (다) 문장에서 마지막으로 중요한 것을 정리하는 것이 자연스럽다. 따라서 글의 순서는 다음과 같다.

'실패와 좌절은 인간의 성장에 긍정적일까? 부정적일까? 인간은 힘든 경험과 좌절을 통해 삶의 어려움을 깨닫고 배우고 또 성장한다. 하지만 어떤 이들은 실패와 좌절을 극복하지 못하고 절망하며 그대로 포기하고 만다. 따라서 중요한 것은 좌절을 긍정적인 에너지로 변화시키려는 의지와 마음가짐이다.'

연습 3

13. 정답 ②

문제 풀이 (나)의 '그런데 이런 보양식'이 있으므로 '보양식'과 관련된 도입 글이 (나) 앞에 와야 한다. 또한 '치아 건강에 악영향을 미칠 수 있다고 한다'로 보아 (나) 다음에는 '치아'와 관련된 내용이 오는 것이 자연스럽다. 따라서 글의 순서는 다음과 같다.

'우리나라는 예부터 여름철에 삼계탕 등의 보양식을 즐겨 먹어 왔다. 그런데 이런 보양식이 치아 건강에는 악영향을 미칠 수 있다고 한다. 치아가 고르지 않은 경우 국물에 포함된 지방이 충치를 유발하기 쉽기 때문이다. 따라서 보양식을 먹을 때에는 밥을 국물에 말아 먹지 않는 것이 바람직하다.'

14. 정답 ②

문제 풀이 (나)의 '이 물질'이 있으므로 '물질'과 관련된 (라)가 (나) 앞에 와야 한다. 또한 (라)의 시작이 '예컨대'이므로 (다)가 (라) 앞에 오는 것이 자연스럽다. 따라서 글의 순서는 다음과 같다.

'인간관계와 행복은 관계가 있는 것일까? 좋은 인간관계는 실제로 신체의 변화를 가져온다고 한다. 예컨대 사랑을 하게 되면 '도파민'이라는 신경 전달 물질의 수치가 높아진다. 이 물질로 인해 행복감이 증대되고 집중력도 향상된다.'

15. 정답 ②

문제 풀이 (다)의 '실제로','연구 결과가 나왔다'로 미루어 연구 결과와 같은 내용인 (라)가 (다) 앞에 오는 것이 자연스럽다. 따라서 이 글의 순서는 다음과 같다.

'사람들은 원하는 물건을 가지는 상상을 하며 행복해 한다. 그러나 갖고 싶었던 물건을 막상 갖게 되면 생각보다 그 행복함이 덜함을 느낀 경험들이 있을 것이다. 실제로 욕심나는 물건을 구하게 되면 오히려 만족감이 급격히 떨어진다는 연구 결과가 나왔다. 물건을 갖게 된 만족감보다 카드 결제 등 현실적인 걱정이 더 커지기 때문이다.'

연습 4

13. 정답 ②

문제 풀이 먼저 오늘이 한글날임을 알리고 한글날의 의미를 소개한 다음, 한글날에 여러 단체들에서 무엇을 하는지 설명한 후 한글날을 맞이하는 마음가짐으로 마무리하는 것이 글의 순서로 자연스럽다. 따라서 글의 순서는 다음과 같다.

'오늘은 10월 9일 한글날인데 공휴일이어서 수업이 없다. 한글날은 세종대왕이 한글을 만들어서 세상에 펴낸 것을 기념하는 국경일이다. 그래서 한글날을 전후해 정부·학교·민간단체 등에서 한글날을 축하하는 기념행사를 연다. 한글날을 맞이하여 한글에 대한 고마움을 다시 한 번 마음에 새겨야겠다.'

14. 정답 ①

문제 풀이 (나)의 '그렇다고'는 '그런 이유 때문에' 라는 뜻이므로 (나)의 '치료를 포기한다면'의 이유를 말하고 있는 (가)가 (나) 앞에 와야 한다. 다음은 가족들의 부담이 줄어든 내용을 설명하는 (라)와, '그러므로'로 시작되는 결론인 (다)가 뒤따르는 것이 자연스럽다. 따라서 글의 순서는 다음과 같다.

'의학적으로 치매는 완치가 불가능한 병이다. 그렇다고 치료를 포기한다면 상태는 급속도로 악화된다. 다행히 의학의 발전과 정부의 다양한 지원책 덕분에 치매로 인한 가족들의 부담이 많이 줄었다. 그러므로 치료를 일찍 시작하고 가족들이 함께 한다면 진행 속도를 늦출 수 있다.'

15. 정답 ②

문제 풀이 국내 전기 자동차가 적은 원인과 그 해결책에 대한 글이다. 그러므로 원인을 설명하는 (다)와

(라) 다음에 해결책인 (가)가 오늘 것이 자연스럽다. 그런데 (라)의 '또한'은 '앞에서 말한 것에다가 더'라는 뜻이기 때문에 (다) 다음에 (라)가 와야 한다. 따라서 글의 순서는 다음과 같다.

'국내 전기 자동차의 수가 다른 나라들에 비해 적은 것으로 나타났다. 일반 자동차의 두 배에 이르는 가격이 이에 대한 가장 큰 원인으로 꼽혔다. 또한 일반 승용차보다 짧은 주행 거리와 충전 시설 부족도 그 원인이라고 할 수 있다. 따라서 보조금, 기술 개발, 충전소 설치 등 정부의 지원이 필요하다.'

연습 5

13. 정답 ②

문제 풀이 (가), (다), (라)는 첫 문장이 될 수 없다. 접속어가 있거나, 이유를 설명하는 문장들이기 때문이다. 따라서 첫 문장은 (나)이다. 다음은 (나)의 이유를 설명하는 (가)가 뒤따라야 한다. 다음은 스마트폰 카메라가 성능이 좋음에도 불구하고 한계가 있다는 내용의 (라)와 그에 대한 이유를 설명하는 (다)가 뒤따라야 한다. 따라서 글의 순서는 다음과 같다.

'요즘은 여행갈 때 카메라를 따로 챙길 필요가 없다. 성능이 좋아진 스마트폰 카메라 덕분이다. 그러나 역시 스마트폰 카메라는 작품 사진을 찍는 데에는 한계가 있다. 특별한 렌즈가 없고 다양한 효과를 줄 수 없기 때문이다.'

14. 정답 ②

문제 풀이 한 조명 연구자의 실험을 기술한 내용이다. 글은 조명 연구자가 실시한 실험의 절차와 그 결과를 알리는 순서로 전개되어야 한다. 따라서 글의 순서는 다음과 같다.

'한 조명 연구자가 실험을 위해 최고급 음식들을 차려 놓고 손님들을 초대했다. 식사가 십 분쯤 진행됐을 때 연구자는 식당의 조명을 녹색과 빨간색으로 바꾸었다. 그러자 고기는 회색으로, 채소는 자주색으로 변했다. 손님들은 처음에는 재미있어 했지만 곧 식욕을 잃거나 속이 안 좋아져 식사를 중단했다.'

15. 정답 ③

문제 풀이 (가), (다)는 접속어나 지시어가 있으므로 첫 문장이 될 수 없다. 이 글의 주제문은 우리나라가 비타민D 부족 국가라는 (라)이다. (나)는 (라)에서 도입된 '비타민D' 자체에 대해 설명하는 문장이다. 뒤 이어 (나)에서 언급한 식품 속의 비타민 D에 대해 설명하는 (가)가 뒤따라야 하고, '완전하지 않은 상태의 비타민D'를 지시하는 '이'로 시작하는 (다)가 그 뒤를 이어야 한다. 따라서 글의 순서는 다음과 같다.

'우리나라가 비타민D 부족 국가로 알려지면서 비타민D에 대한 관심이 높아지고 있다. 비타민D는 소나 돼지의 간, 고등어, 우유나 치즈 등의 식품에 들어 있다. 그러나 식품으로 섭취하는 비타민D는 완전한 상태가 아니다. 이를 완전한 비타민D로 만들려면 매일 20분 정도 야외에서 햇빛을 받아야 한다.'

유형 05

세부 내용 추론하기

문항 16~18은 제시된 글을 읽고 괄호 안에 들어갈 적절한 말을 추론하는 문제이다. 괄호 안에 들어갈 적절한 말을 찾기 위해서는 글 전체의 문맥과 흐름을 파악해야 한다. 괄호 앞이나 뒤에 답의 근거가 되는 내용이 있으므로 이를 확인한 후 답을 골라야 한다. 괄호와 가까운 일부분의 글만 읽고 답을 고르지 말고 글 전체의 내용을 파악하여 답을 골라야 한다.

※ [16~18] 다음을 읽고 (　　　　)에 들어갈 내용으로 가장 알맞은 것을 고르십시오. (각 2점)

연습 1

16.

요즘 어깨에 메는 큰 가방이 인기이다. 커다란 가방을 한쪽 어깨에 멘 여성들을 출퇴근길에 쉽게 볼 수 있다. 그러나 크고 무거운 가방이 어깨를 계속 누르면 그 부분의 피의 양이 감소하면서 피로감이 급증한다. 그래서 가방을 양쪽 어깨에 자주 번갈아 메어 주는 게 좋다. (　　　　　　) 건강을 최우선으로 생각해야하기 때문이다.

① 유행도 좋지만　　② 다이어트도 중요하지만
③ 가방의 위치도 중요하지만　　④ 가방의 무게도 무시할 수 없지만

17.

아침에 시간이 부족해서 또는 부담스러워서 식사를 하지 않는다는 사람들이 있다. 하지만 아침은 꼭 챙겨 먹는 것이 좋다. 두뇌를 사용하기 위해서는 포도당이 필요한데 포도당은 보통 12시간이 지나면 없어진다. 따라서 전날 저녁 이후로 식사를 하지 않았다면 다음날 오전 내내 (　　　　　　). 오전에 머리를 써야 하는 학생이나 회사원들이 더더욱 아침을 거르면 안 되는 이유가 여기에 있다.

① 피곤을 쉽게 느낀다　　② 음식 생각을 하게 된다
③ 힘이 없어서 일을 못한다　　④ 집중력과 사고력이 떨어진다

18.

정부가 애완동물 전자 신분증 제도를 시범 실시하고 있다. 이는 애완동물의 몸속에 마이크로 전자 칩을 넣어 소유자, 건강 상태, 혈통 정보 등을 확인할 수 있게 하는 제도로서 애완동물을 버리는 인간의 무책임한 행위에 대해 경고하고 동물의 권리와 보호를 위한 제도이다. 이와 같은 제도는 동물에 대한 인간의 인식 변화를 보여 주는 것으로서 이제 동물은 (   ).

① 인간의 즐거움을 위해 존재한다고 할 수 있다
② 인간의 안전을 지키기 위해 존재한다고 할 수 있다
③ 인간과 함께하는 가족과 같은 존재라고 할 수 있다
④ 인간의 권리를 지키기 위해 필요한 존재라고 할 수 있다

정답 및 문제 풀이

16. 정답 ①

문제 풀이 괄호 앞부분은 최근 유행하는 큰 가방을 메고 다니면 생기는 부작용과 그 해결 방법에 대해서 설명하고 있다. 따라서 괄호 뒤의 내용이 건강이 제일 중요하다는 내용이므로 괄호 안에는 '유행도 좋지만'이 들어가는 것이 가장 적절하다.

17. 정답 ④

문제 풀이 '두뇌를 사용하기 위해서는 포도당이 필요하다'는 내용을 통해 포도당과 뇌의 관계에 대한 내용임을 알 수 있다. 따라서 괄호 안에 식사를 하지 않을 경우 뇌의 기능이 떨어진다는 내용이 들어가는 것이 적절하다.

18. 정답 ③

문제 풀이 괄호 앞에는 동물에 대한 인간의 인식 변화를 보여 주는 전자 신분증 제도에 대해서 설명하고 있다. 따라서 괄호 안에는 동물이 인간과 함께하는 가족과 같은 존재로 변화했다는 내용이 들어가는 것이 적절하다.

연습 2

16.

사람의 몸은 나쁜 병균을 스스로 치료하고 이에 적응하는 능력을 지니고 있는데 이것을 면역력이라고 한다. 면역력은 사람이 건강하게 살기 위해 매우 중요한데 이것은 병균이 없는 깨끗한 환경에서는 생기지 않는다. 따라서 너무 깨끗한 환경에서 사는 사람들이 오히려 병에 더 취약한 것이다. 그러므로 면역력을 키우려면 (　　　　　　).

① 병에 걸리지 않도록 조심해야 한다
② 환경을 깨끗하게 만드는 것이 중요하다
③ 자기 스스로 치료하는 능력이 필요하다
④ 더러운 환경도 어느 정도는 받아들일 필요가 있다

17.

폭력적인 영상은 사람에게 영향을 미친다. 조사 결과에 의하면 성인이 끔찍하고 폭력적인 영상을 보는 경우에는 대부분이 부정적인 감정 상태에 빠지며 보는 것을 회피한다고 한다. 아이들의 경우에는 폭력적인 영상을 (　　　　　　). 아이들은 경험이 부족하기 때문에 폭력에 대한 부정적인 느낌이 별로 없으며 오히려 폭력을 미화시키고 따라하려는 성향이 강하다고 한다.

① 볼 기회가 많지 않다고 한다
② 무서워해서 잘 보지 않는다고 한다
③ 흥미를 가지고 재미있게 본다고 한다
④ 보면서 자기의 경험을 생각한다고 한다

18.

세계화가 진행되어 감에 따라 세계 각국의 활발한 경제, 문화, 인적 교류 등은 점차 활발해지고 서로 문화적 유사성을 지니게 되었다. 하지만 문화적 유사성이 많아질수록 오히려 자기 나라만의 정체성을 잃지 않으려는 움직임도 더욱 강해지고 있다. 다른 나라와의 차별성과 독특함을 강조하기 위해 자기 나라만이 가지고 있는 특성을 개발, 홍보하는 등 (　　　　　　).

① 전통적 요소를 더욱 강조하고 있는 것이다
② 자기 나라의 문화적 특성이 없어지고 있는 것이다
③ 많은 사람들이 편리한 생활을 할 수 있게 된 것이다
④ 세계 여러 나라에서 관광객이 증가하고 있는 것이다

연습 3

16.

우리는 병에 걸리지 않기 위해 여러 질병의 예방 접종을 한다. 하지만 가끔은 이런 예방 접종이 (   ). 예를 들어 계란을 먹고 알레르기 반응을 경험한 적이 있는 사람에게는 계란을 사용하여 만든 독감 예방 백신을 사용해서는 안 된다. 잘못되면 호흡 곤란을 겪을 수도 있기 때문이다.

① 독이 되기도 한다
② 효과가 없을 때도 있다
③ 오히려 병에 걸리게 한다
④ 알레르기를 발생시키기도 한다

17.

사람 몸의 전체 혈액량은 약 4~6L 정도로 체중의 약 8%를 차지한다. 혈액은 주로 (   ) 역할을 한다. 폐로 들어온 산소를 온몸에 전달하고 소화 기관에서 흡수한 단백질, 비타민과 같은 영양소를 온몸으로 보낸다. 또한 몸에서 생긴 노폐물을 몸 밖으로 내보내도록 해 준다.

① 호흡을 도와주는
② 음식을 소화시키는
③ 노폐물을 내보내는
④ 체내 물질을 운반하는

18.

모네는 인상파의 창시자이다. 그는 기존의 화가들과는 달리 (   ) 전체적인 인상을 강조한 작품을 많이 그렸다. 그런데 그의 이런 화법이 그가 가진 병 때문이라는 이야기가 있다. 그는 안개가 낀 것처럼 흐릿하게 보이는 백내장이라는 병을 앓고 있었는데 이런 병이 그의 독특한 화법을 탄생시킨 것이었다.

① 흐릿한 기억에 의지해
② 독특한 재료를 이용해
③ 특별한 대상을 그리지 않고
④ 대상을 정밀하게 그리지 않고

연습 4

16.

갓난아기가 있는 가정에서는 밤마다 전쟁이 벌어진다. 수시로 잠에서 깨어 울어 대는 아기에게 젖이나 분유를 주고 달래야 하기 때문이다. 그런데 아기의 울음소리를 듣고 먼저 깨어나는 쪽은 대체로 아빠보다 엄마들이다. 엄마들이 (   ) 이유는 호르몬과 연관이 있다는 연구 결과가 나왔다. 흔히 '사랑의 호르몬' 또는 '모성 보호 호르몬'이라 불리는 옥시토신이 그것이다.

① 밤마다 아빠와 싸우는　　② 아빠보다 아기를 더 잘 달래는

③ 잠을 자지 않는 아기를 잘 재우는　　④ 아기의 울음소리에 아빠보다 민감한

17.

대표적인 장수 식품 중 하나인 토마토의 영양소는 설탕과 궁합이 맞지 않는다. 토마토의 비타민B가 설탕을 만나면 설탕이 비타민B를 분해하기 때문이다. 그런데 (   ) 토마토의 귀한 영양소를 균형 있게 섭취할 수 있다. 게다가 짠맛은 단맛을 높여 주는 효과가 있기 때문에 토마토 자체가 가지는 단맛을 더 잘 느낄 수 있게 된다고 한다.

① 토마토에 설탕을 적게 뿌려 먹으면

② 토마토에 소금을 살짝 뿌려 먹으면

③ 토마토에 소금과 설탕을 섞어 먹으면

④ 토마토를 요리하지 않고 날것으로 먹으면

18.

고전 소설인 '흥부전'에는 조선 후기의 급속한 경제 변화가 깔려 있다. 조선 후기에 생산력의 놀라운 발전과 새로운 경제 질서에 따라 넉넉한 삶을 누리게 된 농민들이 나타났다. 놀부가 그 대표적인 인물이다. 그와 대조적으로 논밭을 잃고 남의 땅을 빌려 농사지으며 하루하루 겨우 살아가야 하는 사람들도 생겨났다. 흥부가 그 대표적인 인물이다. 이렇듯 문학은 (   ) 역할을 한다.

① 교훈과 감동을 주는　　② 시대를 바꿀 수 있는

③ 작가의 주장을 보여 주는　　④ 시대를 비추는 거울과 같은

연습 5

16. 추상적 개념은 이해하는 데에 노력이 필요하다. 하지만 추상적 개념을 신체 감각과 연결해 표현하면 노력 없이도 쉽게 받아들일 수 있다. 사람들이 (   ) 더 쉽게 인식하는 것도 이런 이유 때문이다. 따라서 광고를 만들 때에는 감각적 표현을 적극 활용하면 광고 효과가 높아진다.

① 신체와 관련된 단어로 만들어진 표현을
② 노력하지 않아도 이해할 수 있는 표현들을
③ '밝은 미래'보다는 '유망한 미래'라는 표현을
④ '친절한 사람'보다는 '따뜻한 사람'이란 표현을

17. 소비자들은 제품을 고를 때 직접적인 경험보다는 제품이 (   )에 의존한다. 콜라 실험이 이러한 소비자의 심리를 잘 보여 주는 대표적 예이다. 두 가지 콜라의 상표를 가리고 더 좋은 맛의 콜라를 고르게 한 결과 사람들은 덜 유명한 콜라를 골랐다. 그러나 상표를 보여주자 훨씬 많은 사람들이 잘 알려진 상표의 콜라를 선택했다.

① 얼마나 비싼가
② 얼마나 유명한가
③ 얼마나 질이 좋은가
④ 얼마나 아름답게 디자인 되었는가

18. 대부분의 시계 광고에서 바늘이 10시 10분을 가리키는 이유는 뭘까? 먼저, 사람들은 시각적으로 좌우가 대칭을 이룬 것을 좋아한다. 게다가 대칭을 이루는 시각 중 10시 10분은 (   ) 연상시킨다. 따라서 소비자들은 광고를 보며 자신도 모르게 제품에 대해 호감을 느끼게 된다고 한다.

① 웃고 있는 사람의 입 모양을
② 화가 난 사람의 눈썹 모양을
③ 사람들이 좋아하는 산 모양을
④ 아래를 가리키는 화살표 모양을

정답 및 문제 풀이

연습 2

16. 정답 ④

문제 풀이 면역력은 깨끗한 환경에서는 생기지 않는다고 했으므로 괄호 안에는 면역력을 키우려면 더러운 환경도 필요하다는 내용이 들어가는 것이 적절하다.

17. 정답 ③

문제 풀이 괄호 뒤에 아이들은 폭력에 대한 부정적인 느낌이 별로 없으며 오히려 폭력을 미화시키고 따라 하려는 성향이 강하다는 내용이 있다. 그러므로 괄호 안에는 아이들이 폭력적인 영상을 흥미를 가지고 재미있게 본다는 내용이 들어가는 것이 적절하다.

18. 정답 ①

문제 풀이 문화적 유사성이 많아질수록 오히려 자기 나라만의 정체성을 잃지 않으려고 한다는 내용이 있다. 그러므로 괄호 안에는 다른 나라와의 차별성과 독특함을 강조하기 위해 자기 나라만의 전통적 요소를 강조한다는 내용이 들어가는 것이 적절하다.

연습 3

16. 정답 ①

문제 풀이 병에 걸리지 않기 위해서는 예방 접종을 해야 하지만 어떤 사람에게는 접종을 해서는 안된다는 내용이므로 괄호 안에는 독이 된다는 내용이 들어가는 것이 적절하다.

17. 정답 ④

문제 풀이 '혈액', '역할을 한다' 등을 통해 혈액의 역할에 대한 내용임을 알 수 있다. 괄호 뒤에 있는 '산소를 전달'하고 '영양소를 운반'하고 '노폐물을 내보내는' 등을 통해 괄호 안에는 체내 물질을 운반한다는 내용이 적절하다.

18. 정답 ④

문제 풀이 인상파 화가인 모네의 화법에 대한 내용이다. 흐릿하게 보이는 병에 걸렸다는 내용이 괄호 뒤에 오는 것으로 보아 괄호 안은 대상을 정밀하게 그리지 않았다는 내용이 적절하다.

연습 4

16. 정답 ④

문제 풀이 괄호의 앞부분에 아기가 울면 대체로 아빠보다 엄마가 먼저 깬다는 내용이 나온다. 그러므로 괄호에는 아기의 울음소리에 엄마가 아빠보다 민감하다는 내용이 들어가는 것이 적절하다.

17. 정답 ②

문제 풀이 괄호의 앞부분에 토마토의 영양소가 설탕에 약하다는 내용이 나오고 괄호의 뒷부분에는 짠맛이 단맛을 높여주는 효과가 있다는 내용이 나온다. 그렇기 때문에 괄호에는 짠맛을 가진 소금을 설탕 대신 뿌려 먹는다는 내용이 들어가야 한다.

18. 정답 ④

문제 풀이 괄호의 앞부분에서 고전 소설 '흥부전'이 시대상을 반영하고 있다는 사실을 소설 속 인물들을 통해 설명하고 있다. 마지막 문장은 이러한 사실을 정리해서 결론지어 주는 내용이므로 '시대를 비추는 거울과 같은'이 적합하다.

연습 5

16. 정답 ④

문제 풀이 추상적 개념을 신체 감각과 연결해 표현하면 사람들이 개념을 쉽게 이해하게 된다는 내용이므로 괄호에 이에 대한 예가 들어가는 것이 적절하다.

17. 정답 ②

문제 풀이 콜라 실험의 내용은 소비자들이 품질보다 얼마나 유명한 상표인가를 기준으로 물건을 고른다는 것을 보여 주므로 괄호에 '얼마나 유명한가'가 들어가는 것이 적절하다.

18. 정답 ①

문제 풀이 시계가 10시 10분을 가리키는 모습에서 연상되는 이미지 중 소비자들이 호감을 느낄 만한 이미지는 '웃고 있는 사람의 입 모양'이다.

유형 06 핵심 내용, 세부 내용 파악하기

- 문항 19, 20은 하나의 글을 읽고 글의 세부 내용을 파악하는 문제이다.
- 문항 19는 글의 흐름에 대한 이해를 바탕으로 괄호 안에 들어갈 접속 부사를 찾는 문제이다. 글의 전체 내용을 이해하고 괄호의 앞 문장과 뒷문장의 관계를 파악할 수 있어야 한다.
- 문항 20은 주어진 글의 내용과 같은 것을 고르는 문제이다. 글에 담긴 구체적이고 세부적인 사항을 이해했는지를 파악하는 문제이므로 글과 선택지의 내용을 꼼꼼하게 비교해야 한다.

※ [19~20] 다음을 읽고 물음에 답하십시오. (각 2점)

연습 1

몸무게가 정상보다 많이 나가는 것은 일반적으로 건강의 적이며 장수를 가로막는 주범으로 꼽힌다. 그런데 이런 상식을 뒤집는 연구 결과가 나왔다. 체중이 안정적으로 유지됐을 경우, 50대 이상의 나이에서는 오히려 몸무게가 정상 체중보다 좀 더 많이 나가야 장수할 수 있다는 것이다. (　　　　　　) 50대 이상의 나이에 몸이 급속히 비만해지기 시작한 사람들과 계속 몸무게가 불어난 사람들은 생존율이 가장 낮았다고 한다.

19. (　　　)에 들어갈 알맞은 것을 고르십시오.

① 과연　　② 또한　　③ 반면　　④ 그러면

20. 이 글의 내용과 같은 것을 고르십시오.

① 체중과 수명은 관계가 없다
② 50대부터는 정상 체중을 약간 넘어야 장수한다
③ 연령에 관계없이 몸무게가 정상보다 많이 나가면 건강에 나쁘다
④ 50대 이후는 계속 체중이 늘어나는 사람이 정상 체중인 사람보다 더 오래 산다

정답 및 문제 풀이

19. 정답 ③

문제 풀이 괄호 앞에서는 체중이 안정적으로 유지된 사람의 경우 몸무게가 더 많이 나가는 것이 장수를 가져온다고 말하고 있고, 괄호 뒤에서는 급속히 비만해지거나 계속 몸무게가 불어난 이들은 생존율이 가장 낮았다고 이야기하고 있다. 따라서 괄호에는 앞뒤 문장에 상반된 내용이 오는 접속 부사 '반면'이 들어가야 한다.

20. 정답 ②

문제 풀이 ① 50대 이상에서는 체중이 정상보다 많이 나가는 경우가 장수하므로 체중과 수명은 관계가 있다.
③ 50대 이상의 나이에서는 몸무게가 정상 체중보다 좀 더 나가는 경우 장수하므로 건강에 나쁘다고 할 수 없다.
④ 50대 이후 체중이 계속 늘어나는 사람은 생존율이 가장 낮았다고 했으므로 정상 체중인 사람보다 더 오래 산다고 할 수 없다.

연습 2

적당한 수면은 건강한 생활을 위한 필수 요소이다. 평균 수면 시간이 6시간 이하인 경우, 수면 부족으로 각종 질병이 나타나게 된다. 그러나 지나치게 긴 수면은 (　　　　　) 독이 될 수도 있다. 여러 연구에 의하면 평균 수면 시간이 10시간 이상인 사람은 6시간 이하인 사람만큼 심장 질환, 당뇨병, 비만 등의 질병에 걸릴 위험이 높은 것으로 나타났다. 이는 지나친 수면이 정상적인 호르몬 작용을 방해하기 때문이다.

19. (　　　)에 들어갈 알맞은 것을 고르십시오.

① 만일　　② 하지만　　③ 어쨌든　　④ 오히려

20. 이 글의 내용과 같은 것을 고르십시오.

① 수면 시간이 길면 길수록 건강에 좋다.
② 너무 많이 자면 각종 질병에 걸릴 위험이 높다.
③ 긴 수면 시간은 안정적인 호르몬 작용을 돕는다.
④ 매일 10시간 자는 것보다 6시간 자는 것이 질병 위험이 높다.

연습 3

금연을 위해 전자 담배를 찾는 사람들이 증가하고 있다. 심지어 자녀의 금연을 위해 부모들이 전자 담배를 사다 주기도 한다고 한다. 그러나 전자 담배를 일반 담배처럼 피운다면 일반 담배보다 훨씬 더 많은 니코틴을 흡입하게 된다고 한다. 따라서 전자 담배를 구입하기 전에 전자 담배의 위험성에 대해 잘 알아보고 구입해야 한다. ( ) 정부는 니코틴 함량 표시 기준 마련과 같은 제도 개선을 위해 노력해야 한다.

19. ( )에 들어갈 알맞은 것을 고르십시오.

① 또는 ② 또한 ③ 그러나 ④ 그러면

20. 이 글의 내용과 같은 것을 고르십시오.

① 비싼 가격 때문에 전자 담배는 사람들에게 외면당하고 있다.
② 전자 담배는 일반 담배와 다른 방법으로 피워야 함을 알려야 한다.
③ 현재 모든 종류의 담배는 니코틴 함량을 표시해야 할 의무가 있다.
④ 전자 담배가 일반 담배보다 니코틴 함량이 적을 거라는 생각은 잘못된 것이다.

연습 4

껌을 자주 씹으면 치아가 망가진다는 이야기는 사실이 아니다. 음식을 씹으면 잇몸과 턱 근육 강화에 좋다. 껌을 씹으면 침이 분비되어 입안이 청결해진다. 침은 치아에 붙어있던 음식물 찌꺼기를 제거하기 때문에 입안 건강에 도움이 된다고 볼 수 있다. ( ) 껌에는 다량의 당분이 포함되어 있기 때문에 입 냄새를 제거하려고 잠깐 씹는 껌은 오히려 충치가 생기게 할 수 있다. 그래서 최소 10분 이상은 씹어야 도움이 된다.

19. ( )에 들어갈 알맞은 것을 고르십시오.

① 하필 ② 또한 ③ 오히려 ④ 그러나

20. 이 글의 내용과 같은 것을 고르십시오.

① 껌을 자주 씹으면 치아에 해롭다.
② 음식물 찌꺼기가 많으면 입안에서 침이 나온다.
③ 껌에 들어 있는 당분이 턱 근육 강화에 도움이 된다.
④ 껌을 10분 이상 씹지 않으면 치아에 오히려 해가 될 수 있다.

연습 5

어떤 조직이든 조직원은 부지런한 사람 20%, 보통 사람 60%, 게으른 사람 20%로 나뉜다는 '2대 6대 2의 법칙'이 있다. 이 법칙은 개미의 집단생활을 관찰해 이끌어 냈다. (　　　　　) 좀 더 자세히 관찰해 보니 20%의 게으른 개미들도 나름대로 개미 집단에 이익이 되는 행동을 하고 있었다. 새로운 먹이가 있는 곳을 발견하거나 위험한 곳을 알려 주거나 하는 역할을 하는 것이다.

19. (　　　)에 들어갈 알맞은 것을 고르십시오

① 그리고　　② 그런데　　③ 그래서　　④ 그렇다면

20. 이 글의 내용과 같은 것을 고르십시오.

① 어떤 조직이든 20%는 업무를 게을리한다.
② 2대 6대 2의 법칙은 조직원들을 관찰하여 알아 냈다.
③ 20%의 게으른 집단은 조직에 아무 도움이 되지 않는다.
④ 20%의 게으른 개미 집단은 새로운 먹이를 옮기는 일을 했다.

정답 및 문제 풀이

연습 2

19. 정답 ④

문제 풀이 괄호 앞에는 적당한 수면이 건강한 생활을 위한 필수 요소라는 내용이 있다. 그러나 지나친 수면은 독이 될 수도 있다고 했으므로 괄호에는 접속 부사 '오히려'가 들어가는 것이 적절하다.

20. 정답 ②

문제 풀이 ① 수면 시간이 너무 길면 건강에 독이 되며 질병에 걸릴 위험이 높다.
③ 지나친 수면은 정상적인 호르몬 작용을 방해한다.
④ 평균 수면 시간이 10시간 이상인 사람은 6시간 이하인 사람만큼 질병에 걸릴 위험이 높다.

연습 3

19. 정답 ②

문제 풀이 괄호 앞의 내용은 소비자가 해야 할 일, 괄호 뒤의 내용은 정부가 해야 할 일을 말하고 있다. 따라서 앞 내용에 새로운 내용을 덧붙일 때 사용하는 접속 부사 '또한'이 적절하다.

20. 정답 ④

문제 풀이 ① 금연을 위해 전자 담배를 찾는 사람들이 증가하고 있다.
② 전자 담배를 일반 담배와 같이 피우면 더 많은 니코틴을 흡입함을 알려야 한다.
③ 정부는 니코틴 함량 표시 기준 마련과 같은 제도 개선을 위해 노력해야 한다는 내용으로 보아 현재는 의무 사항이 아님을 알 수 있다.

연습 4

19. 정답 ④

문제 풀이 괄호의 앞부분과 뒷부분이 서로 상반되는 내용인 껌 씹기의 좋은 점과 나쁜 점이므로 접속 부사 '그러나'가 들어가야 한다.

20. 정답 ④

문제 풀이 ① 껌을 자주 씹으면 치아에 해롭다는 말은 사실이 아니라고 첫 부분에 언급되어 있다.
② 껌을 씹으면 침이 나오고, 그 침은 음식물 찌꺼기를 없애 준다.
③ 음식을 씹으면 턱 근육 강화에 좋다.

연습 5

19. 정답 ②

문제 풀이 괄호 이후의 내용은 괄호 이전의 내용과 관련되어 있으면서 일부 내용을 중심으로 다른 방향으로 전개되고 있다. 이러한 역할을 하는 접속 부사는 '그런데'이다.

20. 정답 ①

문제 풀이 ② 2대 6대 2의 법칙은 개미들을 관찰하여 알아 냈다.
③ 20%의 게으른 집단은 개미 집단에 이익이 되는 행동을 하고 있었다.
④ 20%의 게으른 집단은 새로운 먹이를 옮기는 일이 아니라 새로운 먹이가 있는 곳을 알려 주는 일을 했다.

- 문항 21, 22는 하나의 글을 읽고 글의 핵심 내용 및 세부 내용을 파악하는 문제이다.
- 문항 21은 관용 표현을 고르는 문제인데 이를 위해서는 다양한 속담과 관용어를 공부해 두어야 한다. 관용 표현이 쓰일 수 있는 특별한 상황은 괄호 앞이나 뒤의 내용을 읽어 보면 알 수 있다.
- 문항 22는 중심 생각을 고르는 문제이다. 보통 글의 앞부분과 뒷부분에 필자가 말하고자 하는 바가 나타나는 경우가 많으므로 이에 유의해서 읽는 것이 좋다.

※ [21~22] 다음을 읽고 물음에 답하십시오. (각 2점)

연습 1

똑똑한 학생들이 학교생활에 적응하지 못해서 왕따가 되는 경우가 간혹 있다. 여러 분야에서 뛰어난 학생들의 자신감이 다른 학생들에게 자만심으로 보인다면 어떻게 될까? 우월감으로 다른 이들을 배려하지 않고 잘난 체 한다면 그 학생은 외톨이가 될 수밖에 없다. (   ) 말이 있듯이 아는 것이 많거나 어떤 부분에서 뛰어나다고 해도 오히려 더 겸손해질수록 성숙한 사람이 아닐까 싶다.

21. (   )에 들어갈 알맞은 것을 고르십시오.

① 빈 수레가 요란하다는
② 모르는 게 약이라는
③ 하나를 보면 열을 안다는
④ 벼는 익을수록 고개를 숙인다는

22. 이 글의 중심 생각을 고르십시오.

① 학교 내 왕따 문제가 심각해지고 있다.
② 자신감이 지나치면 다른 사람을 무시하게 된다.
③ 똑똑한 학생들도 자신을 낮추는 법을 배워야 한다.
④ 외톨이가 되지 않으려면 알아도 모르는 척해야 한다.

정답 및 문제 풀이

21. 정답 ④

문제 풀이 학식이나 아는 것이 많을수록 겸손해야 한다는 의미가 마지막 부분에 나오므로 같은 뜻을 가진

'벼는 익을수록 고개를 숙인다'는 속담이 적합하다.

① '빈 수레가 요란하다'는 실속 없는 사람이 겉으로 더 떠들어 댄다는 뜻이다.

② '모르는 게 약이다'는 아무것도 모르면 차라리 마음이 편해서 좋다는 뜻이다.

③ '하나를 보면 열을 안다'는 일부만 보고 전체를 미루어 알 수 있다는 뜻이다.

④ '벼는 익을수록 고개를 숙인다'는 교양이 있고 수양을 쌓은 사람일수록 겸손하고 남 앞에서 자기를 내세우려 하지 않는다는 뜻이다.

22. 정답 ③

문제 풀이 똑똑한 학생들이 잘난 척하다가는 외톨이가 되기 쉬우므로 겸손해야 한다는 내용이므로 똑똑한 학생들도 자신을 낮추고 남을 배려해야 한다는 것이 중심 생각이다.

연습 2

인간은 친구나 동료 집단 속에서 자신이 뒤처지지 않고 경쟁의 우위에 서려 하는 속성을 지니고 있다. 특히 집단의 대화 상황에서 자신의 무식을 감추고 스스로 지식 수준이 높음을 나타내기 위해 필요 이상으로 말을 많이 하는 사람이 있다. 하지만 이런 사람은 (　　　　　) 표현에서 알 수 있듯이 오히려 집단 속에서 좋지 못한 이미지로 평가되기가 십상이다. 대화 상황에서 지나친 경쟁 심리는 지나친 과장과 근거 없는 말을 낳아 자신의 이미지를 더욱 나쁘게 만들 수 있으므로 조심해야 한다.

21. (　　　)에 들어갈 알맞은 것을 고르십시오.

① 배보다 배꼽이 크다는

② 빈 수레가 요란하다는

③ 세 살 적 버릇 여든까지 간다는

④ 윗물이 맑아야 아랫물이 맑다는

22. 이 글의 중심 생각을 고르십시오.

① 남들과의 경쟁에서 이기기 위해 말을 많이 할 필요가 있다.

② 지식이 많아도 다른 사람 앞에서는 표현하지 않는 것이 좋다.

③ 자신이 지닌 지식 수준보다 과장해서 말하는 것은 좋지 않다.

④ 대화 상황에서 지식이 많은 사람들이 좋은 이미지로 평가를 받는다.

연습 3

'아이는 통통해야 귀엽다'는 말은 이제 옛말이다. 통통한 아이가 뚱뚱해지기 쉽고 성인 비만으로 이어지기 쉽다. 이러한 소아 비만은 유전적 요인도 있지만 잘못된 부모의 생활 습관을 그대로 공유해 생기기도 한다. 급하게 먹거나, 열량이 높은 식품을 자주 섭취하는 등의 가족 식습관이 아이를 비만으로 만들 수 있다. 아이들의 바른 식습관을 위해 ( ) 말처럼 부모가 먼저 나쁜 식습관을 고쳐야 소아 비만의 발생 위험도를 낮출 수 있을 것이다.

21. ( )에 들어갈 알맞은 것을 고르십시오.

① 말이 씨가 된다는
② 소 잃고 외양간 고친다는
③ 윗물이 맑아야 아랫물이 맑다는
④ 콩 심은 데 콩 나고 팥 심은 데 팥 난다는

22. 이 글의 중심 생각을 고르십시오

① 아이들의 비만을 걱정하는 시대는 지났다.
② 아이 때 통통한 아이가 성인이 되어서 비만이 된다.
③ 소아 비만을 예방하기 위해 부모가 먼저 좋은 식습관을 가져야 한다.
④ 소아 비만은 유전적인 원인보다 바람직하지 못한 부모의 식습관 때문이다.

연습 4

서울말이 표준어가 된 것은 서울이 정치·경제·문화적으로 중심 역할을 하고 있다는 언어 외적인 이유 때문이다. 결코 다른 지역 방언들보다 더 우수해서인 것은 아니다. 또 표준어는 여러 지역의 특색과 한국어의 역사를 간직하고 있는 방언들 중에서 기준에 맞는 것을 가려서 뽑고 다듬은 말이기 때문에 실제 서울말과 다를 수 있다. 그러므로 서울말을 쓴다고 ( ) 필요도 없고 지역 방언을 쓴다고 기가 죽을 필요도 없다.

21. ( )에 들어갈 알맞은 것을 고르십시오.

① 눈이 높을
② 손이 클
③ 입이 무거울
④ 목에 힘을 줄

22. 이 글의 중심 생각을 고르십시오.

① 모든 서울말은 표준어이다.
② 방언을 아끼고 보존하는 자세를 지녀야 한다.
③ 서울말이 다른 지역 방언보다 더 뛰어난 것은 아니다.
④ 표준어는 여러 방언 가운데 하나를 대표로 정한 것이다.

연습 5

방관자 효과란 주위에 사람들이 많을수록 어려움에 처한 사람을 돕지 않고 지켜보기만 하는 현상을 말한다. 이런 방관자들이 많아질수록 우리 사회는 점점 살기 어려운 곳이 된다. 내가 아니어도 누군가 도와주겠거니 하면서 (   ) 하지 말고 도움이 필요한 사람에게 열린 마음으로 손을 내밀어야 한다. 그래야만 나와 내 가족이 몸담고 있는 이 사회가 좀 더 살기 좋은 곳이 될 것이다.

21. (   )에 들어갈 알맞은 것을 고르십시오.

① 강 건너 불구경하듯
② 다람쥐 쳇바퀴 돌듯
③ 돈을 물 쓰듯
④ 번갯불에 콩 구워 먹듯

22. 이 글의 중심 생각을 고르십시오.

① 방관자 효과에 대해 더 많은 연구가 필요하다.
② 나와 나의 가족이 살기 좋은 사회를 만들어야 한다.
③ 어려움에 처한 사람을 보면 열린 마음으로 도와줘야 한다.
④ 문제 상황에 처한 사람은 전문가나 담당자가 도와주는 것이 좋다.

정답 및 문제 풀이

연습 2

21. 정답 ②

문제 풀이 자신의 무식을 감추기 위해 과장과 근거 없는 말을 하는 사람은 좋지 못한 이미지로 평가된다는 뜻이므로 '빈 수레가 요란하다'는 속담이 적합하다.

① '배보다 배꼽이 크다'는 주된 목적으로 쓴 돈보다 그에 딸린 부수적인 것에 돈을 더 많이 썼다는 뜻이다.

② '빈 수레가 요란하다'는 별로 아는 지식이나 가진 것이 없으면서도 더 아는 척 하거나 가진 척하며 떠들고 잘난 척 한다는 뜻이다.

③ '세 살 적 버릇 여든까지 간다'는 어렸을 때의 버릇이 커서도 계속된다는 뜻이다.

④ '윗물이 맑아야 아랫물이 맑다'는 윗사람이 모범을 보여야 아랫사람이 그것을 본받는다는 뜻이다.

22. 정답 ③

문제 풀이 대화 상황에서 경쟁적으로 필요 이상의 과장과 근거 없는 말을 하면 오히려 이미지가 나빠진다는 내용이므로 자신의 지식 수준보다 과장해서 말하는 것은 좋지 않다는 것이 중심 생각이다.

연습 3

21. 정답 ③

문제 풀이 부모가 먼저 나쁜 습관을 고쳐야 아이의 비만 발생 위험도를 낮출 수 있다는 내용이므로 '윗물이 맑아야 아랫물이 맑다'는 속담이 적합하다.

① '말이 씨가 된다'는 늘 말하던 것이 마침내 사실이 되었다는 뜻이다.

② '소 잃고 외양간 고친다'는 이미 어떤 일을 실패한 뒤에는 뉘우치고 문제점을 고쳐도 아무 소용이 없다는 뜻이다.

③ '윗물이 맑아야 아랫물이 맑다'는 윗사람이 모범을 보여야 아랫사람이 그것을 본받는다는 뜻이다.

④ '콩 심은 데 콩 나고 팥 심은 데 팥 난다'는 모든 일은 원인에 따라 결과가 생긴다는 뜻이다.

22. 정답 ③

문제 풀이 생활 습관을 부모와 아이가 공유하므로 아이의 비만을 막기 위해 부모가 먼저 나쁜 식습관을 고쳐야 한다는 내용이 이 글의 중심 생각이다.

연습 4

21. 정답 ④

문제 풀이 표준어인 서울말을 쓴다는 이유로 '거드름을 피우거나 남을 깔보는 듯한 태도를 취할' 필요는 없다는 내용이므로 '목에 힘을 주다'라는 관용 표현이 적합하다.

① '눈이 높다'는 사물을 보는 관점이 높아서 정도 이상의 좋은 것만 찾는 버릇이 있다는 뜻이다.

② '손이 크다'는 씀씀이가 크거나 인심이 후하다는 뜻이다.

③ '입이 무겁다'는 다른 사람의 비밀을 함부로 말하지 않는다는 뜻이다.

④ '목에 힘을 주다'는 거드름을 피우거나 남을 깔보는 듯한 태도를 취한다는 뜻이다.

22. 정답 ③

문제 풀이 서울말이 다른 지역 방언보다 특별히 더 우수해서 표준어로 선정된 것이 아니라는 것이 중심 생각이다.

연습 5

21. 정답 ①

문제 풀이 괄호 안에는 나와 관계없는 일이라고 방관하는 태도를 나타내는 관용 표현 '강 건너 불구경 하듯'이 들어가는 것이 적합하다.

① '강 건너 불구경하듯'은 자신과 관계없는 일이라고 생각해 무관심하게 방관하는 모양을 나타내는 말이다.

② '다람쥐 쳇바퀴 돌듯'은 앞으로 나아가거나 발전하지 못하고 같은 자리에서 같은 일만 반복하는 모습을 비유적으로 나타내는 말이다.

③ '돈을 물 쓰듯'은 돈을 아끼지 않고 마구 낭비함을 비유적으로 표현한 말이다.

④ '번갯불에 콩 구워 먹듯'은 번쩍하는 번갯불에 콩을 구워서 먹을 만하다는 뜻으로 행동이 매우 빠름을 나타내는 말이다.

22. 정답 ③

문제 풀이 방관자들이 많을수록 살기 어려운 사회가 되므로 도움이 필요한 사람을 보면 방관하지 말고 도움을 줘야 한다는 것이 중심 생각이다.

- 문항 23, 24는 수필이나 소설 등을 읽고 세부 내용을 파악하는 문제이다.
- 문항 23은 밑줄 친 부분에 나타난 필자나 등장인물의 기분·심정 등을 파악하는 문제이다. 글의 맥락 안에서 등장인물이 처한 상황을 이해해야 밑줄 친 문장의 의미를 파악할 수 있다.
- 문항 24는 글의 내용과 같은 문장을 찾는 문제로 글 전체를 꼼꼼히 읽어 보고 선택지를 하나씩 확인해야 한다.

※ [23~24] 다음을 읽고 물음에 답하십시오. (각 2점)

연습 1

어머니가 떠나신 지 1년이 다 되어 간다. 결혼 후에도 계속 모시고 살았으니 난 어머니와 한 번도 떨어져 살아본 적이 없다. 어릴 적부터 몇 번의 이사를 거쳤지만 나는 새집이 낯설다는 느낌을 받지 않았다. 내게는 어머니가 집이었다. 아무리 낯선 곳도 어머니만 계시면 늘 익숙한 곳처럼 느껴졌다. 어머니는 감정에 쉽게 휘둘리지 않으며 말수도 적으셨다. 그런 어머니를 닮아 나도 감정이든 속내든 표현을 하지 않는 편이었다. 그런데 오늘 아내가 오래간만에 저녁 식탁에 내놓은 고등어를 보니 갑자기 <u>눈시울이 뜨거워졌다</u>. 어머니의 고등어가 생각났다. 그렇게 좋아하시던 고등어를 어머니는 늘 남편에게, 아들에게 내주셨고 당신은 가시에 붙은 얼마 안 되는 살점을 알뜰히 드시곤 했다.

23. 밑줄 친 부분에 나타난 나의 심정으로 알맞은 것을 고르십시오.

① 슬프다 ② 곤란하다
③ 섭섭하다 ④ 당황스럽다

24. 이 글의 내용과 같은 것을 고르십시오.

① 나는 한곳에서 오래 살았다.
② 나는 결혼한 후에 어머니와 함께 살았다.
③ 어머니는 고등어를 별로 좋아하지 않았다.
④ 어머니는 말로 감정 표현을 잘 하는 편이셨다.

정답 및 문제 풀이

23. 정답 ①

문제 풀이 '그런데', '갑자기' 등의 표현을 통해 어머니에 대해 추억하는 자신의 감정이 무덤덤한 평소의 자신과 다름을 알 수 있다. 그리고 그 추억이 가족에게 희생적이었던 어머니의 모습에 대한 것이므로 필자가 어머니에 대한 감사함과 그리움으로 슬퍼하고 있음을 알 수 있다.

24. 정답 ②

문제 풀이 ① 나는 어릴 적부터 몇 번의 이사를 거쳤다.
③ '그렇게 좋아하시던 고등어를' 가족들에게 항상 양보하셨다.
④ 어머니는 감정에 쉽게 휘둘리지 않으며 말수도 적으셨다.

연습 2

오늘도 지하철 안 사람들의 시선은 우리 아이들을 향하고 있다. 쌍둥이 모두 장애를 가지고 있으니 당연한 일이라는 걸 알면서도 속상한 건 어쩔 수 없다. 출산 예정일보다 두 달 먼저 태어난 쌍둥이는 뇌의 손상이 있었고 그로 인해 여러 장애를 안게 되었다. 처음 두 아이 모두 장애를 갖게 될 거라는 소식을 들었을 때 정말 <u>눈앞이 캄캄했다</u>. 넉넉하지 못한 형편에 아이들을 포기하려는 생각까지 했었다. 하지만 무료 진료를 해 주시는 의사 선생님이며 필요한 물건들을 보내 주는 이웃 사람들이 있어서 마음을 다잡을 수 있었다. 이런 분들을 보며 아직도 세상은 살 만한 곳이라는 생각을 했다.

23. 밑줄 친 부분에 나타난 나의 심정으로 알맞은 것을 고르십시오.

① 곤란하다　　② 답답하다
③ 당황스럽다　　④ 절망적이다

24. 이 글의 내용과 같은 것을 고르십시오.

① 아이들은 사고로 장애를 갖게 되었다.
② 이 사람은 경제적인 문제로 아이들을 다른 사람에게 맡겼다.
③ 이 사람은 아이들과 함께 지하철을 탈 때마다 사람들의 시선을 느낀다.
④ 주위 사람들의 도움으로 장애를 가진 쌍둥이를 교육시킬 수 있게 되었다.

연습 3

젊은 시절, 세상과 나 자신을 바라보는 가치관과 시각을 바꿔 준 다큐멘터리 영화가 한 편 있었다. 그 영화는 병에 걸려 얼마 남지 않은 한정된 시간을 살고 있는 환자들의 병동 생활을 보여 주는 영화였는데 그들은 내 예상과 달리 삶을 포기하거나 고통스러워하는 모습이 아니었다. 환자들은 가족, 친구들과 함께 하루하루를 웃으며 행복하게 살고 있었다. 인상적이었던 환자의 인터뷰 장면이 기억난다. "사랑하는 사람들과 함께 할 수 있는 1분, 1초가 너무나 소중해요. 왜 아프기 전에는 그것을 몰랐는지 모르겠어요." 이 장면을 보면서 <u>많은 생각들이 떠올라 더 이상 영화에 집중할 수 없었다</u>. 내가 의미 없이 보냈던 많은 시간과 일상들. 그리고 너무도 무관심하게 대했던 내 곁의 소중한 사람들이 머리를 스쳐 지나갔다. 나는 지금도 순간순간 시간과 사람들에게 나태해질 때마다 영화에서 인터뷰를 하던 그 환자의 말과 눈망울을 떠올린다.

23. 밑줄 친 부분에 나타난 나의 심정으로 알맞은 것을 고르십시오.

① 곤란하다　　② 답답하다
③ 후회스럽다　　④ 희망적이다

24. 이 글의 내용과 같은 것을 고르십시오.

① 나는 최근에 본 영화에 대해 이야기하고 있다.
② 나는 지금도 영화를 생각하면 슬프고 마음이 아프다.
③ 영화는 힘든 병을 극복하고 치료한 환자들의 이야기이다.
④ 영화에서 환자들은 심각한 병에 걸렸지만 항상 웃으며 생활했다.

연습 4

다른 아이들에게 지는 게 싫어 난 초등학교 때부터 공부를 열심히 했다. 덕분에 내내 반장은 내 차지였다. 그러다 5학년 초에 우리 가족은 갑자기 이사를 했다. 때는 막 학급 임원을 뽑아야 하는 시기였다. 아는 아이 하나 없는 새 학교였지만 나는 자신 있었다. 다니던 학교에서 내내 우수한 성적을 받았고 반장을 했던 사실을 선생님이 알고 계셨기 때문이다. 선생님 추천으로 후보가 된 나는 개표를 느긋이 기다렸다. 그런데 내 생전 겪어 보지 못했던 치욕스러운 일이 벌어졌다. 내가 단 한 표밖에 받지 못한 것이었다. 게다가 반 아이들이 모두 의혹의 눈길로 나를 쳐다봤다. 그 한 표를 찍은 주인공이 나일 거라고 생각한 거다. 한 표밖에 받지 못한 것도 충격인데 그런 불명예스러운 오해까지 받다니 나는 정말 <u>내 속을 뒤집어 보여 주고 싶었다</u>.

23. 밑줄 친 부분에 나타난 나의 심정으로 알맞은 것을 고르십시오.

① 안타깝다　　② 억울하다
③ 황당하다　　④ 흥분되다

24. 이 글의 내용과 같은 것을 고르십시오.

① 나는 인기가 많아서 늘 반장이 되었다.
② 나는 초등학교 시절 내내 반장을 했다.
③ 새 학교에서도 많은 아이들이 나를 인정해 주었다.
④ 새 학교 선생님은 내가 공부를 잘 한다는 사실을 아셨다.

연습 5

고향을 떠나 부산으로 올 때만 해도 나는 세상이 다 내 것 같았다. 어렸을 때부터 수재 소리를 들었고 중학교 친구들 중에서 유일하게 부산의 명문 고등학교에 입학했으니 그도 그럴 만했다. 입학 후 첫 중간시험 준비를 위해서 학교에 남아 공부를 하던 중 선생님께서 교무실로 급하게 호출을 하셨다. 선생님은 놀라지 말라고 몇 번이나 말씀하신 후 빨리 고향에 가 보라고, 날 보러 오시던 부모님께서 탄 고속버스가 사고가 나서 두 분 다 돌아가셨다고 하셨다. 그리고는 기차 타고 가라시면서 돈이 든 봉투를 내 손에 쥐어 주셨다. <u>하늘이 무너진다는 게 뭔지 그때 처음 알았다</u>. 친척들의 도움으로 장례를 치른 후 나는 취업반이 있는 학교로 전학을 갔으며 대학 대신 할머니와 동생들을 부양해야 하는 소년 가장이 되었다

23. 밑줄 친 부분에 나타난 나의 심정으로 알맞은 것을 고르십시오.

① 갈망하다　② 실망하다
③ 절망하다　④ 희망하다

24. 이 글의 내용과 같은 것을 고르십시오.

① 나는 어렸을 때는 공부를 못했다.
② 나는 부모님이 돌아가신 후 학교를 옮겼다.
③ 나는 고향을 떠나 부산으로 올 때 걱정으로 마음이 불안했다.
④ 내가 대학을 졸업할 때까지 친척들이 남은 가족들을 책임져 주었다.

정답 및 문제 풀이

연습 2

23. 정답 ④

문제 풀이 아이가 장애를 가졌음을 알고 '눈앞이 캄캄하다', '아이들을 포기하려는 생각까지 했었다'는 내용을 통해 이 사람의 심정이 절망적이었음을 알 수 있다.

24. 정답 ③

문제 풀이 ① 아이들은 태어날 때 뇌의 손상으로 장애를 갖게 되었다.
② 이 사람은 경제적인 어려움으로 아이들의 양육을 포기하려는 마음을 먹기도 했지만 주위 사

람들의 도움을 받아 키우고 있다.

④ 주위 사람들의 도움으로 무료 진료와 아이들에게 필요한 물건을 받았다.

연습 3

23. 정답 ③

문제 풀이 얼마 남지 않은 시간을 살고 있는 환자가 사랑하는 사람과 함께 할 수 있는 시간의 소중함에 대해 말하는 것을 듣고 나는 의미 없이 보냈던 많은 시간과 일상들, 무관심하게 대했던 내 곁의 소중한 사람들을 떠올렸으므로 지난날을 후회하고 있음을 알 수 있다.

24. 정답 ④

문제 풀이 ① 내가 젊은 시절에 본 영화이다.

② 나는 지금도 시간과 사람들에게 나태해질 때마다 영화에서 인터뷰를 하던 그 환자의 말과 눈망울을 떠올리며 스스로 반성한다.

③ 병에 걸려 얼마 남지 않은 한정된 시간을 살고 있는 환자들의 병동 생활을 보여 주는 영화이다.

연습 4

23. 정답 ②

문제 풀이 글쓴이가 불명예스러운 오해를 받은 상황에서 사실을 밝히고 싶어하므로 억울해하고 있음을 알 수 있다.

24. 정답 ④

문제 풀이 ① 나는 공부를 잘 해서 늘 반장이 되었다.

② 5학년 때는 반장이 되지 못했다.

③ 새 학교에서는 반장 선거 때 반 친구 중 한 명만 나에게 투표했다.

연습 5

23. 정답 ③

문제 풀이 밑줄 친 부분에는 부모님이 모두 돌아가셨다는 소식을 들었을 때의 심정이 잘 나타나 있다. 하늘이 무너지는 것처럼 큰 슬픔과 절망을 느꼈음을 알 수 있다.

24. 정답 ②

문제 풀이 ① 나는 수재였으며 명문 고등학교에 입학했었다.

③ 나는 부산으로 올 때 세상이 다 내 것 같이 기쁘고 행복했다.

④ 나는 대학을 가지 않고 가족을 책임지는 가장이 되었다.

유형 07 기사의 제목을 읽고 제목의 세부 내용 파악하기

문항 25~27은 제시된 신문 기사의 제목을 읽고 그 의미를 가장 잘 설명한 문장을 찾는 문제이다. 신문 기사 제목의 의미를 제대로 이해하기 위해서는 신문 기사 제목에서 자주 사용하는 어휘와 표현 방식을 알고 이해해야 한다. 신문 기사 제목의 표현 방식은 조사나 종결 어미를 생략하는 것이 일반적이므로 문장 구성 요소들을 연결하는 적절한 조사를 유추해 문장의 의미를 파악해야 한다.

※ [25~27] 다음은 신문 기사의 제목입니다. 가장 잘 설명한 것을 고르십시오. (각 2점)

연습 1

25. 오늘도 전국에 비, 내일은 더위도 살짝 꺾일 듯

① 오늘부터 계속 비가 오고 더울 것이다.
② 어제처럼 오늘도 비가 오고 조금 더울 것이다.
③ 어제처럼 오늘도 비가 오고 내일은 오늘보다 덜 더울 것이다.
④ 오늘은 온 나라에 비가 오고 내일부터는 무더위가 시작될 것이다.

26. 어린이 굽 높은 운동화 인기, 발·척추에는 '빨간불'

① 어린이들에게 굽 높은 운동화가 인기가 높아지고 있다.
② 어린이들이 굽 높은 운동화를 신는 것을 금지하려고 한다.
③ 어린이들이 굽 높은 운동화를 신고 운동하는 것이 유행이다.
④ 어린이들에게 굽이 있는 운동화가 인기지만 건강에는 안 좋다.

27. 지속된 경제 불황에도 부유층 사치품 구매력 여전해

① 경제 상황이 좋아서 부유층이 비싼 상품을 많이 구매한다.
② 경제 상황이 좋지 않아서 부유층이 비싼 상품을 사지 않는다.
③ 경제 상황이 안 좋으면 부유층은 비싼 상품을 더 많이 구매한다.
④ 경제 상황이 좋지 않은데도 부유층은 비싼 상품을 많이 구매한다.

정답 및 문제 풀이

25. 정답 ③

문제 풀이 '더위가 꺾이다'는 더위의 세찬 기세가 약해진다는 뜻이다. 그러므로 어제와 마찬가지로 오늘도 전국적으로 비가 온 후 그동안 계속 더웠던 날씨가 조금 덜 더워질 것 같다는 의미이다.

26. 정답 ④

문제 풀이 '빨간불'은 위험한 상태에 있음을 알려 주는 각종 조짐을 비유적으로 이르는 말이다. 그러므로 굽 높은 운동화가 발 · 척추에는 빨간불이라는 것은 굽 높은 운동화가 어린이의 발 건강이나 척추 건강에 안 좋은 영향을 미칠 수 있다는 의미이다.

27. 정답 ④

문제 풀이 '경제 불황'은 경제 상황이 안 좋다는 말이며 '사치품'은 필요 이상으로 비싼 상품들을 의미한다. 따라서 기사 제목의 의미는 경제 상황이 좋지 않은데도 부유층은 비싼 상품을 많이 구매한다는 뜻이다.

연습 2

25. 새 학기, 100만 원대 책가방 없어서 못 사

① 100만 원대 책가방은 만들지 않아서 못 산다.
② 100만 원대 책가방을 사고 싶어도 돈이 없다.
③ 100만 원대 책가방이 인기가 많아서 다 팔렸다.
④ 100만 원대 책가방을 사는 사람들이 별로 없다.

26. 국민 외면 속에 그들만의 잔치 된 장애인 올림픽

① 장애인 올림픽에 국민이 참여했다.
② 장애인 올림픽에서 국민이 잔치를 벌였다.
③ 장애인 올림픽에 대한 국민의 관심이 부족하다.
④ 장애인 올림픽과 국민의 잔치가 동시에 열린다.

27. 날로 증가하는 노인 가구, 사회적 취약 계층으로 대두

① 노인 인구가 연령별 대비 가장 많은 인구가 되었다.
② 노인 가구가 증가하면서 노인들이 사회적 범죄를 저지르고 있다.
③ 노인 가구의 취업률이 높아지면서 국가의 중요한 노동력이 됐다.
④ 노인 가구가 증가하면서 사회적으로 힘든 생활을 하는 노인들이 많아졌다.

연습 3

25. 가정의 달 맞아 공연·전시 각종 문화 행사 풍성

① 가정의 달에는 가족들이 공연을 많이 본다.
② 가정의 달에 여러 문화 행사가 많이 진행되고 있다.
③ 가정에서 달맞이 행사로 공연·전시 등을 준비하고 있다.
④ 가정의 달이기는 하나 여러 문화 행사가 부족해 어려움을 겪고 있다.

26. 도심 숲, 더위 절반으로 낮춘다.

① 도심 숲이 절반으로 줄어들었다.
② 도시 안에 숲이 있으면 더위가 덜하다.
③ 도시 근교의 숲이 도시를 시원하게 만든다.
④ 도심에 있는 숲이 절반으로 줄어 더위를 더 많이 느끼게 됐다.

27. 대학 등록금 껑충, 학부모 허리 휘청

① 대학 등록금이 많이 올라 학부모들이 힘들어 하고 있다.
② 허리 건강을 위해 학부모들이 대학에서 운동을 시작했다.
③ 대학 등록금을 마련하기 위해 학부모들이 허리띠를 졸라맸다.
④ 대학생들에겐 등록금이, 학부모들에겐 허리 병이 가장 큰 고민이다.

연습 4

25. 추석 연휴 맞아 내·외국인 공항으로 몰려

① 추석날에 공항을 찾는 외국인들이 많아졌다.
② 추석 연휴가 지나고 공항 이용객들이 매우 많았다.
③ 추석 때 고향에 가려고 항공편을 이용하는 사람들이 많았다.
④ 추석을 전후해서 입국·출국하는 수많은 여행객들이 공항을 이용했다.

26. 비인기종목 양궁, 올림픽 효자 종목으로

① 올림픽에서 양궁 경기의 결과가 예상보다 좋다.
② 양궁은 국내에서나 올림픽에서나 인기가 없는 종목이다.
③ 인기가 없었던 양궁이 올림픽에서 사람들의 눈길을 사로잡고 있다.
④ 양궁은 국내에서는 인기가 없었지만 올림픽에서는 좋은 결과를 거두었다.

27. 대표 간식 '초코과자', 1분기 매출 1천억 돌파

① 초코과자가 인기가 많아서 천억 명이 사 먹었다.
② 초코과자를 지난 1년 동안 천억 원어치 판매했다.
③ 1월부터 3월까지의 초코과자 매출이 천억 원을 넘어섰다.
④ 초코과자가 과자들 중에서 첫 번째로 최고 매출을 기록했다.

연습 5

25. 중학생, 아버지 차량 몰다가 추락, 안전벨트가 살려

① 중학생이 운전하던 차가 사고가 나서 아버지가 다쳤다.
② 차 사고가 났지만 안전벨트를 맨 아버지와 아들은 다치지 않았다.
③ 중학생이 차를 운전하다가 사고를 냈지만 안전벨트 덕분에 살았다.
④ 아버지와 중학생 아들이 탄 차가 사고가 났지만 경찰이 이들을 살렸다.

26. 귤 값 뛰니 오렌지 판매 날아올라

① 귤과 오렌지의 판매량이 모두 늘었다.
② 귤 값이 떨어져 오렌지 판매가 줄었다.
③ 귤 값보다 오렌지 값이 더 많이 올랐다.
④ 귤 값이 올라서 오렌지가 잘 팔리고 있다.

27. 전통과 현대가 만난 새 시청 건물, 시민들 눈길 사로잡아

① 새 시청 건물의 디자인이 시민들의 관심을 끌고 있다.
② 시청에서 전통과 현대를 조화시킨 방식으로 일하기로 했다.
③ 시청 건물의 조화롭지 못한 모습에 시민들이 불만을 표하고 있다.
④ 시청 직원을 구세대와 신세대로 고루 구성하기로 해 시민들이 환영하고 있다.

정답 및 문제 풀이

연습 2

25. 정답 ③

문제 풀이 '없어서 못 사'의 의미는 가방이 다 팔려서 사고 싶어도 못 산다는 의미이다.

26. 정답 ③

문제 풀이 '국민 외면'에서 국민들이 장애인 올림픽에 관심이 없음을 알 수 있다. '그들'은 장애인을 의미하며 따라서 장애인 올림픽이 국민의 관심을 받지 못하고 장애인들만의 행사가 되었다는 뜻이다.

27. 정답 ④

문제 풀이 '날로'는 '시간이 지날수록'을 의미한다. '사회적 취약 계층'은 사회에서 관심을 받지 못하고 경제적으로 어려운 사람들을 의미하며 '대두'는 '떠오르다', '나타나다'의 의미를 지니고 있다. 따라서 노인 가구가 증가하는 동시에 이들이 사회적으로 힘든 생활을 하고 있다는 의미이다.

연습 3

25. 정답 ②

문제 풀이 가정의 달이 되어 공연·전시 등 문화 행사가 많아졌다는 내용이다.

26. 정답 ②

문제 풀이 도심에 있는 숲이 더위를 절반으로 낮춰 도시를 시원하게 만든다는 내용이다.

27. 정답 ①

문제 풀이 '껑충'은 높이 뛰어오름을 표현할 때 쓰는 말이고, '허리 휘청'은 '허리가 휘청하다'로 경제적으로 매우 힘듦을 나타내는 표현이다. 따라서 대학 등록금이 많이 올라 학부모들의 부담이 크다는 내용이다.

연습 4

25. 정답 ④

문제 풀이 '연휴'는 이틀 이상 계속되는 휴일을 의미하고 '몰리다'는 한꺼번에 많이 모여 든다는 뜻이므로

추석을 전후해서 많은 사람들이 공항을 이용했다는 내용이다.

26. 정답 ④

문제 풀이 '효자'는 부모 마음을 기쁘게 하는 착한 아들이라는 뜻이므로 국내에서 인기가 없었던 양궁이 올림픽에서 좋은 결과를 거두어 국민을 기쁘게 했다는 뜻이다.

27. 정답 ③

문제 풀이 '분기'란 1년을 4등분한 3개월씩의 기간이고 1분기란 1월에서 3월까지를 의미한다. 그리고 '돌파'는 일정한 기준이나 기록 등을 넘어서는 것을 뜻하므로 ③번의 설명이 적절하다.

연습 5

25. 정답 ③

문제 풀이 중학생이 아버지의 차를 몰다가 추락하는 사고가 났는데 안전벨트를 매고 있어서 살 수 있었다는 내용이다.

26. 정답 ④

문제 풀이 '값이 뛰다'는 값이 올랐다는 의미이며 판매가 '날아오르다'는 판매가 증가했다는 의미이다. 따라서 귤 값이 올라서 대체재로서의 오렌지 판매가 증가했다는 내용이다.

27. 정답 ①

문제 풀이 '눈길을 사로잡다'는 관심을 끈다는 의미이다. 따라서 기사 내용은 현대와 전통이 조화를 이룬 새로운 시청 건물의 디자인이 시민들의 관심을 끌고 있다는 것이다.

유형 08 세부 내용 추론하기

문항 28~31은 괄호 안에 들어갈 알맞은 내용을 찾는 문제이다. 문항 16~18과 같은 유형이나 어휘와 문법 수준이 다소 높다. 글의 전체적인 내용은 물론 글의 논리적 구조를 파악해야 괄호 안에 들어갈 적절한 내용을 찾을 수 있다. 일반 상식에 의존하지 말고 글을 꼼꼼히 읽은 후에 주어진 내용을 토대로 논리적 연결 관계를 파악해야 한다.

※ [28~31] 다음을 읽고 (   )에 들어갈 내용으로 가장 알맞은 것을 고르십시오. (각 2점)

연습 1

28.

사교 모임에서 회원들의 재테크 성공담이나 화려한 인맥 이야기를 듣거나 휴대 전화 속 멋진 여가 생활 사진들을 보게 되면, 왠지 나만 빼고 다 행복하게 잘 살고 있는 것 같은 생각이 든다. 그런데 사실 화려한 이야깃거리가 많은 사람일수록 영혼은 가난한 사람일 확률이 높다. 실제로 사람들은 마음이 외롭고 고단할수록 모임에 집착한다. (   ) 사람은 '나 잘 살고 있다'고 어딘가에 떠벌릴 필요가 없기 때문이다.

① 가난하지 않은
② 화려한 삶을 사는
③ 행복과 기쁨이 충만한
④ 자랑하고 싶은 것이 없는

29.

차가운 이미지의 병원 공간이 따뜻하게 바뀌고 있다. 벽을 여러 색으로 칠하거나 창문을 만들어 자연을 감상할 수 있도록 하기도 한다. 환자들이 정서적으로 안정된 공간으로 느낌으로써 빨리 회복할 수 있는 치유의 공간으로 거듭나고 있는 것이다. (   ) 연구는 1984년에 이미 이루어졌다. 한 심리학자는 같은 수술을 받은 환자를 대상으로 반은 일반 병실, 반은 정원이 보이는 병실에서 지내게 했다. 그 결과 창문을 통해 자연을 접한 환자들의 회복 속도가 더 빨랐다.

① 병원 환경이 환자의 회복에 영향을 미친다는
② 병원의 화려한 변신이 환자를 즐겁게 한다는
③ 병원들이 환자를 위해 공간을 바꾸고 있다는
④ 자연을 접한 의사들의 치료 능력이 높아진다는

30.

인간은 심리적으로 (   ) 경향이 있다. 거짓말을 한 경우에는 이를 자신의 잘못으로 여기지 않고 거짓말을 할 수 밖에 없게 만드는 주변의 상황적 요인을 탓한다. 연인과 헤어졌을 때는 자신의 결점과 잘못이 아닌 상대방의 부정적 측면 때문에 헤어졌다고 말한다. 뿐만 아니라 다양한 상황에서 인간은 자신이 잘못했을 때 항상 변명을 통해서 자신의 잘못이 아님을 강조한다.

① 자기 자신의 잘못을 인정하고 반성하려는
② 상대방의 잘못과 변명을 용서하지 않으려는
③ 곤란한 상황을 피하기 위해 거짓말을 하려는
④ 자기 자신을 나쁜 사람으로 만들지 않으려는

31.

아기가 스스로 혼자 앉는 시기가 나라마다 다른 것으로 나타났다. 연구팀에 따르면 (   )에 따라 이런 차이가 생긴다고 한다. 앉는 시기가 비교적 늦었던 한국의 아기들은 대부분 엄마의 품이나 아기 전용 가구처럼 몸을 지탱할 수 있는 곳에서 많은 시간을 보냈다. 반면에 실험 대상국 중 가장 일찍 스스로 앉았던 카메룬 아기들은 바닥이나 어른용 가구에서 보내는 시간이 많아 스스로 몸의 균형을 잡을 수 있는 기회가 많았다.

① 부모가 아기를 얼마나 도와주냐
② 아기의 타고난 균형 감각이 얼마나 좋으냐
③ 아기가 엄마와 앉아서 얼마나 시간을 보내냐
④ 아기가 혼자 앉아 있을 수 있는 기회가 얼마나 있냐

정답 및 문제 풀이

28. 정답 ③

문제 풀이 괄호 앞부분에는 마음이 외롭고 영혼이 가난한 사람들일수록 모임에 집착하고 화려한 이야깃거리를 떠들어댄다는 내용이 나온다. 따라서 괄호가 포함된 문장에는 반대로 삶이 행복하고 만족스러운 사람은 과장하거나 자랑하지 않는다는 내용이 담겨 있어야 한다.

29. 정답 ①

문제 풀이 괄호 앞은 병원들이 공간을 바꿈으로써 환자들의 회복에 도움을 준다는 내용이다. 괄호가 포함된 문장은 이러한 것이 이미 연구로 증명되었다는 내용이다. 따라서 괄호 앞의 이야기를 가장 잘 요약한 내용이 괄호 안에 들어가야 한다.

30. 정답 ④

문제 풀이 거짓말을 한 경우와 연인과 헤어진 경우의 공통점은 자신의 잘못이 아니라고 말하는 것이다. 부정적인 사건이 자신의 잘못으로 일어난 일이 아니라고 생각하거나 말하는 것은 자신을 나쁜 사람으로 만들지 않으려는 심리에서 비롯된다는 내용이 들어가야 한다.

31. 정답 ④

문제 풀이 아기가 혼자 앉는 시기가 나라마다 다른 이유를 설명하는 글이다. 괄호 뒤의 내용으로 미루어 보아 아기가 혼자 앉을 수 있는 기회가 많고 적음에 따라서 아기가 혼자 앉는 시기가 달라짐을 알 수 있다.

연습 2

28.

아이들이 공부를 잘 못할 때 많은 부모들은 아이들을 야단치거나 체벌한다. 하지만 아이들의 학습 성취도를 높이려면 체벌보다는 칭찬이 효과적이다. 체벌은 아이에게 두려움을 심어 주며 부모가 무서워서 어쩔 수 없이 하게 되는 학습을 유도한다. 반면 칭찬은 ( ). 부모의 칭찬은 아이들의 내면적 자신감과 스스로 더 잘하고자 하는 학습 의욕을 불러일으킨다. 따라서 작은 부분이라도 아이에게 칭찬을 해 주는 것이 중요하다.

① 아이들을 소극적, 수동적으로 이끈다
② 아이들을 부정적, 수동적으로 이끈다
③ 아이들을 사교적, 긍정적으로 이끈다
④ 아이들을 긍정적, 자율적으로 이끈다

29.

인간의 좌뇌는 과학, 이성 등과 연계되어 있으며 우뇌는 예술, 감성 등과 관계가 깊다고 한다. 좌뇌가 발달한 사람은 과학적, 이성적으로 생각하고 행동하며 우뇌가 발달한 사람은 예술을 좋아하며 감정과 느낌이 발달되어 있다는 것이다. 그리고 왼쪽 귀로 듣는 정보는 우뇌로, 오른쪽 귀로 듣는 정보는 좌뇌로 간다고 한다. 따라서 사랑과 관련된 감정적인 말은 ( ).

① 상대방의 뒤에서 하는 것이 효과적이다
② 상대방의 얼굴을 보고 하는 것이 효과적이다
③ 상대방의 왼쪽 귀에 대고 하는 것이 효과적이다
④ 상대방의 오른쪽 귀에 대고 하는 것이 효과적이다

30.

스마트폰의 등장은 인간의 삶에 적지 않은 영향을 끼쳤다. 요즘은 지하철이나 길거리에서 고개를 숙이고 오직 스마트폰에만 집중하며 주위의 상황에 전혀 신경 쓰지 않는 사람들을 심심찮게 볼 수 있다. 사람들은 스마트폰을 통해 혼자만의 세계에서 정보를 얻고 유희를 추구하며 심지어는 가족과의 식사 시간이나 친구와의 대화 상황에서도 스마트폰에만 몰두한다. 스마트폰은 사람들로 하여금 ( ) 만들었다고 볼 수 있다.

① 인간관계가 멀어지게
② 다양한 즐거움을 추구하게
③ 출퇴근 시간을 활용할 수 있게
④ 어디서든지 정보를 얻을 수 있게

31.

최근 다양한 분야의 전문가를 초청한 대학의 특별 강의가 늘고 있어 주목된다. 강연자들은 음식, 음악, 춤, 사업, 방송 등 다양한 분야에서 인정받는 전문가이며 (   )라는 공통점이 있다. 이러한 추세는 점차 세분화되어 가고 있는 사회 각 분야에 대한 이해도를 높이고, 학업과 일을 성취하기 위한 끈기와 인내심이 부족한 현재의 젊은 세대에게 시간과 노력의 중요성을 일깨워주기 위한 대학의 의도가 반영되어 있다고 할 수 있다.

① 한 분야에서 오랜 시간 동안 노력해 온 전문가
② 한 분야에서 짧은 시간 안에 빨리 성공한 전문가
③ 사회 각 분야에 다양한 지식과 능력을 지닌 전문가
④ 사회 각 분야에서 학업과 일을 동시에 성취한 전문가

연습 3

28.

사람들은 자신의 의견이 분명하지 않을 때 (   ) 자신의 행동을 결정하며 마음의 위안을 얻는다. 상인들이 더 많은 손님을 끌어들이기 위해 바람잡이를 동원하고 특정 장소에 무단으로 버린 쓰레기들이 쌓여 있는 것도 다 이런 심리를 보여준다. 이렇게 사람들은 대중에 동조함으로써 정신적 안정을 찾으려고 한다. 그러나 맹목적으로 남을 따라 하다가는 집단적으로 잘못된 판단을 해 자신과 사회를 위험으로 몰아갈 수도 있음을 잊지 말아야 할 것이다.

① 독립적으로
② 오랜 고민 끝에
③ 주변 사람들을 관찰해
④ 정신적으로 불안정한 상태에서

29.

사과나 배를 깎아 놓으면 시간이 지나면서 갈색으로 변한다. 이렇게 색깔이 변하는 현상을 갈변 현상이라고 한다. 갈변 현상은 과일 속에 포함되어 있는 특정 물질이 공기와 만나 갈색으로 변해 생기는 것이다. 설탕물에 담갔다가 꺼내 놓으면 이 물질이 (   ). 과일을 후식으로 준비할 때에 껍질을 깎아 설탕물에 담그는 것은 바로 그 때문이다.

① 갈색으로 색깔이 변한다
② 과일 밖으로 빠져 나온다
③ 껍질과 공기가 만나지 못하게 한다
④ 공기를 만나도 반응하지 않게 된다

30.

시루떡은 우리 조상들이 신에게 제를 지낼 때 가장 기본적으로 올린 음식이다. 특히 팥 시루떡의 붉은 팥은 나쁜 귀신을 물리치고 나쁜 기운을 쫓아 준다고 하여 주로 이사를 할 때나 결혼을 앞둔 예비 신부가 함을 받을 때에 사용한다. 또한 백일상과 돌상에도 아이가 나쁜 귀신을 물리치고 건강하게 자라기를 기원하며 팥 시루떡을 올렸다. 하지만 조상을 모시는 제사상에는 ( ) 붉은색의 팥떡은 금기사항으로 여겨 올리지 않았다.

① 귀신을 쫓는다고 여기는 ② 시루에 쪄서 만들기 때문에
③ 나쁜 기운을 물리치기 때문에 ④ 제사가 끝나고 가족들이 먹기 때문에

31.

운동 후 갈증 해소에는 땀으로 빠져나간 수분과 전해질을 보충해 주는 이온 음료가 좋다. 그러나 땀을 흘렸다고 반드시 이온 음료를 마셔야 하는 것은 아니다. 장시간 격렬한 운동을 하는 운동선수들의 경우, 땀과 함께 칼슘이나 마그네슘, 나트륨 등의 이온도 함께 배출되어 몸 속 전해질의 균형이 깨지게 되므로 이온 음료를 마시는 것이 좋다. 하지만 일반인은 ( ) 운동 강도가 세지 않아 굳이 이온 음료를 먹지 않아도 된다. 이 경우에는 물만 마셔도 충분한 수분을 얻을 수 있다.

① 땀을 흘릴 정도로 ② 갈증을 느낄 정도로
③ 전해질 균형이 깨질 만큼 ④ 수분을 보충해야 할 만큼

연습 4

28.

거절을 잘 못하는 사람들이 있다. 그 사람들의 내면에는 자신이 상대방의 요구를 거절했을 때 그 사람과의 관계가 깨질지도 모른다는 두려움이 있다. 그건 매우 정상적인 반응이다. 거절에 대한 불안에는 ( ) 심리가 담겨 있다. 긍정적으로 생각하자면 상대방에 대한 배려라고도 볼 수 있다. 그러나 그 불안에 지나치게 흔들리면 삶이 불안해진다. 때로는 거절 공포를 이겨내고 안 된다고 말할 수 있는 용기를 내야한다.

① 삶을 부정적으로 생각하는 ② 불안감으로 자신을 신뢰하지 못하는
③ 사람들과 관계를 맺는 것을 두려워하는 ④ 모든 사람들과 좋은 관계를 유지하려는

29.

'뽁뽁이'는 조심해서 다루어야 하는 물건을 포장할 때 사용하는 재료이다. 그런데 작년부터 뽁뽁이가 (   ). 유리창에 붙이면 실내 공기가 외부로 나가는 것을 막아 주어서 열 손실을 줄여 준다. 볼록 튀어나온 비닐 안에 공기가 들어있어 외풍을 막고 실내온도를 보존하기 때문이다. 뽁뽁이가 답답해 보인다는 의견을 반영해 최근에는 색깔이나 무늬가 들어간 제품도 나와서 실내를 예쁘게 꾸미는 데에도 한몫하고 있다.

① 겨울 난방용품으로 각광받고 있다
② 냉방용품으로 날개 돋친 듯 팔리고 있다
③ 집안을 멋있게 장식하는 재료로 쓰이고 있다
④ 물건을 안전하게 포장하는 재료로 인기를 얻고 있다

30.

천문학 지식이 매우 중요했던 농경 사회에서 정치·종교 지도자들의 가장 큰 일 중의 하나는 백성들에게 씨를 뿌리고 추수를 하는 시기를 알려 주는 것이었다. 자연과 함께 살아가면서 1년 단위로 농사를 지어야 했던 사람들에게 알맞은 시기를 찾는 일은 생존의 문제였다. 농사의 성공을 위해서는 적절한 시기를 놓치면 안 되었기 때문이다. 이렇듯 (   ) 인간의 삶에는 항상 시간이 중요했기 때문에 자연스럽게 달력이 만들어지게 되었다.

① 자연의 이치를 모르는
② 농사에 대한 지식이 없는
③ 자연의 법칙을 무시하고 살 수 없는
④ 지도자들과 백성들이 조화롭게 살아가야 하는

31.

컴퓨터 게임을 즐기는 인구가 폭발적으로 늘고 있다. 게임은 영상이 강조 된다는 점에서 영화와 닮았다. 그러나 영화는 관객이 아무리 몰입해도 화면이라는 정해진 그 틀 안에서 이야기가 진행되는 반면 게임은 그 틀을 관객이 만들 수 있다. 프로그램이 있다고 해도 온갖 변수나 관객의 취향, 실력, 관심 등에 따라서 이야기는 다르게 진행된다. 이런 점에서 이 과정은 게임 이용자의 재창조 과정으로서 (   ).

① 영상이 강조된다
② 영화 관람과 비슷하다
③ 영화 관람과는 구별된다
④ 정해진 틀에서 만들어진다

연습 5

28.

조향사란 화장품 업계나 식품 업계에서 필요로 하는 향 전문가를 말한다. 냄새를 맡는 감각이 발달해 있지 않으면 조향사가 될 수 없다. 맛을 느끼는 감각이 떨어져도 조향사가 되기 어렵다. 두 감각은 서로 연결되어 있어서 맛을 잘 못 느끼는 사람은 (   ) 낮아질 수밖에 없기 때문이다.

① 향을 구분하는 능력이
② 화장품에 대한 관심이
③ 음식을 먹고 싶은 욕구가
④ 전문가가 되고자 하는 의욕이

29.

수많은 선택의 순간에서 쉽게 결정을 하지 못하면 인생의 많은 시간을 낭비하게 된다. 한 연구에서는 기분과 결정하는 능력의 연관성을 밝혔다. 기분이 좋을 때는 결정하는 능력이 높아지고 우울하거나 불안하면 우유부단해지기 쉽다는 것이다. 따라서 (   ) 것도 결정하는 능력을 높이는 방법이 될 수 있다.

① 공포 영화나 비극적인 영화를 보는
② 단 음식을 먹거나 신나는 음악을 듣는
③ 마음이 차분해지는 내용의 소설을 읽는
④ 자신의 부족한 점이나 단점을 반성해 보는

30.

우주 정거장은 중력이 매우 약하므로 우주인들의 일상은 지구에서와는 매우 다르다. 신체의 작은 힘에도 몸이 가볍게 움직이므로 벽이나 물건에 부딪히기 쉽다. 샤워기를 사용할 때도 물방울이 공중으로 날아다니므로 젖은 수건을 이용해 몸을 닦고 거품이 안 나는 샴푸로 머리를 문지른다. 음료수나 국물이 있는 음식은 진공 포장이 돼 있고 빨대로 먹어야 한다. 자는 것이 가장 쉽다. (   ) 때문이다.

① 벨트만 매면 되기
② 날아다니면서 자면 되기
③ 똑바로 누워서 잘 수 있기
④ 공중에 한 자세로 떠 있기

31. 방금 태어난 아기들이 모여 있는 방에서 한 아기가 울기 시작하면 으레 다른 아이들도 모두 따라 운다. 그런데 아기들에게 녹음된 자신의 울음소리를 들려주었더니 아기들은 아무 반응을 하지 않았다. 아기들은 다른 아이의 울음소리를 들을 때만 그 아픔을 느끼고 반응한 것이다. 이는 인간이 아주 어렸을 때부터 (   ) 가지고 있다는 가설을 뒷받침해 준다.

① 타인에게 도움을 청하는 능력을
② 타인의 고통에 공감하는 능력을
③ 혼자만의 세계를 더 즐기는 성향을
④ 다른 사람들과 경쟁을 하려는 성향을

정답 및 문제 풀이

연습 2

28. 정답 ④

문제 풀이 괄호 뒤에 칭찬에 대한 학습 효과가 나온다. '내면적 자신감'은 '긍정적 학습'과 관계가 있으며 '스스로 더 잘 하고자 하는 학습 의욕'은 '자율적 학습'과 관계가 있다. 따라서 괄호 안에는 칭찬은 아이들을 긍정적, 자율적으로 이끈다는 내용이 들어가는 것이 적절하다.

29. 정답 ③

문제 풀이 감정 및 느낌이 발달되어 있는 사람은 우뇌가 발달한다. 그리고 왼쪽 귀로 듣는 정보가 우뇌로 간다. 따라서 사랑과 관련된 감정적인 말은 왼쪽 귀에 대고 말하는 것이 효과적이다.

30. 정답 ①

문제 풀이 오직 스마트폰에만 집중하며 주위의 상황에 전혀 신경 쓰지 않는 사람들, 스마트폰을 통해 혼자만의 세계에서 정보를 얻고 유희를 추구하는 사람들, 가족과의 식사 시간이나 친구와의 대화 상황에서도 스마트폰에만 몰두하는 사람들은 모두 인간관계가 단절된 모습들이다. 따라서 괄호 안에 스마트폰이 인간관계를 멀어지게 했다는 내용이 들어가야 적절하다.

31. 정답 ①

문제 풀이 전문가의 특별 강의에 학업과 일을 성취하기 위한 끈기와 인내심이 부족한 현재의 젊은 세대에게 시간과 노력의 중요성을 일깨워주기 위한 의도가 반영되어 있다고 했으므로 괄호 안에는 '한 분야에서 오랜 시간 동안 노력해 온 전문가'가 들어가는 것이 적절하다.

연습 3

28. 정답 ③

문제 풀이 '대중에 동조함으로써 정신적 안정을 찾으려고 한다'에 해당하는 내용이 들어가야 하므로 '주변 사람들을 관찰해'를 넣는 것이 적절하다.

29. 정답 ④

문제 풀이 갈변 현상을 막기 위해 설탕물에 넣는다고 되어 있으므로 괄호 안은 갈변 현상을 막는 원리를 설명하는 내용, 즉 '공기를 만나도 반응하지 않게 된다'가 적절하다.

30. 정답 ①

문제 풀이 팥 시루떡은 나쁜 귀신을 물리칠 때 쓰이는 음식이었음을 설명하는 글이다. 제사상은 돌아가신 조상님께 올리는 상이어서 붉은 색의 팥떡을 올리지 않았다고 설명하고 있으므로 괄호 안에는 '귀신을 쫓는다'는 내용이 적절하다.

31. 정답 ③

문제 풀이 괄호 앞에 전해질의 균형이 깨졌을 때 이온 음료를 마신다고 되어 있고 괄호 뒤에는 이온 음료를 마실 필요가 없다고 되어 있으므로 괄호 안에는 '전해질 균형이 깨질 만큼'이 들어가는 것이 적절하다.

연습 4

28. 정답 ④

문제 풀이 거절을 잘 못하는 심리에 대한 내용이 괄호 안에 들어가야 한다. 괄호 앞부분에는 사람들과의 관계가 깨질지도 모른다는 두려움 때문에, 괄호 뒷부분에는 상대방에 대한 배려로 거절을 잘 못한다는 내용이 있으므로 괄호 안에 '사람들과 좋은 관계를 유지하려는'이 들어가야 한다.

29. 정답 ①

문제 풀이 괄호 뒷부분은 포장재인 '뽁뽁이'의 난방 효과에 대한 설명이 있으므로 괄호 안에 그 내용을 포괄하는 내용이 들어가야 한다.

30. 정답 ③

문제 풀이 괄호의 앞부분에 농경 사회에서는 천문학 지식이 매우 중요했음을 나타내는 내용이 나오므로 괄호 안에 그 내용을 포괄하는 내용이 들어가야 적절하다.

31. 정답 ③

문제 풀이 컴퓨터 게임과 영화의 비슷한 점과 다른 점을 설명하는 글이다. 괄호가 있는 마지막 문장은 앞에서 설명한 과정 때문에 컴퓨터 게임이 독서나 영화 관람과 차별화된다는 내용이어야 한다.

연습 5

28. 정답 ①

문제 풀이 '두 감각'은 냄새를 맡는 감각과 맛을 느끼는 감각을 말하며 서로 연결되어 있다고 했다. 따라서 맛을 잘 못 느끼는 사람은 냄새를 잘 맡는 능력, 즉 '향을 구분하는 능력'이 낮아질 수 밖에 없다는 내용이 들어가야 적절하다.

29. 정답 ②

문제 풀이 괄호의 앞부분에 기분이 좋을 때 결정하는 능력이 높아진다고 했으므로 괄호 안에는 기분이 밝아질 수 있는 활동의 예를 넣는 것이 적절하다.

30. 정답 ①

문제 풀이 자는 것이 가장 '쉽다'는 것은 앞에서 기술한 우주 정거장 안에서 물건들이 날아다니는 상황들이 '어렵고 불편하다'는 것을 함축한다. 따라서 괄호 안에는 잘 때는 몸이 날아다니지 않도록 벨트로 고정한다는 내용이 들어가야 알맞다.

31. 정답 ②

문제 풀이 아기들이 다른 아이의 울음소리를 들을 때 그 아픔을 느끼고 반응하여 운다는 내용이 주로 기술되어 있는데 이는 사람이 어렸을 때부터 '타인의 고통에 공감하는 능력'을 가지고 있다는 가설을 뒷받침해 준다.

유형 09

세부 내용 추론하기

문항 32~34는 글을 읽고 읽은 글과 같은 내용을 찾는 문제이다. 문항 11, 12의 유형과 같지만 어휘와 문법 수준이 높고 다양한 내용의 전문적, 객관적 설명문이 제시된다. 문항 11, 12와 마찬가지로 글에 담긴 구체적이고 세부적인 사항을 이해했는지 파악하는 문제이므로 지문과 선택지의 내용을 꼼꼼하게 비교하여 확인해야 한다. 난이도가 높은 어휘와 문법이 나오므로 그 의미를 문맥과 상황을 통해 파악할 수 있는 능력이 요구된다.

※ [32~34] 다음을 읽고 내용이 같은 것을 고르십시오. (각 2점)

연습 1

32.

교육부는 고령자들의 재취업을 돕기 위해 지난 1월부터 '평생배움'이라는 사이트를 운영하고 있다. 이 사이트에 가입하면 영어·중국어와 같은 어학 강좌뿐 아니라 컴퓨터 활용 능력, 간호학과 같이 자격증을 딸 수 있는 여러 동영상 강의를 저렴한 가격에 들을 수 있다. 또한 다음 달부터는 60세 이상 구직자를 대상으로 취업 전략을 짜 주는 교육을 무료로 실시할 예정이다. 1주일 과정으로 두 달에 한 번씩 진행되는 교육에서는 이력서와 자기 소개서 작성법, 직업 찾는 방법, 면접 잘 보는 법 등을 알려준다.

① 이 사이트 덕분에 고령자들의 취업이 늘었다.
② 60세 이상은 이 사이트의 강의를 무료로 들을 수 있다.
③ 정부가 청년 실업자들을 지원하기 위한 사이트를 운영하고 있다.
④ 취직 서류 준비가 힘든 고령자들은 이 사이트의 도움을 받을 수 있다.

33.

아침에 마시는 커피가 간암의 위험을 줄인다는 사실이 최근 연구에서 밝혀졌다. 간암으로 인한 사망은 각종 암으로 인한 사망 중 두 번째로 큰 비중을 차지한다. 하지만 이제 파킨슨병, 알츠하이머병과 마찬가지로 간암도 커피를 마심으로써 그 위험성을 줄일 수 있게 되었다. 커피가 왜 간암 위험을 줄이는지는 아직 확실하지 않다고 연구팀은 시인한다. 하지만 커피를 마시는 사람들의 간암 발생률이 29% 낮았다고 한다.

① 커피가 간암의 위험을 낮추는 원인이 분석되었다.
② 커피를 마시는 사람들의 간암 치료율은 29%이다.
③ 커피는 간암, 파킨슨병, 알츠하이머병 등의 예방에 도움을 준다.
④ 질병으로 인한 사망자 중 두 번째로 많은 사람들이 간암으로 죽는다.

34.

정부가 대체 공휴일제 시행을 발표했다. 대체 공휴일제는 설날, 추석과 같은 연휴나 어린이날 등이 공휴일과 겹칠 경우 비공휴일을 공휴일로 인정한다는 제도이다. 예를 들면, 설날 연휴 3일이 일요일, 월요일, 화요일인 경우 공휴일인 일요일이 설날 연휴와 겹치므로 수요일까지 연휴로 인정한다는 것이다. 대체 공휴일 제도는 국민의 쉴 권리를 보장해 주는 동시에 노동 생산성을 향상시킨다는 취지로 도입되었으며 향후 10년 동안 휴일이 11일 늘어나는 효과를 얻을 수 있다고 한다.

① 대체 공휴일제는 공휴일을 비공휴일로 인정하는 제도이다.
② 대체 공휴일제를 적용하면 한 해에 휴일이 11일 늘어나는 효과가 있다.
③ 대체 공휴일제는 노동 시간을 늘려 생산성을 향상시키기 위해 만들어졌다.
④ 일요일이 포함된 설날 연휴의 경우 대체 공휴일제를 적용하면 연휴가 늘어난다.

정답 및 문제 풀이

32. 정답 ④

문제 풀이 ① 이 글에서 고령자들의 취업이 늘었는지는 알 수 없다.
② 강의는 무료가 아니라 저렴한 가격에 들을 수 있다.

③ 정부는 청년이 아닌 고령자들의 재취업을 돕기 위해 사이트를 운영하고 있다.

33. 정답 ③

문제 풀이 ① 커피가 왜 간암 위험을 줄이는지 아직 확실하지 않다.

② 커피를 마시는 사람들의 간암 발생률이 29% 낮다.

④ 암으로 인한 사망자 중 두 번째로 많은 사람들이 간암으로 죽는다.

34. 정답 ④

문제 풀이 ① 대체 공휴일제는 비공휴일을 공휴일로 인정하는 제도이다.

② 대체 공휴일제를 적용하면 10년 동안 휴일이 11일 늘어나는 효과가 있다.

③ 대체 공휴일제는 국민의 쉴 권리를 보장해 주므로 노동 시간을 줄여준다.

연습 2

32.

전주 시내에 여성 노인 일자리 창출을 위한 식당 '할머니 손맛'이 문을 열었다. '할머니 손맛'은 전주시의 노인 사회 활동 지원 사업 중 하나이며 20명의 여성 노인들이 제2의 인생을 펼칠 한식당이다. 메뉴는 백반이며 여성 노인들은 오전, 오후 2개조로 나뉘어 음식 조리, 판매, 서비스, 청소 등 식당의 모든 일을 맡아서 하게 된다. 전주시는 이 식당의 반응이 좋을 경우 향후 다양한 메뉴를 고려해 2호점, 3호점을 열 계획이다.

① 여러 할머니들이 돈을 모아 식당을 열었다.

② 이 식당에서는 젊은 사람과 노인이 같이 일한다.

③ 할머니들은 오전과 오후로 반씩 나누어서 일을 한다.

④ 손님이 많을 경우 백반을 메뉴로 하는 식당을 더 열 계획이다.

33.

야간, 안개, 폭우 등의 상황에서도 80m 거리에서 움직이는 사람의 얼굴을 식별할 수 있는 첨단 감시 카메라가 개발됐다. 기존의 감시 카메라는 10m 내에서만 얼굴 식별이 가능했고 기상 상태가 좋지 않거나 야간일 경우에는 얼굴을 식별할 수 있는 감시 거리가 더욱 짧아졌다. 하지만 이번에 개발된 감시 카메라는 기상 상태가 안 좋을 때도 95%의 정확도로 얼굴을 식별할 수 있으며 움직이는 사람을 분당 40명까지 자동으로 추적, 확대해 얼굴 정보를 확인할 수 있다.

① 기존 감시 카메라는 날씨가 나쁘면 10m 거리의 얼굴 식별도 힘들었다.
② 개발된 감시 카메라는 날씨가 나쁘면 얼굴을 식별할 수 있는 거리가 짧아진다.
③ 개발된 감시 카메라는 한 시간에 40명의 얼굴 정보를 자동으로 확인할 수 있다.
④ 기존 감시 카메라는 날씨가 좋으면 10m 이상의 거리에서도 얼굴을 식별할 수 있었다.

34.

식품 의약품 안전처가 나트륨 줄이기 캠페인을 벌이고 있다. 세계 보건 기구에서 정한 나트륨 섭취 권장량은 2000mg인데 반해 한국인의 나트륨 하루 섭취량은 4900mg으로 수치상 2.5배에 달한다고 한다. 나트륨 과다 섭취는 고혈압, 심장병, 신장병 등 만성 질환의 원인이 된다. 따라서 나트륨 섭취를 줄이기 위해서는 인스턴트와 가공식품을 피하고 나트륨이 많이 포함된 국물, 찌개류의 음식이나 김치 섭취도 줄여야 하며 무엇보다 짜게 먹지 않는 식습관을 들이는 것이 중요하다.

① 김치나 찌개 등은 나트륨 섭취와 관련이 없다.
② 나트륨을 많이 섭취하면 다양한 만성 질환에 걸릴 수 있다.
③ 한국인의 나트륨 섭취량은 세계 보건 기구의 권장량보다 적다.
④ 나트륨 섭취를 줄이려면 인스턴트와 가공식품을 피하는 것이 가장 중요하다.

연습 3

32.

항공기에서 제공되는 기내식이 늘 기대보다 맛이 없는 과학적 이유가 최근 연구에서 밝혀졌다. 연구진에 따르면 같은 재료로 만들더라도 비행기 안에서 제공되는 단맛은 짠맛, 신맛, 쓴맛과는 달리 땅 위에서 먹는 단맛보다 덜하다고 한다. 시끄러운 소리가 나는 환경에서 미각이 제대로 기능하지 못하기 때문이다. 기내식 전문가들은 시끄러운 환경에 적합화된 음식을 골라 요리함으로써 기내식의 풍미를 더욱 향상시킬 수 있다고 한다.

① 단맛을 느끼는 감각은 소음과 같은 소리의 영향을 받는다.
② 항공기 기내식과 땅 위에서 먹는 음식의 차이는 조리법 때문이다.
③ 기내식이 맛이 덜한 이유는 짠맛이 강조된 음식을 선택했기 때문이다.
④ 기내식의 맛이 땅 위에서 먹는 맛과 다르다는 것은 사람들의 착각일 뿐이다.

33.

쇼핑 중독을 고치는 약이 개발되었다. 이 약은 원래는 치매 증세의 악화를 억제하는 데에 쓰였으나 쇼핑에 많은 시간을 보내며 충동구매를 일삼는 쇼핑 중독자들을 진정시키는 데 효과가 있음이 입증됐다. 또 이 약을 복용한 후, 구매 욕구 및 행동과 연관된 뇌의 기능이 약을 복용하기 전에 비해 절반가량 개선됐으며 투약에 따른 부작용은 나타나지 않은 것으로 알려졌다.

① 이 약은 원래 쇼핑 중독을 고치기 위해 만들어졌다.
② 이 약을 복용하면 구매 욕구가 50% 정도 떨어진다.
③ 이 약은 복용한 사람들의 구매 욕구를 억제시키는 효과가 있다.
④ 이 약의 효과는 입증되었으나 부작용을 걱정하는 사람들이 많다.

34.

> 농업 경제에 의존한 전통 한국 사회에서는 자연 숭배의 비중이 높았고 생활에 미치는 영향이 컸다. 이러한 자연 숭배 사상을 엿볼 수 있는 예로 '솟대'를 들 수 있다. 솟대는 한국의 시골 마을 입구에서 볼 수 있는 오리 모양의 나무 새나 돌 새가 있는 긴 장대를 말한다. 새가 하늘과 땅을 자유롭게 오가는 존재로 인간의 뜻을 하늘에 전할 수 있을 것이라고 여긴 조상들의 생각에서 비롯된 것이다. 솟대에는 자연을 숭배하는 우리 민족의 믿음이 표현되어 있다.

① 솟대는 한국 시골 마을에 있는 나무나 돌로 만든 새를 말한다.
② 우리 조상들은 새가 신의 뜻을 인간에게 전하는 존재라고 여겼다.
③ 전통 한국 사회에서는 자연 숭배 사상이 생활에 많은 영향을 미쳤다.
④ 우리 조상들은 하늘을 숭배해 하늘을 나는 새를 만드는 일을 중요시했다.

연습 4

32.

> 오존층 파괴로 지표에 도달하는 자외선이 증가하면서 피부암 환자수가 늘었다. 야외 활동을 하면서 자외선을 대량으로 쪼이는 것도 문제이지만 어릴 때부터 축적된 자외선 때문에도 암이 발생할 수 있다. 연령대가 높아질수록 발병률도 높으며 만성 피부염 환자나 장기 이식 등으로 면역력이 저하된 환자들에게도 많이 발생한다. 예방을 위해서는 정기적으로 전신 거울을 이용해서 자기 몸에 이상한 점이 없는지 진단해 보는 것이 필요하다.

① 피부암은 자외선 노출 빈도와 관계가 없다.
② 면역력이 떨어지면 피부암에 걸릴 확률이 있다.
③ 노인들보다는 야외 활동이 많은 젊은이들이 피부암에 많이 걸린다.
④ 피부암을 예방하기 위해서는 외모에 관심을 갖고 자주 병원을 방문해야 한다.

33.

취업을 앞두고 문신을 지우는 젊은이들이 눈에 띈다. 면접이나 신체검사 등 채용 과정에서 문신이 발견된 지원자들은 취업하기 어렵다는 소문이 퍼지면서 그렇다. 문신은 과거에는 조직폭력배 등이 하는 것으로 인식됐지만 몇 년 전부터 하나의 패션으로 인기를 끌어 왔다. 문신이 불합격 사유라는 건 일부 직종을 제외하고는 소문에 불과하지만 구직자들로선 개성을 표현하기보다는 조직의 기성 문화에 맞출 수밖에 없을 것이다.

① 옛날부터 개성의 표현으로 문신을 하는 것이 유행이었다.
② 취직하기 위해서 문신을 제거하려는 취업 준비생들이 있다.
③ 싫건 좋건 기성세대는 신세대의 문화를 받아들일 수밖에 없다.
④ 모든 취직 시험 응시 자격에 문신이 없어야 한다는 조항이 있다.

34.

10개월 가까이 사용이 중단되었던 행복 놀이공원의 재개장 여부가 빠르면 7일 결정된다. 시 관계자는 안정성이 확보되었는지 전문가들이 현장 점검을 한 후 공개회의를 열어 결정할 예정이라고 말했다. 시는 작년 6월에 놀이 기구 추락 사망 사고와 공연장 화재 사고가 잇달아 발생하자 놀이공원 전체에 대한 사용 중단과 안전 점검 명령을 내렸었다. 이 때문에 입주 업체들이 입은 경제적인 손실이 상당하다고 놀이공원 측이 밝혔다.

① 놀이공원이 7일에 다시 문을 연다.
② 작년에 놀이공원에서 안전사고가 발생해서 인명 피해가 있었다.
③ 시 관계자들이 사고 현장을 방문한 후 재개장 여부를 결정할 것이다
④ 입주업체들의 경제적 손실을 고려해서 사고 후에도 놀이공원 사용이 부분적으로 허용됐다.

연습 5

32.

쉽게 결정을 못하는 '결정 장애'를 겪는 현대인들이 많다. 이는 제품과 정보가 홍수처럼 넘쳐나 선택의 폭이 엄청나게 넓어졌기 때문이다. 이런 현대인들의 심리를 활용하여 전략을 세운 음식점이 큰 매출을 올리고 있다. 서울 대학가에 자리 잡은 '맛나 식당'에서는 '아무거나'라는 메뉴를 개발했다. '아무거나'는 그때그때 계절이나 날씨에 맞게 주인이 알아서 내오는 메뉴로, 고민할 필요가 없어진 손님들 사이에서 좋은 반응을 얻고 있다.

① 한 음식점이 현대인들의 심리를 경영에 활용해 성공했다.
② 대학 연구팀이 현대인들이 결정을 못하는 심리를 분석했다.
③ 현대인들이 결정을 잘 못하는 것은 가치관의 변화 때문이다.
④ '아무거나'는 현대인의 음식 선호도를 분석하여 개발한 메뉴이다.

33.

경신 대학교에서는 논문을 쓸 때 윤리적으로 쓰겠다는 약속을 하는 학생들이 늘고 있다. 학생들은 윤리적 약속을 지키기 위해 모든 논문의 겉표지에 서약서를 붙인다. 여기에는 '나는 이 논문을 직접 썼다', '다른 사람의 글을 인용할 때는 그 사실을 정확히 밝혔다' 등의 항목이 쓰여 있고 논문을 제출하는 학생은 각 항목에 확인 표시를 하도록 되어 있다. 서약서는 의무 사항은 아니나 매 학기 자발적 참여도가 높아지고 있다.

① 윤리적 논문 쓰기 운동이 대학들 사이에서 퍼지고 있다.
② 학생들은 교수 앞에서 윤리적으로 글을 쓸 것을 서약한다.
③ 학생들은 서약서에 자필로 윤리적 약속에 대한 글을 써야 한다.
④ 학생들이 논문을 쓸 때 반드시 서약서를 제출해야 하는 것은 아니다.

34.

술이 잠에 도움이 된다고 생각하기 쉽지만 그렇지 않은 것으로 나타났다. 실험 결과 술을 마신 대부분의 사람들은 눕자마자 바로 잠이 들었지만 뇌파는 네 단계의 수면 단계 중 얕은 잠에 해당하는 2단계에 머물고 있었다. 새벽에는 5분 간격으로 깨는 각성 상태를 보이기도 했다. 같은 피실험자들에게 술과 같은 양의 커피를 마시게 하고 실험을 한 결과 수면의 질은 술을 마신 후보다 조금 좋은 것으로 나타났다. 결국 잠에 방해가 된다고 알려진 카페인보다 술이 수면에 더 나쁜 것으로 확인된 것이다.

① 술을 마신 후에는 빨리 잠이 든다.
② 술을 마시면 새벽에 더 깊이 잘 수 있다.
③ 술을 마시면 깊은 잠을 자는 데에 도움이 된다.
④ 카페인은 알려진 사실과 달리 잠에 도움을 준다.

정답 및 문제 풀이

연습 2

32. 정답 ③

문제 풀이 ① 식당은 전주시의 노인 사회 활동 지원 사업 중 하나이다.
② 이 식당에서는 20명의 여성 노인들이 일을 한다.
④ 식당의 반응이 좋을 시 향후 다양한 메뉴를 고려해 2호점, 3호점을 열 계획이다.

33. 정답 ①

문제 풀이 ② 기상 상태가 좋지 않거나 야간일 경우에 얼굴을 식별할 수 있는 감시 거리가 짧아지는 것은 기존의 감시 카메라이다.
③ 개발된 감시 카메라는 움직이는 사람을 분당, 즉 1분에 40명까지 자동으로 추적, 확대해 얼굴 정보를 확인할 수 있다.
④ 기존의 감시 카메라는 10m 내에서만 얼굴 식별이 가능했다.

34. 정답 ②

문제 풀이 ① 나트륨 섭취를 줄이기 위해서는 국물, 찌개, 김치 섭취를 줄여야 한다.
③ 한국인의 나트륨 하루 섭취량은 4900mg으로 세계 보건 기구에서 정한 나트륨 섭취 권장량 2000mg의 2.5배에 달한다.
④ 나트륨 섭취를 줄이기 위해서는 무엇보다 짜게 먹지 않는 식습관을 들이는 것이 중요하다.

연습 3

32. 정답 ①

문제 풀이 ② 항공기 기내식과 땅 위에서 먹는 음식의 차이는 시끄러운 소리가 나는 환경 때문이다.
③ 기내식이 땅 위에서 먹는 음식보다 맛이 덜한 이유는 시끄러운 환경 때문이고 이런 환경은 단맛에 영향을 준다.
④ 기내식의 맛이 땅 위에서 먹는 맛과 다른 과학적 이유가 밝혀졌다.

33. 정답 ③

문제 풀이 ① 이 약은 원래 치매 증세의 악화를 억제하는 데에 쓰였다.
② 이 약을 복용한 후 쇼핑과 연관된 뇌의 기능이 절반가량 개선됐다.
④ 이 약에 따른 부작용은 나타나지 않은 것으로 알려졌다.

34. 정답 ③

문제 풀이 ① 솟대는 한국 시골 마을 입구에 있는 오리 모양의 나무 새나 돌 새가 있는 장대이다.
② 우리 조상들은 새가 인간의 뜻을 하늘에 전한다고 생각했다.
④ 조상들이 새를 만드는 일을 중요하게 생각했다는 내용은 글에 없다.

연습 4

32. 정답 ②

문제 풀이 ① 피부암은 자외선을 많이 쬐거나 자외선이 오랫동안 축적되면 발생할 수 있다.
③ 연령대가 높을수록 발병률이 높다.
④ 피부암 예방을 위해서는 자신의 몸에 이상이 없는지 정기적으로 진단해 봐야 한다.

33. 정답 ②

문제 풀이 ① 개성의 표현으로 문신을 하는 것은 옛날부터가 아니라 몇 년 전부터이다.
③ 신세대 구직자들은 기성 문화에 맞출 수밖에 없다.
④ 일부 직종에서만 문신이 불합격 사유가 된다.

34. 정답 ②

문제 풀이 ① 놀이공원이 다시 문을 열 수 있을지 7일 결정된다.
③ 전문가들이 현장을 방문한 후 회의를 해서 다시 문을 열지 결정할 것이다.
④ 사고 후에는 놀이공원 전체에 대한 사용 중단 명령이 내려졌다.

연습 5

32. 정답 ①

문제 풀이 ② 대학 연구팀이 현대인의 심리를 분석했다는 내용은 글에 없다.
③ 현대인들이 결정을 잘 못하는 것은 선택의 폭이 넓어졌기 때문이다.
④ '아무거나'는 결정을 못하는 심리를 분석하여 개발한 메뉴이다.

33. 정답 ④

문제 풀이 ① 윤리적 논문 쓰기 운동이 대학들 사이에서 퍼진다는 내용은 글에 없다.
② 학생들은 논문의 겉표지에 서약서를 붙인다.
③ 학생들은 서약서에 쓰인 항목에 확인 표시만 하면 된다.

34. 정답 ①

문제 풀이 ② 술을 마시면 새벽에 5분 간격으로 깬다.
③ 술을 마시면 얕은 잠을 자거나 새벽에 자주 깬다.
④ 카페인도 수면에 방해가 되나 그 정도가 술보다 덜하다.

유형 10

주제 추론하기

문항 35~38은 글의 주제를 찾는 문장이다. 난이도가 쉬운 문제의 경우에는 주어진 글의 첫 문장이나 마지막 문장이 주제문인 경우가 많으나 난이도가 어려운 문제의 경우에는 한 문장이 아닌 글 전체를 읽고 내용을 충분히 파악해야 주제를 찾을 수 있다. 즉, 글 전체를 이해하고 글에서 말하고자 하는 바가 무엇인지 찾아야 한다.

※ [35~38] 다음 글의 주제로 가장 알맞은 것을 고르십시오. (각 2점)

연습 1

35.

청소년들에게 폭력성을 심어주는 등의 단점 때문에 게임을 금지하는 부모들이 많다. 하지만 실제로는 게임이 사회성을 길러주고 삶의 만족도를 높여 주는 등 장점을 더 많이 갖고 있다고 한다. 많은 수의 청소년들은 친구들과 함께 게임을 하면서 인간관계가 좋아졌고 결과적으로 자신의 삶에 더욱 만족하는 것으로 나타났다. 따라서 무조건 게임을 금지할 게 아니라 스스로 게임 시간을 조절할 수 있는 힘을 길러줘야 할 것이다.

① 적정한 시간을 정해 청소년들이 게임을 하도록 해야 한다.
② 사회성을 기르기 위해 청소년들이 게임을 하도록 장려해야 한다.
③ 게임을 하면 폭력적으로 변하므로 청소년들이 게임을 하지 못하게 해야 한다.
④ 게임은 단점보다 장점이 더 많으므로 청소년들의 게임을 금지하지 않아도 된다.

36.

기업이 소비자에게 상표를 알리는 가장 흔한 방법이 광고이다. 광고에는 기업이 생각하는 핵심 가치를 전달할 수 있는 이야기가 담겨 있어야 한다. 그런데 광고를 할 때 과장은 금물이다. 과장하는 순간 사람들은 눈에 불을 켜고 상표의 단점을 찾게 되고, 단점이 눈에 보이는 순간 다시는 그 상표의 제품을 구매하지 않을 것이다. 그러므로 약하게 광고하고, 제품의 장점을 홈페이지 같은 곳에 따로 올리는 방식으로 사람들이 직접 찾을 수 있게 해야 한다.

① 광고는 상표를 알릴 수 있는 최선의 방법이다.
② 과장 광고가 오히려 소비자의 반감을 유발할 수 있다.
③ 광고에서는 제품의 장단점보다 기업의 이미지가 중요하다.
④ 광고는 기업의 이야기를 과장해서 전달하는 것이 효과적이다.

37.

어제 아파트 화재로 많은 사상자가 발생했다. 화재가 크게 번진 것은 저가의 자재와 좁은 건물 간격 때문이다. 화재가 난 아파트는 도시형 생활 주택으로 법적 하자는 없다. 도시형 생활 주택은 정부에서 서민에게 대량으로 공급하기 위해 각종 건축 규제를 완화해 준 주택 유형으로 건축 비용이 낮아진 반면 안전성도 역시 낮아지는 결과를 낳았다. 이번 화재는 안전에 대한 규제 완화가 대형 참사로 이어질 수 있음을 보여준다.

① 정부는 서민을 위한 주택 공급을 확대시켜야 한다.
② 정부는 안전을 위한 규제를 지속적으로 강화해야 한다.
③ 이번 아파트 화재의 주된 원인은 완화된 안전 규제이다.
④ 정부는 경제 활성화를 위해 경제적 규제를 완화해야 한다.

38.

인터넷, TV, 휴대폰, 에어컨, 냉장고 등 과학의 산물을 통해 인간은 다양한 혜택을 누리며 살고 있다. 과학 기술의 발달은 인간에게 생활 수준의 질적 향상과 편리함을 가져다주었지만 한편으로는 인간의 삶에 부정적 영향을 미치기도 하는 양면성을 지니고 있다. 예를 들어, 에어컨이나 냉장고의 냉매제로 사용되는 프레온 가스는 지구의 오존층을 파괴하고 온실 효과를 유발하는 물질로서 많은 환경 변화를 일으키며 인간의 삶을 심각하게 위협하고 있다. 따라서 과학의 산물이 장기적으로 인간의 삶에 어떠한 영향을 미칠지를 고려해 현명하게 사용, 대처할 필요가 있다.

① 오존층 파괴와 온실 효과에 대처하기 위해 노력해야 한다.
② 과학 기술의 발전은 인간의 편리한 생활을 가능하게 했다.
③ 프레온 가스를 줄이기 위해 에어컨과 냉장고의 사용을 줄여야 한다.
④ 인간에게 미칠 다양한 영향을 고려하여 과학적 산물을 올바르게 사용해야 한다.

정답 및 문제 풀이

35. 정답 ④

문제 풀이 '사회성을 길러주고, 삶의 만족도를 높여 준다' 등 게임의 장점에 대한 내용이 핵심이다.

36. 정답 ②

문제 풀이 과장해서 광고를 할 경우 생기는 부작용에 대한 내용이 핵심이다.

37. 정답 ③

문제 풀이 건축 규제 완화로 질 낮은 자재를 쓰거나 건물 간 간격을 좁혀 지을 수 있게 되었기 때문에 화재가 크게 번졌다는 것이 중심 내용을 이루고 있다.

38. 정답 ④

문제 풀이 과학의 산물이 인간에게 주는 긍정적 혜택과 부정적 영향의 양면성을 모두 고려해 현명하게 사용하고 대처해야 한다는 것이 중심 내용이다.

연습 2

35.

설날이나 추석 등 명절에는 많은 서울 사람들이 고향이 있는 지방으로 이동한다. 하지만 짧은 기간에 많은 인구가 동시에 이동하다 보니 교통수단 예약, 차량 정체 등에 있어서 많은 문제점이 나타난다. 이런 문제점에 대한 해결 방법으로 근래에 고향에 계신 부모님이 서울로 오는 역귀성 현상이 늘고 있다. 부모가 역귀성을 할 경우 도로에서 시간을 낭비할 일도 없고 연휴에도 일에 바쁜 자식들을 배려할 수 있는 등의 장점이 있어 명절에 역귀성하는 인구가 점차 늘고 있는 추세이다.

① 명절에도 바빠서 고향에 안 가는 사람이 많다.
② 명절에는 가족이 모이기 위해 민족이 대이동을 한다.
③ 명절에는 교통수단 예약, 차량 정체 등 많은 문제가 생긴다.
④ 명절 때 시골에 사는 부모님이 서울로 오는 경우가 많아지고 있다.

36.

드라마의 주제 및 소재가 예전과는 달라지고 있다. 예전에는 가족 중심의 갈등과 화해, 재벌 2세와 서민의 신데렐라 스토리, 행복한 결말의 사랑 이야기 등 한정된 주제의 드라마가 주로 방영됐지만 요즘은 이혼 남녀의 생활, 젊은이들의 취업과 직장 생활, 범죄 심리, 독특한 성격을 지닌 주인공의 생활 등 다양한 주제와 소재를 활용하고 있다. 이는 국민적 공감대를 중시했던 과거의 드라마에 비해 요즘의 드라마가 다양한 문화와 삶의 형태를 반영하고 있기 때문인 것으로 보인다.

① 드라마의 주제와 소재가 달라지는 것은 부정적인 현상이다.
② 드라마를 만들 때 국민적 공감대를 고려해서 만들어야 한다.
③ 과거에는 행복한 내용의 드라마가 많았지만 요즘은 그렇지 않다.
④ 요즘 드라마는 과거와 달리 문화와 삶의 다양성을 반영하고 있다.

37.

현대인들은 과다한 업무량, 경쟁, 소외 등에서 받는 정신적 스트레스를 해소하기 위해 상담을 받거나 병원을 찾기도 하지만 이런 인위적인 방법으로 치료 효과를 얻는 사람은 많지 않다. 이런 상황에서 자연에서 정신적 치유의 효과를 얻는 사람들이 많아 화제다. 이들은 숲에서 걷고 여유를 즐긴다. 숲에서 생성되는 피톤치드는 사람의 뇌와 호흡기에 긍정적인 영향을 미쳐 정신적 스트레스를 감소시키며 특히, 숲에서 걷는 것은 마음의 안정과 긴장 완화에 도움을 준다. 자연이 인간에게 내면적 치유의 힘을 주는 것이다.

① 정신적 스트레스 때문에 치료를 받는 현대인이 많다.
② 현대인은 업무, 경쟁, 소외 등으로 인한 스트레스가 많다.
③ 자연과 함께하는 것이 정신적 스트레스 해소에 도움이 된다.
④ 상담을 받거나 병원에 가면 정신적 스트레스를 줄일 수 있다.

38.

학습자의 능동적 수업 참여를 위해 많은 학교에서 학습자 중심 수업 방식을 적용하고 있다. 이러한 수업 방식은 교사 중심으로 진행되는 기존 수업 방식과 달리 학습자의 의견 제시, 토론, 협동 학습 등이 중심이 된다. 하지만 학습자 간 수준 차이, 배경지식 부족 등으로 인해 토론과 협동 수업이 원활히 진행되지 않는 부작용이 나타나고 있다. 앞으로 학습자 중심의 수업 방식이 제대로 정착하려면 이러한 문제점을 개선해야 할 것으로 보인다.

① 학습자 중심 수업 방식에서 나타나는 부작용을 개선해야 한다.
② 학습자의 능동적 수업 참여를 위해 수업 방식이 바뀌어야 한다.
③ 학습자 중심 수업 방식은 기존의 교사 중심 수업 방식과 다르다.
④ 학습자의 능동적 수업 참여를 위해서는 토론과 협동 수업이 중요하다.

연습 3

35.

최근 건강에 대한 관심이 높아지면서 색소나 보존제 등을 넣지 않은 무첨가 제품이 인기이다. 그러나 소비자들은 첨가물에 대해 제대로 모른 채 부정적인 인식만 갖고 있다. 이런 배경에는 식품 업계의 책임이 크다. 자사 제품을 팔기 위해 경쟁사가 사용하는 첨가물에 대해 논란을 일으킴으로써 안전하게 사용하고 있는 첨가물에 대해서도 막연한 불안감을 갖게 하기 때문이다. 식품 업계가 이런 왜곡된 정보로 소비자들을 현혹시키지 않도록 처벌할 수 있는 법적 장치 마련을 검토해야 할 시점이다.

① 국민들의 건강을 위해 무첨가 제품만 판매해야 한다.
② 소비자들은 첨가물에 대해 부정적인 인식을 갖고 있다.
③ 첨가물에 대한 소비자들의 불안감은 식품 업계에 의해서 생긴 것이다.
④ 식품 업계는 안전한 첨가물에 대한 정보를 소비자들에게 알려야 한다.

36.

요즘 유명인들이 어린 자식을 키우며 좌충우돌하는 장면을 방송하는 육아 프로그램이 인기를 끌고 있다. 하지만 이런 프로그램에 등장하는 아이들은 기획 연출된 존재물에 불과하다. 아이들은 정해진 상황 안에서 어른들이 의도한 대로 행동하기를 강요당한다. 물론 이런 프로그램을 통해 아이들은 인기도 얻고 돈도 벌 수 있겠지만 이 아이들이 상품도 연예인도 아닌, 자신의 자아를 가진 존재임을 연예인 부모와 제작진은 잊어서는 안 될 것이다.

① 육아 프로그램은 사실 그대로를 보여 줘야 의미가 있다.
② 아이들은 유명인이 되기 위해 육아 프로그램에 출연한다.
③ 육아 프로그램 속 아이들에게도 자아가 있다는 사실을 잊어서는 안 된다.
④ 소모품으로 전락한 아이들을 도와주기 위해 시청자들이 적극 나서야 한다.

37.

최근 식용 꽃에 관심을 갖는 사람들이 점점 많아지고 있다. 보기 좋아 입맛을 돋우고 치매 예방, 노화 방지 등의 효과를 인정받고 있기 때문이다. 그러나 아무리 건강에 좋다고 하더라도 함부로 섭취해서는 안 된다. 알레르기를 일으키거나 독성 물질을 가지고 있는 식물이 있으므로 잘 구별해 섭취해야 하며 꽃술은 제거하고 꽃잎만 먹는 등의 안전한 섭취·조리 방법을 지켜야 한다.

① 식용 꽃은 섭취·조리 방법을 지켜 안전하게 섭취해야 한다.
② 식용 꽃과 독성이 있는 식물을 구별하는 법을 익혀야 한다.
③ 식용 꽃의 효능이 좋아 재배하는 사람들이 점점 많아지고 있다.
④ 식용 꽃은 효능은 좋으나 독성이 있으므로 섭취를 자제해야 한다.

38.

문화재는 조상의 정신과 문화가 살아 숨 쉬는 민족의 유산이다. 그러나 그 문화재가 그것을 만들어 낸 민족이 아닌 다른 나라에 있을 때는 문화적 의미를 상실한 채 그저 예술품으로서의 가치만을 지닌다. 문화재는 그것이 만들어진 나라에 있어야만 그 참가치가 인정되는 것이다. 따라서 우리 민족 고유의 민족성을 상징하는 문화재가 불법적으로 외국에 유출되는 일을 철저히 막아야 할 것이다.

① 문화재는 조상의 정신이 들어있는 만큼 잘 보존해야 한다.
② 문화재는 예술적 가치보다는 문화적 가치가 더 중요하게 여겨져야 한다.
③ 한 나라의 문화재가 그 나라 밖에 있을 때 문화재는 예술적 가치를 잃는다.
④ 우리 민족의 고유성을 찾을 수 있는 문화재가 해외로 불법 유출되어서는 안 된다.

연습 4

35.

빵 반죽을 부풀게 만드는 데에 쓰이는 제빵 재료로만 여겨졌던 베이킹소다가 마법의 가루로 새로이 부각되면서 판매량이 증가하고 있다. 속이 쓰릴 때 소량을 물 반 컵에 넣고 마시면 속을 달래 주는 역할을 한다. 또한 베이킹소다가 열을 받아 분해되면 이산화탄소가 나오는데 이산화탄소가 산소를 차단해 불을 끄므로 긴급 상황에서 진화제로도 쓸 수 있다. 게다가 냄새·얼룩 제거 및 살균, 소독, 세안, 세탁에도 큰 효과를 보여 세제 업체와 화장품 업체에서 비상한 관심을 보이고 있으며 만능 살림꾼으로 주부들의 사랑도 듬뿍 받고 있다.

① 베이킹소다 시장이 다양화되고 있다.
② 베이킹소다로 만든 제품의 종류가 많아졌다.
③ 베이킹소다의 다양한 효능이 주목받고 있다.
④ 베이킹소다를 재료로 한 제품을 많이 개발해야 한다.

36.

여주인공이 위기에 처할 때마다 나타나서 구원자 역할을 하며 여성 시청자들의 마음을 사로잡던 남자 주인공들이 요즘 드라마에서 보이지 않는다. 외모 같은 외형적 조건은 여전히 완벽하지만 실생활에서는 허술하고 엉뚱하며 심지어 변덕스럽기까지 하다. 심리학자들은 남성상의 변화에서 그 이유를 찾는다. 드라마 속 인물은 시청자들에게 얼마나 공감을 얻느냐가 중요한데 기존 드라마의 인물들은 현실과 괴리감이 있었다. 이제 시청자들은 환상보다는 현실에 있을 법한 인물에 더 친근감을 느끼는 것 같다.

① 드라마 속 남자 주인공들에게 변화가 생겼다.
② 현실감이 없는 인물이 드라마 주인공으로 적합하다.
③ 드라마 속 남자 주인공에는 여성 시청자들의 환상이 반영되어야 한다.
④ 모든 면에서 완벽한 조건을 갖춘 인물이 드라마 속 남자 주인공이어야 한다.

37.

그 어떤 동물보다도 약한 인류가 먹이 사슬의 가장 위에 설 수 있게 된 것은 열악한 환경을 극복하기 위해 끊임없이 발명을 했기 때문이다. 발명은 물리학이나 기계 공학 등 특별한 지식을 가진 발명가들이 하는 거라고들 생각하지만 전문 교육을 받지 않은 사람들의 단순한 발상이 세상을 바꾸는 발명품을 낳기도 한다. 구부러지는 빨대를 발명한 사람은 어느 주부였다. 누워서 음료수를 마셔야 하는 아픈 아들을 안타깝게 바라보던 한 엄마의 마음이 세계적인 발명품을 만들어 낸 것이다.

① 인류는 발명 덕분에 발전해 올 수 있었다.
② 발명은 전문 교육을 받은 사람들에게 유리하다.
③ 발명은 열악한 환경을 극복하기 위한 수단이다.
④ 평범한 사람들의 아이디어가 새로운 세상을 열 수 있다.

38.

기업이 직접 기획하고 무대 설치와 연예인 섭외까지 담당하는 등 대학 축제의 전면에 나섰다. 기업은 축제를 통해 자사 제품을 홍보할 수 있어서 적극 지원하고 있다. 대학 축제에서 연예인 초청에 들어간 돈은 축제 전체 비용의 30%가 넘는 것으로 조사되었다. 공연 유치에 큰 비용이 들다보니 총학생회 측에서도 기업의 협찬을 환영하는 눈치이다. 학생들의 축제 참여를 유도하기 위해 어쩔 수 없다는 설명이지만 대학 축제가 지나치게 상업화되는 건 아니냐는 우려의 목소리가 커지고 있다.

① 기업이 주최하는 대학 축제가 유행이다.
② 대학 축제는 기업의 마케팅 행사장이다.
③ 대학 축제에 연예인을 초청하는 비용이 과하다.
④ 대학 축제가 기업의 이익을 위해 이용되는 것은 바람직하지 않다.

연습 5

35\.

반려견을 키우면 정신적 건강에 도움이 된다는 사실은 잘 알려져 있다. 반려견과 함께 있을 때는 사랑의 호르몬인 옥시토신의 분비가 활발해지고 스트레스 호르몬은 감소되어 행복감을 느끼게 된다는 것이다. 그런데 동물 알레르기가 있거나 키울 환경이 안 되면 방송을 통해 반려견을 보는 것만으로도 정신 건강에 도움이 된다는 주장이 나왔다. 정신과, 수의과 교수들로 구성된 연구팀은 최근 우울증을 앓는 주부나 노인들은 반려견의 재롱을 텔레비전을 통해 보면 증상이 상당히 완화된다고 밝혔다.

① 반려견을 키우면 정신적으로 행복해진다.
② 반려견을 키우면 우울증 증상이 개선된다.
③ 주부나 노인들이 반려견을 키우면 행복감이 더 커진다.
④ 매체를 통해 반려견을 보기만 해도 정신 건강에 도움이 된다.

36\.

영화, 책, 드라마 등에 대한 감상평이 인터넷상에 많이 올라오면서 스포일러에 의한 피해도 증가하고 있다. 스포일러란 줄거리 전개와 결말에 중요한 내용을 감상평 등을 통해 미리 노출시키는 사람을 말한다. 그런데 이들로 인해 영화나 드라마를 느긋이 감상하는 즐거움을 빼앗기는 시청자나 관객이 많아졌다. 영화의 경우, 중요한 내용이 노출되면 관객이 줄어들기도 한다. 당연히 영화나 드라마 제작자들도 스포일러로 인한 피해로 골머리를 앓고 있다.

① 인터넷에서 감상평 쓰기가 활발해지고 있다.
② 스포일러를 처벌하는 방법을 강구해야 한다.
③ 인터넷상에서 스포일러로 인한 피해가 증가하고 있다.
④ 제작자들이 스포일러로 인한 피해를 줄이기 위해 노력하고 있다.

37.

버리려던 낙하산 천이 세련된 가방이 되고 못 쓰게 된 시계 부품이 멋진 반지가 된다. 버리는 물건을 아이디어와 디자인으로 되살린 이러한 제품을 '업사이클링 제품'이라고 한다. 최근에는 개성을 중시하는 사람들이 많아지면서 업사이클링 제품이 다양해지고 있다. 소비자들은 이제 환경 보호라는 명분을 위해서가 아니라 개성적 디자인에 반해 제품을 선택한다. 중소기업 위주로 돌아가던 시장도 수요 증대와 시장 확대의 가능성을 읽은 대기업들의 참여로 더욱 활발해지고 있다.

① 업사이클링 제품이 시장에서 상품으로서의 가치를 인정받고 있다.
② 업사이클링 제품 시장에 대기업들이 뛰어들어 시장이 커지고 있다.
③ 업사이클링 제품 소비는 환경 보호 운동 차원에서 이루어지고 있다.
④ 업사이클링 제품의 디자인이 점차 개성을 중시하는 방향으로 가고 있다.

38.

'작은 사치' 란 큰돈이 들지 않는 사치품 소비를 통해 즐거움을 느끼려는 소비 행태를 말한다. 요즘 젊은이들 사이에서 이러한 작은 사치가 확산되고 있다. 한 디저트 카페에서는 '오후의 여유'라는 메뉴가 인기몰이 중이다. 디저트 가격으로는 다소 고가인 일 인당 1만 8천 원이라는 가격에도 이 카페는 늘 젊은이들로 꽉 차 있다. 이들은 이와 같이 부담스럽지 않은 사치를 통해 즐거움과 만족감을 느낀다고 한다. 젊은 층에서 불고 있는 이 같은 '작은 사치' 바람은 불황을 맞고 있는 우리 경제에 작지만 의미 있는 활력이 되고 있다.

① 한 디저트 카페의 메뉴가 고가임에도 인기를 끌고 있다.
② 부담스럽지 않은 사치를 통해 즐거움을 찾는 젊은이가 늘고 있다.
③ 젊은이들 사이에서 고가의 물건을 구매하려는 경향이 나타나고 있다.
④ 최근 젊은이들은 구입하는 서비스나 물건이 비쌀수록 만족감을 느낀다.

정답 및 문제 풀이

연습 2

35. 정답 ④

문제 풀이 명절 때 교통수단 예약, 차량 정체에 따른 시간 낭비 등의 문제점을 해결하기 위해 고향에 있는 부모님이 서울로 오는 역귀성 현상이 늘고 있다는 것이 중심 내용이다.

36. 정답 ④

문제 풀이 예전에는 국민적 공감대를 얻을 수 있는 가족 중심 드라마나 행복한 결말의 드라마 등이 많았으나 요즘은 과거와 달리 문화와 삶의 다양성을 반영하기 위해 다양한 주제와 소재의 드라마가 방영된다는 것이 중심 내용이다.

37. 정답 ③

문제 풀이 정신적 스트레스는 상담이나 병원을 통해 해결하기 어려운데 숲에서 생성되는 피톤치드와 숲에서 걷는 행위가 정신적 스트레스를 줄여 주며 마음의 안정을 준다는 내용이 핵심이다.

38. 정답 ①

문제 풀이 학습자 중심 수업 방식에서 여러 요인으로 인해 수업이 원활히 진행되지 않는 부작용이 나타나므로 이를 개선해야 한다는 것이 중심 내용이다.

연습 3

35. 정답 ③

문제 풀이 기업들이 잘못된 정보를 제공해 소비자들을 불안하게 하고 있다는 내용이 중심을 이루고 있다.

36. 정답 ③

문제 풀이 육아 프로그램에 출연하는 아이들이 상품이 아님을 강조하는 내용이 중심을 이루고 있다.

37. 정답 ①

문제 풀이 식용 꽃은 섭취 · 조리 방법을 지켜야 안전하다는 내용이 핵심이다.

38. 정답 ④

문제 풀이 문화재는 자기 나라에 있을 때 제대로 된 가치를 갖게 되므로 외국에 유출되는 일을 막아야 한다는 내용이 핵심이다.

연습 4

35. 정답 ③

문제 풀이 빵을 만드는 재료인 베이킹소다의 새로운 쓰임새가 알려지면서 판매량도 증가하고 있으며 사람들과 업체들로부터 많은 관심의 대상이 되고 있다는 내용의 글이다.

36. 정답 ①

문제 풀이 예전과 달라진 드라마 속 남자 주인공들의 특징과 그 이유에 대해 쓴 글이다.

37. 정답 ④

문제 풀이 세상을 바꾸는 위대한 발명품이 전문 교육을 받지 않은 평범한 사람들의 단순한 발상에서 나오기도 한다는 것이 중심 내용이며 한 주부의 발명품을 예로 들어 설명하고 있다.

38. 정답 ④

문제 풀이 기업이 지원하는 축제가 보편화되고 있는 이유를 설명하면서 대학 축제가 지나치게 상업화되고 있음을 걱정하는 내용이 중심을 이루고 있다.

연습 5

35. 정답 ④

문제 풀이 반려견을 기르는 것이 정신 건강에 좋다는 상식을 넘어서 반려견을 매체를 통해 보는 것만으로도 정신 건강에 좋은 영향을 미친다는 새로운 정보를 제시하는 글이다.

36. 정답 ③

문제 풀이 인터넷을 통한 스포일러로 피해가 증가하고 있다는 내용이 중심을 이루고 있다.

37. 정답 ①

문제 풀이 이제는 소비자들이 업사이클링 제품을 환경 보호를 위해서 사는 것이 아니라 디자인이 마음에 들어서 사고 있으며 대기업도 업사이클링 시장에 뛰어들고 있다는 내용의 글이다. 즉 업사이클링 제품이 상품으로서의 가치를 인정받고 있다는 것이 중심 내용이다.

38. 정답 ②

문제 풀이 요즘 규모가 작은 사치품이나 사치스러운 서비스를 소비하려는 젊은이들이 많아지고 있다는 것이 이 글의 중심 내용이다.

유형 11

글 단위 간의 관계 추론하기 II

문항 39~41은 글을 읽고 〈보기〉에 제시된 문장이 들어갈 적절한 위치를 찾는 문제이다. 먼저 〈보기〉에 제시된 문장을 읽고 글을 읽어 내려가면서 문장이 들어갈 적절한 위치를 찾아야 한다. 〈보기〉에 제시된 문장은 제시된 문장의 앞 문장, 뒤 문장의 의미를 자연스럽게 연결하거나 앞 문장의 의미를 보충해 주는 역할을 한다. 이런 점에 유의하여 문장이 들어갈 적절한 위치를 찾아야 한다.

※ [39~41] 다음 글에서 〈보기〉의 문장이 들어가기에 가장 알맞은 곳을 고르십시오. (각 2점)

연습 1

39.

'공유 주택'이란 하나의 공간을 여러 명의 입주자가 공동으로 사용하는 주거 형태를 말한다. (㉠) 공유 주택의 장점으로는 임대료와 생활비의 절약, 공동생활로 인한 외로움 해소 등을 들 수 있다. (㉡) 반면에 단점으로는 공동생활의 특성상 사생활 보호의 어려움이나 공동 주거로 인한 주거 시설 사용의 불편함 등이 있다. (㉢) 그러나 현재로서는 공유 주택의 단점보다는 장점이 입주자들 사이에 매력적으로 다가서고 있다. (㉣)

〈보기〉 이는 공유 주택이 점차 증가하고 있는 것을 보면 알 수 있다.

① ㉠ ② ㉡ ③ ㉢ ④ ㉣

40.

결혼식에 한복을 입고 갈 때는 몇 가지 예의를 지켜야 한다. (㉠) 먼저 혼주가 입는 한복으로 신랑 측은 파란색 계열 색상을, 신부 측은 붉은색 계열 색상을 선택하는 게 좋다. (㉡) 하객들이 입는 한복의 경우에는 신부 한복보다 화려하게 보이지 않도록 조심해야한다. 특히 신부가 입는 붉은 치마와 초록색 저고리는 피하는 게 좋으며, 분홍색 등의 여자 한복은 금하는 것이 예의이다. (㉢) 또한 용이 수놓인 궁중 한복 등은 신랑 신부가 입는 한복이니만큼 다른 이들은 입고 가지 않는 것이 좋다. (㉣)

〈보기〉 이것은 가장 높은 지위를 뜻하는 한복으로 주인공인 신랑 신부를 위한 배려 차원에서이다.

① ㉠　　② ㉡　　③ ㉢　　④ ㉣

41.

정신 분석학자 정시원이 '아름다움의 심리학'을 출간했다. (㉠) 이 책에서 저자는 아름다움에 집착하는 여성의 심리를 균형 잡힌 시각에서 논한다. (㉡) 현대 소비 사회에서는 아름다움에 대한 집착을 대중 매체의 확산 탓으로 돌리는 학자들이 많다. (㉢) 역사적 고증과 최신 이론을 동원해 저자는 과거에 그랬듯 앞으로도 여성들은 아름다움에 대한 욕망을 멈추지 않을 것이라고 주장한다. (㉣)

〈보기〉 저자는 이와 달리 아름다움은 인류가 옛날부터 추구한 보편적 가치이며 정상적 욕망임을 강조한다.

① ㉠　　② ㉡　　③ ㉢　　④ ㉣

정답 및 문제 풀이

39. 정답 ④

문제 풀이 〈보기〉의 문장에 사용된 '이는'은 앞의 말을 가리킬 때 사용하고, '공유 주택이 증가하고 있는 것을 보면 알 수 있다'고 했다. 그러므로 〈보기〉의 문장은 공유 주택의 장점을 높이 산다는 내용의 문장 뒤에 위치하는 것이 자연스럽다. 따라서 〈보기〉의 문장 위치는 ㉣이 알맞다.

40. 정답 ④

문제 풀이 〈보기〉의 문장은 가장 높은 자리에 있는 사람을 나타내는 한복은 결혼식의 주인공인 신랑 신부를 배려해서 하객들은 입으면 좋지 않다는 내용이다. 따라서 〈보기〉의 앞부분에는 결혼식 하객들이 그러한 이유로 어떤 옷을 입으면 안 되는지에 대한 내용이 있어야 한다. 따라서 〈보기〉의 문장 위치는 ㉣이 알맞다.

41. 정답 ③

문제 풀이 〈보기〉 문장의 '이와 달리'라는 표현에서 해당 내용이 앞의 내용과 다르거나 앞의 내용과 대조되는 내용임을 알 수 있다. 〈보기〉의 문장 내용이 아름다움은 옛날부터 추구한 보편적 가치라는 것이므로 앞에는 특정한 시기에 특정한 이유로 아름다움에 집착하게 된다는 내용이 적절하다. 따라서 〈보기〉의 문장 위치는 ㉢이 알맞다.

연습 2

39.

'승용차 요일제'란 시민이 스스로 일주일 중 하루를 정하고 해당 요일에는 차량을 운행하지 않는 제도이다. (㉠) 날로 늘어 가는 승용차 운행으로 인한 교통 체증과 배기가스 증가는 우리 모두가 해결해야 할 심각한 사회 문제로 대두되었다. 승용차 요일제가 잘 정착하려면 선진 시민 의식이 요구된다. (㉡) 신청만 해 놓고 해당 요일에 차량을 운행한다면 이 제도는 유명무실해진다. (㉢) 전체 공동체의 이익과 발전을 위해서는 시민 개개인의 작은 노력이 먼저 실천되어야 한다. (㉣)

〈보기〉 승용차 요일제는 쾌적한 교통 환경을 조성하고 대기오염을 줄이기 위해 만들어졌다.

① ㉠　　② ㉡　　③ ㉢　　④ ㉣

40.

지속적인 스트레스는 건강에 부정적인 영향을 미치며 병을 유발한다. (㉠) 강한 스트레스는 짜증과 화의 원인이 되거나 심하면 삶에 대한 의욕 저하로까지 이어질 수 있다. (㉡) 그러나 적당한 스트레스는 인간에게 유익하다. (㉢) 스트레스는 면역력 강화를 유도해 오히려 병에 더 강한 신체를 만들어 주기도 한다. 또한 적당한 스트레스는 긴장, 기대, 흥분 등의 감정을 만들어 내 성공, 성취 등으로 이르는 데 도움을 준다. (㉣)

〈보기〉 따라서 스트레스가 없다면 인간은 발전하지 못하고 정체된 삶을 살게 될 것이다.

① ㉠ ② ㉡ ③ ㉢ ④ ㉣

41.

김성진 문화 평론가가 기존과 다른 새로운 관점에서 현대를 조망하는 책, '다양성의 시대'를 내놓았다. (㉠) 저자는 다양성이 현대 사회를 설명하는 핵심 단어라고 말한다. (㉡) 이 책은 직업, 결혼, 교육 등에 있어서 과거와는 달리 보편적 선호가 없어지고 선택의 다양성이 존중되는 사회가 되었다고 말한다. (㉢) 이 책에는 대학 졸업을 앞둔 취업 준비생, 결혼 적령기의 남녀 등 동시대를 살아가는 우리 이웃들의 삶의 모습이 담겨있다. 그리고 나아가 다양성의 시대를 지나 우리에게 다가올 미래 사회에 대해 예견하고 있다. (㉣)

〈보기〉 저자는 단지 전문가의 관점이 아닌 일반인들의 사례와 인터뷰를 통해 다양성을 설명한다.

① ㉠ ② ㉡ ③ ㉢ ④ ㉣

연습 3

39. 사람들은 용기의 높이나 형태를 근거로 양을 판단하는 경향이 있다. (㉠) 그러나 그 판단이 크게 빗나가는 경우가 많다. (㉡) 실제로 곡선을 넣은 맥주잔을 많이 볼 수 있는데 이런 잔을 이용하면 술맛이 더 좋아지기도 한다. (㉢) 그리고 술을 마시는 사람이 실제 음주량보다 적게 마셨다고 믿게 만들기도 한다. (㉣)

〈보기〉 즉, 술잔이 착각을 불러일으켜 자신의 의도보다 훨씬 더 빨리 술을 마시게 한다는 것이다.

① ㉠ ② ㉡ ③ ㉢ ④ ㉣

40. 과학 기술이 발전하면서 우리 생활은 나날이 편리해지고 있다. (㉠) 어느 나라에서는 플라스틱이나 금속 재료로 만든 권총이 등장하는 등 3D 프린터가 무기 제조에 악용되고 있다. (㉡) 또, 지문 위조범이 3D 프린터를 이용해 가짜 지문을 만들어 범죄 행위에 이용한 사례도 있다. (㉢) 이처럼 3D 프린터가 범죄에 악용될 가능성도 높은 만큼 대책 마련이 시급하다는 지적이 나오고 있다. (㉣)

〈보기〉 뛰어난 과학 기술도 어떻게 쓰느냐에 따라 득이 되기도 하고 독이 되기도 하는데 3D 프린터도 예외가 아니다.

① ㉠ ② ㉡ ③ ㉢ ④ ㉣

41.

기자 출신 심수정 씨가 '카페인 사회'라는 책을 출간했다. (㉠) 이 책은 우리가 모르거나 간과했던 카페인에 대한 모든 것을 설명해 주고 있다. (㉡) 특히 저자는 우리가 일상적으로 소비하는 카페인이 우리에게 활력을 느끼게 하는 방식에 대해 주목하고 있다. (㉢) 카페인은 우리 뇌에 '졸리다'는 신호를 전달하는 아데노신이란 물질의 작용을 차단하는 역할을 한다. (㉣) 저자는 이러한 정보를 제대로 알고 섭취해야 한다고 강조한다.

〈보기〉 카페인이 피로를 근본적으로 풀어주는 게 아니라는 것이다.

① ㉠　② ㉡　③ ㉢　④ ㉣

연습 4

39.

'저작권'이란 소설, 음악, 사진 등과 같은 창작물을 만든 사람이 자기 창작물에 대해 가지는 법적 권리이다. (㉠) 저작권은 정신적인 노동의 결과물에 대한 권리를 보호하여 문화를 발전시키는 것이 목적이다. (㉡) 저작권은 일정 기간 동안 사라지지 않는다. (㉢) 저작권자는 다른 사람이 복제·공연·전시·방송·전송하는 등의 이용을 허가하거나 금지할 수 있다. (㉣) 그래서 인터넷에서 마음대로 음악을 내려 받았다가는 저작권법 위반으로 고소당하게 된다.

〈보기〉 만든 사람이 죽은 뒤에 적어도 70년까지 보호하도록 하고 있다.

① ㉠　② ㉡　③ ㉢　④ ㉣

40.

해물탕과 돈가스, 피자와의 만남이 가능한 곳이 있어 화제가 되고 있다. (㉠) 신촌에 1호점을 낸 음식점 '1석3조'가 바로 그곳인데 해물탕을 시키면 해물탕 하나 값에 돈가스와 피자를 준다. (㉡) 기상천외한 조합도 조합이지만 적잖이 놀랄 만한 크기와 푸짐한 양도 인기에 한몫하고 있다. (㉢) 주머니가 얇은 가장이나 외식하러 나갈 때마다 서로 다른 입맛 차이로 세대 간의 갈등을 겪는 가족들에게는 희소식이 아닐 수 없다. (㉣)

〈보기〉 이곳에 오면 인원수보다 1인분 모자라게 시키라고 한다.

① ㉠ ② ㉡ ③ ㉢ ④ ㉣

41.

노인 문제 상담가로 방송에 자주 얼굴을 비치고 있는 이광섭 교수가 '선의가 불편을 낳기도 한다'라는 두 번째 수필집을 내놓았다. (㉠) 이 책에는 버스나 지하철의 노인석을 없애 버리자는 주장이 담겨 있다. (㉡) 또한 저자는 노인들도 예의 있게 나이 드는 법을 고민해야 한다고 충고한다. (㉢) 이 책은 노인들과 젊은 세대에게 고령화 시대를 바라보는 새로운 시각을 제시한다. (㉣)

〈보기〉 저자는 노인을 배려한 이와 같은 정책들이 노인과 젊은 세대 간의 소통을 막는 장애물이 되고 있다고 말한다.

① ㉠ ② ㉡ ③ ㉢ ④ ㉣

연습 5

39. 다양한 인터넷 사이트에 가입되어 있는 현대인들의 비밀번호 관리에 대한 스트레스가 만만치 않다. (㉠) 해킹의 위험이 늘면서 비밀번호의 조건이 까다로워져서 비밀번호도 복잡하게 만들어야 하기 때문이다. (㉡) 더구나 어렵게 만든 비밀번호를 주기적으로 바꿔야 한다. 이러다 보면 자신의 비밀번호를 잊어버리기 일쑤이다. (㉢) 전문가들은 두 마리 토끼를 잡기 위해서는 문장으로 만들 것을 권한다. 또한 복잡하게 만들기보다는 길게 만드는 것이 효과적이라고 조언한다. (㉣)

〈보기〉 쉬운 번호는 위험하고 복잡한 번호는 잊어버리기 쉬운 딜레마를 어떻게 해결할까?

① ㉠ ② ㉡ ③ ㉢ ④ ㉣

40. 도시의 밤거리는 낮처럼 활기가 있을 뿐만 아니라 아름답다. 낮처럼 밝혀주는 인공조명 덕분에 도시인들은 밤에도 다양한 활동을 할 수 있다. (㉠) 뿐만 아니라 인공조명의 아름다움으로 빚어진 도시의 야경을 즐길 수도 있다. (㉡) 그러나 최근에는 지나치게 많은 인공조명이 빛 공해가 되고 있다. (㉢) 전문가들은 이에 대한 개선책으로 지역에 따라 밝기 기준을 다르게 적용하거나 시간에 따라 밝기를 조절할 것을 제안한다. (㉣)

〈보기〉 밝은 빛 때문에 수면 장애로 고통 받는 사람들이 늘고 있고 동식물은 밤과 낮을 혼동해 정상적인 성장을 못하기도 한다.

① ㉠ ② ㉡ ③ ㉢ ④ ㉣

41.

친근한 식품들을 의학적 관점에서 풀어 온 내과 의사 김주민이 '설탕, 그 위험한 유혹'을 출간했다. (㉠) 설탕은 비만, 성인병 등 각종 질병의 주요 원인으로 알려져 있지만 우리의 뇌를 자극하여 행복감을 준다. (㉡) 이 책에서는 설탕을 섭취하면 안 된다고 주장하지는 않는다. (㉢) 대신 설탕 중독을 극복하도록 돕기 위해 설탕에 대한 의학적 지식을 제공하고 또한 일상에서 설탕과 공생하기 위한 방법을 제시한다. (㉣)

〈보기〉 저자는 이러한 위험한 유혹에 우리가 얼마나 무방비 상태로 노출되어 있는지 일깨워 준다.

① ㉠ ② ㉡ ③ ㉢ ④ ㉣

정답 및 문제 풀이

연습 2

39. 정답 ①

문제 풀이 〈보기〉의 문장에서 쾌적한 교통 환경을 조성하고 대기 오염을 줄이는 것은 교통 체증, 배기가스 증가와 연계된 내용이므로 이어서 배치되는 것이 자연스럽다. 따라서 〈보기〉의 문장 위치는 ㉠이 알맞다.

40. 정답 ④

문제 풀이 〈보기〉의 문장은 스트레스가 없다면 인간은 발전하지 못하고 정체된 삶을 살게 될 것이라는 내용이다. 문장의 의미로 봤을 때 적당한 스트레스가 성공, 성취에 도움을 준다는 내용 뒤에 배치되는 것이 자연스럽다. 따라서 〈보기〉의 문장 위치는 ㉣이 알맞다.

41. 정답 ③

문제 풀이 〈보기〉의 문장에서 전문가가 아닌 일반인의 사례와 인터뷰가 있다고 했으므로 취업 준비생, 결혼 적령기의 남녀 등 구체적인 일반인의 사례를 설명하는 문장의 앞에 있어야 자연스럽다. 따라서 〈보기〉의 문장 위치는 ㉢이 알맞다.

연습 3

39. 정답 ④

문제 풀이 〈보기〉의 문장에 쓰인 '즉'이라는 표현은 앞의 말을 다시 정리하거나 요약해서 말할 때 사용한다. 따라서 '즉'으로 시작하는 〈보기〉의 문장은 유사한 내용 뒤에 있어야 하므로 〈보기〉의 문장 위치는 ㉣이 알맞다.

40. 정답 ①

문제 풀이 〈보기〉의 문장 앞에는 과학 기술의 발전에 대한 내용, 뒤에는 3D 프린터를 이용해 득이 되거나 독이 되는 내용이 와야 하므로 문장의 위치는 ㉠이 알맞다.

41. 정답 ④

문제 풀이 〈보기〉의 문장은 같은 내용, 즉 근본적으로 피로를 풀어주는 게 아닌 '졸리다'는 신호만 차단한다는 내용에 뒤이어 ㉣에 넣는 것이 알맞다.

연습 4

39. 정답 ③

문제 풀이 〈보기〉의 문장은 저작권의 보호 기간에 대한 구체적인 내용을 담고 있으므로 저작권이 일정 기간 사라지지 않는다는 내용의 문장 뒤인 ㉢에 위치하는 것이 자연스럽다.

40. 정답 ③

문제 풀이 〈보기〉 문장에는 인원수 보다 1인분 모자라게 음식을 시키라는 내용이 들어 있으므로 '적잖이 놀랄만한 크기와 푸짐한 양'을 언급한 문장과 '주머니가 얇은 가장'을 언급한 문장 사이인 ㉢에 넣는 것이 가장 알맞다.

41. 정답 ②

문제 풀이 〈보기〉 문장의 '노인을 배려한 이와 같은 정책'이 '버스나 지하철의 노인석'이므로 〈보기〉의 문장은 ㉡에 들어가는 것이 적절하다.

연습 5

39. 정답 ③

문제 풀이 비밀번호 관리에 대해 스트레스를 받는 이유는 비밀번호를 점점 복잡하게 만들어야 하는데 그럴 경우 쉽게 잊어버리기 때문이다. 이러한 문제점을 정리하여 해결 방법을 질문하고 있는 문장이 〈보기〉의 문장이므로 이는 문제점에 대한 기술이 끝나는 ㉢에 넣어야 한다.

40. 정답 ③

문제 풀이 밤의 인공조명에 대해 긍정적인 면을 기술하다가 '그러나' 이후 '빛 공해'라는 부정적인 측면이 있음을 논하고 있다. 따라서 '빛 공해'의 구체적 예인 〈보기〉의 문장은 '빛 공해'가 언급된 문장 뒤인 ㉢에 넣는 것이 적절하다. 다음 문장의 '이에 대한 개선책'에서의 '이'는 〈보기〉에서 기술된 빛 공해의 폐해를 가리킨다.

41. 정답 ②

문제 풀이 〈보기〉의 '이러한 위험한 유혹'이 지시하는 내용은 설탕이 각종 질병의 원인이지만 우리의 뇌를 자극하여 행복감을 준다는 것이므로 이러한 내용의 바로 뒤인 ㉡에 〈보기〉의 문장을 넣는 것이 알맞다.

유형 12

핵심 내용, 세부 내용 파악하기

- 문항 42, 43은 수필이나 소설의 일부를 읽고 세부 내용을 파악하는 문제이다.
- 문항 42는 필자나 등장인물의 태도 및 심정을 파악하는 문제이다. 정답을 찾으려면 소설의 내용을 파악할 수 있어야 할 뿐만 아니라 태도나 심정을 나타내는 어휘들을 익혀 놓아야 한다.
- 문항 43은 주어진 글과 내용이 같은 것을 고르는 문제이다. 소설의 전체 내용을 파악하고 세부 내용과 비교하여 선택지를 확인하도록 한다.

※ [42~43] 다음을 읽고 물음에 답하십시오. (각 2점)

연습 1

오랜만에 한국에 오니 옛 추억이 아련하게 떠오른다. 미국에서 고등학교에 다니던 나는 부모님의 권유로 여름 방학을 맞아 직접 한국 문화를 체험해 보기 위해 한국에 왔다. 교포인 부모님은 항상 한국어와 한국 문화의 중요성을 강조하곤 하셨다. 그래서 집에서는 무슨 일이 있어도 한국어를 사용했고 한국 텔레비전 프로그램을 봤다. 하지만 미국에서 태어나 자라온 나는 문화, 언어, 사고방식 등 모든 면에서 미국이 훨씬 익숙했고 편했다. 부모님의 바람 때문에 한국에 오긴 했지만 한국 땅을 처음 밟아본 나는 많은 것이 낯설고 어색했다. 그러나 점차 시간이 흐르면서 한국 친구들을 사귀게 되고 그들과 함께 시간을 보내면서 언제 그랬냐는 듯이 활기차고 즐거운 생활을 하게 되었다. 그러던 중, 역시 나의 내면에는 한국인이라는 민족적, 문화적 유전 인자가 존재해 왔다는 걸 깨닫게 되었다. 그런데 어느 날, 한국 친구가 밥을 먹던 중에 농담처럼 무심코 나에게 말 한마디를 던졌다. "그럼 너는 한국 사람이야? 미국 사람이야?" <u>나는 순간 식사를 멈추고 잠시 아무 말도 하지 못했다. 답을 찾으려고 노력했으나 시간이 지날수록 머릿속은 그저 멍해질 뿐이었다</u>. 물론, 지금은 내 마음 속에 이 질문에 대한 답을 지니고 있다. 시간이 흘러 간혹 그 순간을 떠올릴 때면 내게 주어졌던 한국행의 기회와 한국에서 받았던 그 질문이 나의 정체성을 한 번 더 돌아보고 한층 성숙하게 만드는 계기가 되었음을 항상 느낀다.

42. 밑줄 친 부분에 나타난 나의 심정으로 알맞은 것을 고르십시오.

① 황당하다　　② 혼란스럽다
③ 배신감이 들다　　④ 분노를 느끼다

43. 이 글의 내용과 같은 것을 고르십시오.

① 나는 미국 집에서 한국말과 영어를 동시에 사용했다.
② 나는 한국 생활에 적응하지 못해 한국 사람들과 섞일 수 없었다.
③ 나는 미국에 있을 때 한국 문화보다 미국 문화가 훨씬 익숙하고 편했다.
④ 나는 한국인의 유전 인자를 가지고 있기 때문에 한국에 와 보고 싶었다.

정답 및 문제 풀이

42. 정답 ②

문제 풀이 부모님은 한국어와 한국 문화를 중요하게 여기고 나는 미국에서 태어나 미국의 언어, 문화, 사고 방식에 익숙하다. 내가 한국인인지 미국인인지 스스로 확실하지 않은 상황에서 질문을 받았고 이에 제대로 대답할 수 없는 혼란스러운 상황이다.

43. 정답 ③

문제 풀이 ① 집에서는 무슨 일이 있어도 한국어를 사용했다.
② 한국 친구들을 사귀고 활기차고 즐거운 생활을 했다.
④ 부모님의 바람 때문에 한국에 왔다.

연습 2

영수는 어둑해진 밤거리를 홀로 뛰고 있었다. '서울 시민 마라톤 대회', 평소에 조깅 한 번 하지 않던 영수가 마라톤 대회 출전을 결심한 건 아마도 연이은 실패로 인한 낙심에서 벗어나고 싶었거나 혹은 일종의 스트레스 해소 차원이었는지도 모르겠다. 어쨌든 영수는 마라톤 대회에 출전을 했고 지금 홀로 뛰고 있다. 체력이 형편없이 약한 영수는 출발 지점에서 얼마 지나지 않아 벌써 숨이 턱에 차올랐다. 포기할까도 싶었지만 그 순간 많은 것이 떠올랐다. 학교, 취업, 연애...... 너무 많은 인생의 기회와 단계를 제대로 시도해 보지도 않고 포기해 왔던 자신의 모습이. 영수는 다시금 다리와 허리에 힘을 주고 뛰기 시작했다. 처음부터 속도가 형편없이 느렸기 때문에 이미 다른 참가자들은 한참을 앞질러 갔고 응원하는 사람들이나 거리를 통제하는 사람들도 점차 사라져 갔다. 외로웠다. 힘들었다. 가슴이 터질 것 같았다. 주저앉고 싶었다. 하지만 영수는 지금 이대로 주저앉으면 인생에서 영원히 주저앉을 것만 같은 생각이 들었다. 새벽 무렵, 몇 시쯤 되었을까? 힘겹게 발걸음을 한걸음 한걸음 옮기던 영수는 결국 아무도 기다려 주는 이 없는 결승점에 다다랐다. 그리고 결승점을 조용히 통과했을 때 영수는 울음을 터뜨렸다. 아무도 기다려 주는 이 없는 밤거리에서 혼자 길바닥에 앉아 눈물을 흘리고 있는 <u>영수의 얼굴에는 오랫동안 맺혀 있던 마음의 응어리를 토해 놓은 듯한 표정과 함께 뜻 모를 미소가 어려 있었다</u>.

42. 밑줄 친 부분에 나타난 영수의 심정으로 알맞은 것을 고르십시오.

① 혼자 남겨진 것에 대해 슬퍼하고 있다.
② 빨리 뛰지 못한 자신을 책망하고 있다.
③ 포기하지 않고 끝까지 해낸 것을 뿌듯해하고 있다.
④ 늦게라도 결승점을 통과해서 다행이라고 생각한다.

43. 이 글의 내용과 같은 것을 고르십시오.

① 영수는 뛰면서 자신의 과거 모습들을 떠올렸다.
② 영수가 뛰고 있을 때 사람들이 계속 응원을 해 주었다.
③ 영수는 처음에는 빨리 달렸으나 나중에는 속도가 느려졌다.
④ 영수는 건강과 체력 향상을 위해서 마라톤 대회에 출전했다.

연습 3

불안한 예감은 결국 현실이 되고 말았다. 전화를 몇 번이나 다시 걸어도 돌아오는 답은 하나였다. "죄송합니다. 합격자 명단에 없습니다." 단 한 번도 생각해 보지 못했던 일이기에, 귀로 듣고도 그 의미를 파악하는 데에 꽤 오랜 시간이 걸렸다. "불합격." <u>머릿속은 하얘졌고 뭘 어떻게 해야 할지 몰라 가만히 앉아 있었다</u>. 잠시 후, 내 옆에서 내 어깨를 토닥여주시는 어머니의 손길을 느끼고 어머니 품에 안겨 한참을 울었다. 어머니께 너무나 죄송하다는 생각과 그동안 시험을 준비하며 보낸 시간들과 힘들었던 기억들이 섞여 주체할 수 없는 감정이 밀려왔다. 그리고 며칠 동안 나는 아무것도 할 수가 없었다. 밥도, 잠도, 그 어느 것도 하지 못했다. 이제까지 사는 동안 '실패', '불합격' 등은 나와는 거리가 먼 단어들이었다. 12년 동안 이 목표만을 가지고 살아왔던 나에게 '불합격'은 난생 처음 내 스스로를 '밥벌레'라고 여기게 했고 그 생각은 나를 끔찍하고 깊은 나락으로 점점 몰고 갔다. 한 달쯤 지나 나는 다시 마음을 다잡고 입시를 준비했고 다음 해에 합격을 했다. 하지만 끔찍하게 느껴졌던 한 달여의 기억은 나이가 든 지금도 잊혀지지 않는다.

42. 밑줄 친 부분에 나타난 나의 심정으로 알맞은 것을 고르십시오.

① 안쓰럽다 ② 암담하다
③ 황당하다 ④ 홀가분하다

43. 이 글의 내용과 같은 것을 고르십시오.

① 어머니는 제대로 입시 준비를 못해 불합격한 나를 질타하셨다.
② 나는 처음 실패를 경험한 그때의 끔찍했던 기억을 잊지 못한다.
③ 나는 한 달 동안의 고통스러운 시험 준비 기간을 더 보낸 후 드디어 합격을 했다.
④ 전화로 들은 불합격 소식은 전화 상태가 좋지 않아 알아듣는 데에 시간이 걸렸다.

연습 4

아버지의 사업 때문에 독일에서 머문 3년 동안의 추억은 수북한 시간의 재가 뒤덮인 다른 기억들과는 다르게 독보적으로 뚜렷하다. 나에게 언어의 장벽이란, 막연한 설렘과 두려움 속에서 상상했던 것보다 견고하고 드높은 것이라서 수업이 거듭될 때마다 좌절감은 가중되었다. 수업은 물론이거니와 간단한 회화조차 먹통이었다. 나는 선생님들 사이에서 골칫덩어리였고 일순간 무지몽매한 인종이 되어 위성처럼 수업 주변만 맴돌았다. 나는 벙어리였다. 망망대해에 둘러싸인 무인도였다. 진저리가 났다. (중략)
매주 한 번 있는 체육 시간마다 2km를 달려야 했는데 체력도 없는 나에게는 죽지 못해 해야 하는 고역이었다. 반환점에 도착할 무렵이면 다리는 이미 내 것이 아니었다. 목구멍이 따끔거리고 하늘이 눈앞에서 빙빙 돌았다. <u>아무라도 붙잡고 내가 왜 이역만리 여기에서 이 고생을 해야 하냐고 따지고 싶었다</u>. 겨우겨우 학교에 돌아올 수는 있었다. 처음에는 말라비틀어진 멸치같이 생긴 남자 아이와 내가 꼴찌였다. 그러나 뜻밖에 선생님은 내게 잘했다고 칭찬을 해 주셨다. 처음치고 나쁘지 않다고, 넌 포기 하지 않았다고, 잘 해냈다고. 눈물이 핑 돌았다. 그 밖에도 뭐라고 뭐라고 하셨는데 알아들을 수는 없었지만 충분히 느낄 수 있었다.

42. 밑줄 친 부분에 나타난 나의 심정으로 알맞은 것을 고르십시오.

① 아쉽다 ② 무심하다
③ 억울하다 ④ 허탈하다

43. 이 글의 내용과 같은 것을 고르십시오.

① 수업을 하면 할수록 좌절감이 커졌다.
② 독일에서의 3년은 이제 희미한 추억에 불과하다.
③ 체육 수업은 언어 장벽을 느낄 수 없어서 할 만했다.
④ 독일어가 서툴러서 수업은 힘들었지만 간단한 대화는 가능했다.

연습 5

고된 나날의 연속이었다. 격무의 후유증은 졸음운전으로 이어져 어제는 결국 앞차를 들이받고 말았다. 덕분에 오늘은 오래간만에 버스로 출근을 하게 됐다. 밤을 새웠던 나는 깜빡 졸다 번쩍 눈을 떴다. 내가 내려야 할 정류장을 언급하는 안내 방송이 어렴풋이 들렸기 때문이다. 출입문 쪽으로 뛰쳐나갔으나 순간 여기가 어딘지 판단이 안 섰다. '여기가 진성역이에요?' 당황한 나는 마침 옆에 서 있던 청년에게 물었다. 그러나 청년은 이어폰을 귀에 꽂은 채 핸드폰만 뚫어져라 보고 있었다. 결국 나는 내려야 할 곳을 지나쳤다. 야속한 마음으로 버스 안을 둘러보니 대부분의 사람들이 모두 이어폰을 귀에 꽂고 눈을 감고 있거나 핸드폰을 만지작거리고 있었다. 갑자기 그 풍경이 생소하게 다가왔다. 그들에게는 작은 디지털 기기를 통해 만나는 사이버 세계만이 의미 있는 세계인 것처럼 보였다. 현실에서 바로 옆 사람이 내지르는 다급한 질문 따위는 전혀 중요한 게 아니었다. 버스에서 내려 건너편 정류장으로 향하던 나는 갑자기 도시의 회색빛에 압도되었다. 날씨 탓도 있었겠지만 고도로 발전된 과학이 오히려 비인간적인 세계를 만든 미래 영화의 장면들이 겹쳐지면서 <u>가슴 한 켠이 묵직해져 왔다</u>.

42. 밑줄 친 부분에 나타난 나의 심정으로 알맞은 것을 고르십시오.

① 속상하다　② 안타깝다　③ 암울하다　④ 황당하다

43. 이 글의 내용과 같은 것을 고르십시오.

① 나는 출근길에 버스를 자주 이용한다.
② 최근 나는 힘든 날들을 보내고 있었다.
③ 날씨가 좋았음에도 도시가 우울해 보였다.
④ 청년은 내가 질문하자 이어폰을 낀 채 나를 쳐다보았다.

정답 및 문제 풀이

연습 2

42. 정답 ③

문제 풀이 영수는 연이은 실패로 인한 낙심에서 벗어나고 싶어서 마라톤 대회에 출전했고 이번에도 주저앉으면 인생에서 영원히 주저앉을 것만 같은 생각이 들어서 끝까지 뛰어 결승점을 통과했다. 마음에 묵혀 있던 실패와 좌절이라는 응어리를 토해 놓은 표정, 그리고 얼굴에 나타난 미소는 영수가 포기하지 않고 끝까지 해낸 자신을 뿌듯해하는 것을 의미한다.

43. 정답 ①

문제 풀이 ② 영수는 뛰는 속도가 형편없이 느렸기 때문에 응원하는 사람들도 점차 사라져갔다.
③ 영수는 처음부터 속도가 형편없이 느렸다.
④ 영수는 연이은 실패로 인한 낙심에서 벗어나고 싶었거나 혹은 일종의 스트레스 해소 차원에서 마라톤 대회에 출전했다.

연습 3

42. 정답 ②

문제 풀이 밑줄 친 부분의 앞 내용이 '불합격'했다는 이야기이고 그래서 어떻게 해야 할지 모른다는 내용이므로 이 사람의 심정은 '암담하다'가 적절하다.

43. 정답 ②

문제 풀이 ① '어깨를 토닥여주시는 어머니의 손길'이라는 표현에서 어머니가 불합격한 나를 위로하고 있음을 알 수 있다.
③ 다음 해에 합격했으므로 1년 동안의 시험 준비 기간을 더 보냈다.
④ 전화 상태가 좋지 않아서가 아니라 한 번도 생각해 보지 않았던 일이기에 듣고도 믿기 힘들었다.

연습 4

42. 정답 ③

문제 풀이 말이 통하지 않아서 괴로운 데다가 체력도 약해서 2km를 달려야 하는 체육 시간이 너무 힘들다는 내용이 밑줄 친 부분 앞에 언급되어 있다. 그래서 밑줄 친 부분에는 내가 원해서 온 것도 아닌 이 멀고 먼 외국 땅에서 왜 이렇게 마음고생 몸고생을 해야 하는지 아무라도 잡고 물어보고 싶을 정도로 억울하다는 심정이 잘 나타나 있다.

43. 정답 ①

문제 풀이 ② 독일에서의 추억은 다른 기억들과는 다르게 독보적으로 뚜렷하다.
③ 체육 수업은 체력도 없는 나에게는 죽지 못해 해야 하는 고역이었다.
④ 수업은 물론이거니와 간단한 회화조차 먹통이었다.

연습 5

42. 정답 ③

문제 풀이 '묵직하다'는 '무겁다'는 뜻이며 '암울하다'는 절망적이고 우울하다는 의미이다. 글쓴이는 현대인들이 실제 세계가 아닌 디지털 세계에 빠져 소통이 되지 않고 있음을 버스에서의 사건을 통해 경험한다. 이러한 경험으로 인해 도시의 풍경도 삭막하게 느끼고 있으며 이런 상황에서 글쓴이의 마음은 어둡고 절망적일 것임을 알 수 있다.

43. 정답 ②

문제 풀이 ① 오늘은 오래간만에 버스로 출근을 하게 됐다.
③ 도시가 회색빛으로 보인 이유에는 날씨 탓도 있다.
④ 청년은 이어폰을 귀에 꽂은 채 핸드폰만 뚫어져라 보고 있었다.

- 문항 44, 45는 설명문이나 논설문으로 이루어진 하나의 글을 읽고 핵심 내용 및 세부 내용을 파악하는 문제이다.
- 문항 44는 문항 35~38과 마찬가지로 글의 주제를 찾는 문제이나 어휘 및 문법의 난이도가 더 높다. 설명문이나 논설문의 주제문은 보통 글의 앞이나 뒤에 있는 경우가 많다는 점에 유의하도록 한다.
- 문항 45는 문항 16~18, 문항 28 ~ 31과 유사한 유형이며 이 역시 글의 난이도가 높다. 글 전체의 논리적인 흐름을 파악하고 괄호가 포함된 문장의 앞뒤 내용을 주의하여 읽으면서 문장 사이의 관계를 잘 살펴봐야 한다.

※ [44~45] 다음을 읽고 물음에 답하십시오. (각 2점)

연습 1

과학 기술이 국가의 번영과 복지를 좌지우지하는 시대가 왔다. 그러나 지도층은 과학에 대한 인식이 부족하다. 과학 기술 정책은 먼 미래를 바라보고 세워야 하는데 너무 근시안적이다. 경쟁력이 떨어져서 연구 가치가 없는 분야임에도 불구하고 계속 지원을 하는 경우도 있다. 정책 결정권에 이공계 출신의 비중이 매우 적은 것도 이유이겠지만 무엇보다도 (   )이다. 정치가는 표에 의해서 움직이기 때문에 표가 되지 않는 과학 정책은 그들에게 의미가 없다. 얼마 전 여객선 침몰 사고 때도 구조 장비나 로봇 개발 등을 고민하지 않고 해양 경찰대부터 없앤 것이 그 예이다. 정치와는 독립적으로 과학 기술 정책을 이끄는 힘 있는 조직이 필요하다.

44. 이 글의 주제로 알맞은 것을 고르십시오.

① 국가의 운명은 과학 기술에 달려 있다.
② 경쟁력이 없는 분야는 지원을 중단해야 한다.
③ 과학 정책과 정치는 떼려야 뗄 수 없는 관계이다.
④ 정치 논리에 좌우되지 않는 장기적인 과학 정책이 추진돼야 한다.

45. (   )에 들어갈 내용으로 알맞은 것을 고르십시오.

① 복지를 우선시해서　　② 다음 선거를 의식해서
③ 선택과 집중이 필요해서　　④ 정치에 대한 인식이 부족해서

정답 및 문제 풀이

44. 정답 ④

문제 풀이 먼 미래를 내다보지 않고 정치 상황에 영향을 받아 결정되는 과학 정책을 비판하는 글이므로 ④번이 주제로 적합하다.

45. 정답 ②

문제 풀이 괄호 뒷부분에 정치가들이 유권자들의 표를 염두에 두고 과학 정책을 결정한다는 내용과 그 예가 나오므로, 괄호가 포함된 문장에는 과학 정책을 결정함에 있어서 다음 선거를 의식하지 않을 수 없다는 내용이 담겨 있어야 한다.

연습 2

국민 3명 중 2명이 공동 주택에 거주하고 있는 현실에서 공동 주택의 층간 소음 문제가 대두되고 있다. 층간 소음은 이기주의가 만연해 있는 사회에서 소통 및 배려 부족으로 발생하며 이웃 간의 분쟁으로 이어지기도 한다. 층간 소음 분쟁을 해결하기 위해서는 사회 구성원 개개인의 노력도 물론 필요하지만 이에 앞서 정부의 기준 마련이 요구된다. 막상 소음 분쟁이 발생할 경우 (   ) 잘잘못을 가리기 힘들고 처벌 기준도 없기 때문이다. 따라서 정부는 층간 소음 방지 및 처벌을 위한 법적 기준을 마련하고 층간 소음 갈등 중재 기관을 운영하는 등 층간 소음 문제를 해결하기 위한 방안을 마련해야 한다.

44. 이 글의 주제로 알맞은 것을 고르십시오.

① 소음 분쟁을 해결하기 위한 정부의 노력과 정책 마련이 시급하다.
② 층간 소음이 발생하지 않도록 공동 주택 건설 업체가 신경 써야 한다.
③ 공동 주택에서 거주하는 인구가 많아 층간 소음이 사회 문제가 되었다.
④ 층간 소음 문제를 해결하기 위해 정부와 사회 구성원 간의 이해가 필요하다.

45. (　　　)에 들어갈 내용으로 알맞은 것을 고르십시오.

① 정부와 개인 간의 갈등이 심화되어
② 공동 주택의 거주자가 아닌 사람들은
③ 가구 간에 의견 차이가 좁혀지지 않아
④ 정부가 만든 법적 기준이 명확하지 않아

연습 3

연주시가 이달부터 쓰레기봉투 실명제의 시범 운영에 들어갔다. 대상은 백화점 등 하루 평균 3백kg 이상 쓰레기를 배출하는 대형 사업장 6백여 곳으로, 봉투에는 업체 이름과 연락처 등을 표시해야 한다. 시는 올 9월부터 대형 사업장에 대해 봉투 실명제를 전면 시행하고 전 사업장으로 확대할 계획이다. 그런데 쓰레기 실명제가 부작용을 부르지는 않을까 우려하는 목소리도 나온다. 쓰레기봉투에 다른 업소의 이름을 기입한다든가 개인정보를 공공연하게 내보여 개인 정보를 유출하는 문제 등이 지적되고 있다. 쓰레기 줄이기라는 취지는 좋으나 제도 전면 시행 이전에 (　　　　　　) 합리적인 시행 방안이 마련되어야 할 것이다.

44. 이 글의 주제로 알맞은 것을 고르십시오.

① 쓰레기봉투 실명제 시행으로 인한 개인 정보 유출 문제가 심각하다.
② 사업자 대상의 쓰레기봉투 실명제는 시민들의 관심을 받지 못하고 있다.
③ 쓰레기봉투 실명제 전면 시행에 앞서 시행 방안 측면의 보완이 필요하다.
④ 쓰레기봉투 실명제 시행으로 쓰레기 줄이기가 생활화될 것으로 예상된다.

45. (　　　)에 들어갈 내용으로 알맞은 것을 고르십시오.

① 환경을 먼저 고려하는
② 대형 쓰레기 배출을 억제하는
③ 시민들의 피해를 막을 수 있는
④ 사업자의 쓰레기 배출량 감소 의지를 고취시키는

연습 4

오늘날 대개의 도시가 직면하고 있는 가장 어려운 과제 중 하나는 교통 문제다. 급증하는 교통 수요와 이에 따르지 못하는 도로와 철도 등의 교통 공급의 부족 때문에 사회적 비용이 발생한다. 교통 소통이 원활하지 못해 생기는 교통 정체로 인한 에너지 낭비, 대기 오염으로 인한 국민 보건상의 문제, 국민 경제 활동에 관련된 시간 낭비 등이 사회적 비용이라고 볼 수 있다. 그런데 이 문제는 (   ) 한계가 있다. 그러한 정책으로는 일시적으로 통행 속도가 빨라지긴 하지만 시민 개인의 판단에 따라 대중교통 이용자들도 승용차를 이용하게 돼 통행량이 다시 늘어나 혼잡을 재유발한다. 교통지옥에 대처하기 위해 승용차 수요를 줄이거나 대중교통으로 유도하는 교통 수요 관리 정책이 필요하다는 지적이 꾸준히 제기된 이유이다.

44. 이 글의 주제로 알맞은 것을 고르십시오.

① 교통 수요와 교통 공급의 균형이 맞도록 조절해야 한다.
② 교통 혼잡으로 인한 사회적 비용은 자동차의 대중화로 발생하는 일이다.
③ 승용차 운전을 자제하고 대중교통수단을 이용하는 것이 무엇보다 중요하다.
④ 승용차 중심의 교통 정책에 익숙한 시민들에게 승용차 억제 정책을 강요할 수는 없다.

45. (   )에 들어갈 내용으로 알맞은 것을 고르십시오.

① 승용차 운전을 억제하는 방향으로는
② 도로 등의 공급량을 늘리는 것으로 해결하는 데는
③ 교통 정체로 인한 에너지 낭비와 대기 오염을 고려할 때
④ 불편함을 감수하고 대중교통을 이용하라고 유도하기에는

연습 5

모바일 메신저가 대중화된 이유는 그만큼 편리하고 매력적이기 때문이다. 손쉽게 소통할 수 있고, 유익한 정보, 사진과 같은 시각 정보 등을 주고받을 수 있다. 하지만 부작용도 만만치 않다. 무엇보다 (   ) 일쑤라는 점이다. 이러한 부작용을 절실히 느낄 때는 통화보다 쉽다는 이유로 친하지 않은 지인이 쓸데없는 정보를 보내오는 경우이다. 이럴 때면 답을 해야 하나 말아야 하나 고민하는 것 자체만으로도 부담을 느낀다. 또 단체 대화방에 초대되어 대화에 참여를 안 하더라도 하루 종일 메신저 알림 소리에 시달려야 하는 경우도 마찬가지이다. 이런 일들은 내 의지와 상관없이 일어나 내 시간을 참다운 휴식으로 채울 수 없게 만든다.

44. 이 글의 주제로 알맞은 것을 고르십시오.

① 모바일 메신저로 대인 관계를 관리하기가 불편해졌다.
② 모바일 메신저로 사람과 사람 간 소통이 확대되고 섬세해졌다.
③ 모바일 메신저는 편리한 반면 휴식을 방해한다는 문제점도 있다.
④ 디지털 기술의 발달로 현대인은 다양한 편리함을 누리며 살게 되었다.

45. (   )에 들어갈 내용으로 알맞은 것을 고르십시오.

① 대인 관계가 오히려 악화되기
② 생각지도 않은 이용 요금이 발생하기
③ 단체 대화방에 참여하여 시간을 낭비하기
④ 조용히 휴식하고 재충전할 기회를 박탈당하기

정답 및 문제 풀이

연습 2

44. 정답 ①

문제 풀이 층간 소음 분쟁을 해결하기 위해서 사회 구성원 개개인의 노력이 필요하다는 내용도 일부 있지만 정부의 법적 기준 마련, 층간 소음 갈등 중재 기관 운영 등, 정부의 노력과 정책 마련에 대해 중점적으로 말하고 있다.

45. 정답 ③

문제 풀이 층간 소음 분쟁은 가구와 가구 간의 갈등이며 잘잘못을 가리기 힘들고 처벌 기준이 없는 것은 정부가 아직 법적 기준을 마련하지 못했기 때문이다. 따라서 괄호 안에는 법적 기준이 없는 상태에서 층간 소음이 발생하면 가구 간의 의견 차이가 좁혀지지 않아 문제가 된다는 내용이 들어가는 것이 적절하다.

연습 3

44. 정답 ③

문제 풀이 쓰레기봉투 실명제로 인해 발생할 수 있는 문제점을 언급하면서 이를 보완할 시행 방안을 마련해야 한다는 내용의 글이므로 ③번이 주제로 적합하다.

45. 정답 ③

문제 풀이 앞의 내용에 쓰레기봉투에 다른 업소의 이름을 기입한다든가 하는 쓰레기봉투로 인한 개인 정보 유출 문제 등을 언급하고 있으므로 괄호 안에는 '시민들의 피해를 막는다'는 내용이 들어가는 것이 적절하다.

연습 4

44. 정답 ③

문제 풀이 교통 문제를 교통 공급보다 교통 수요 측면에서 해결해야 한다는 것을 그 이유와 함께 강조하고 있는 글이다.

45. 정답 ②

문제 풀이 괄호가 있는 문장의 앞부분에는 교통 문제로 인한 사회적 비용의 발생에 대한 내용이 나온다. 그리고 뒷부분에는 이러한 문제를 해결하기 위한 방법으로 도로와 철도 등의 교통 공급을 늘리는 해결책을 썼을 경우 생기는 문제점에 대한 내용이 나와 있다. 괄호 바로 뒤에 '한계'라는 표현이 나오는데 이는 바로 문제가 있다는 뜻이므로 ②번이 정답이다.

연습 5

44. 정답 ③

문제 풀이 모바일 메신저의 편리한 점을 인정하면서도 다양한 예를 통해 모바일 메신저가 휴식을 방해하는 부작용이 있음을 논하는 내용이다.

45. 정답 ④

문제 풀이 '이러한 부작용'의 구체적인 내용은 그 이후에 나온 대로 모바일 메신저로 인해 휴식을 제대로 취할 수 없다는 것이므로 '이러한 부작용'이 지시하는 앞의 내용 역시 모바일 메신저로 인해 휴식을 취할 수 없다는 의미를 가진 것이어야 한다.

- 문항 46, 47은 칼럼, 기사 등으로 이루어진 하나의 글을 읽고 핵심 내용 및 세부 내용을 파악하는 문제이다.
- 문항 46은 문항 39~41과 비슷한 유형이나 어휘 및 문법의 난이도가 다소 높다. 〈보기〉에 제시된 문장은 제시된 문장의 앞 문장, 뒤 문장의 의미를 자연스럽게 연결하거나 앞 문장의 의미를 보충해 주는 역할을 한다. 이런 점에 유의하여 문장이 들어갈 적절한 위치를 찾도록 한다.
- 문항 47은 글의 내용과 같은 문장을 찾는 문제로 글 전체를 꼼꼼히 읽고 선택지의 내용을 하나씩 확인해야 한다.

※ [46~47] 다음을 읽고 물음에 답하십시오. (각 2점)

연습 1

연주시에서는 올 여름 '유전자 조작 모기'를 살포하는 계획을 검토 중이다. (㉠) 외국에서는 이미 지난해부터 유전자 조작 모기를 자연에 풀어놓고 있다. 이 모기는 수컷들로서 암컷이 이 모기와 짝짓기를 통해 알을 낳아도 유충 단계에서 금방 죽게 되므로 자연히 개체 수가 줄어들게 된다. (㉡) 실제로 한 대학 연구팀이 지난해 유전자 조작 수컷 모기 330만 마리를 일부 지역에 풀어놓고 6개월간 실험한 결과, 전체 모기의 96%가 사라졌다. (㉢) 하지만 유전자 조작 모기가 생태계 전체에 영향을 미칠 수 있다는 반대 목소리도 높다. (㉣) 또한 유전자가 조작된 모기를 먹은 동물에게서 부작용이 생길 수 있다는 우려도 있어 신중한 검토가 필요한 상황이다.

46. 다음 문장이 들어가기에 가장 알맞은 곳을 고르십시오.

〈보기〉 모기를 주된 먹이로 삼는 박쥐와 일부 새의 수 역시 감소할 수 있다는 것이다.

① ㉠ ② ㉡ ③ ㉢ ④ ㉣

47. 이 글의 내용과 같은 것을 고르십시오.

① 유전자 조작 모기와 짝짓기를 한 암컷 모기들은 죽는다.
② 연주시에서는 유전자 조작 모기를 자연에 풀기로 결정했다.
③ 유전자 조작 모기를 통한 모기 개체 수 감소 효과는 검증이 필요하다.
④ 유전자 조작 모기가 생태계에 야기할 부작용을 염려하는 사람들이 많다.

정답 및 문제 풀이

46. 정답 ④

문제 풀이 '하지만' 이후의 내용은 유전자 조작 모기가 생태계에 부정적 영향을 미칠 수 있다는 것이다. 〈보기〉의 내용은 유전자 조작 모기가 생태계 전체에 부정적 영향을 미칠 수 있다는 주장의 예이므로 〈보기〉의 문장은 ㉣에 들어가는 것이 알맞다.

47. 정답 ④

문제 풀이 ① 암컷 모기가 낳은 알이 유충 단계에서 죽는다.
② 유전자 조작 모기를 살포하는 계획을 검토 중이다.
③ 모기 개체 수 감소 효과는 한 대학 연구팀의 실험을 통해 입증되었다.

연습 2

정부가 중소기업 경쟁력 강화를 위한 방안을 내놓았다. 중소기업 혁신 지원 프로그램을 통해 연구 개발 인력에 대한 인건비를 지원하는 동시에 세금 혜택도 줄 방침이다. (㉠) 대기업에 비해 상대적으로 연구 개발 분야의 투자가 부족한 중소기업의 어려움을 정부가 일부 해소해 주는 것이다. (㉡) 뿐만 아니라 브랜드 이미지 개발이나 마케팅 분야도 지속적인 지원을 통해 중소기업이 대기업과의 경쟁에서 경쟁력을 확보할 수 있도록 유도한다는 계획이다. (㉢) 정부의 지원에 발맞춰 중소기업 자체에서도 경쟁력 확보를 위한 개선의 노력을 해야 한다는 것이다. (㉣) 경제 전문가들은 중소기업 경쟁력 약화의 한 원인을 낮은 급여, 열악한 근무 여건 등으로 인한 구직자의 취업 기피 현상으로 보고 향후 구조 조정 및 근무 여건 개선 등을 통해 기업 이미지 개선과 경쟁력 강화를 위해 노력해야 한다고 밝혔다.

46. 다음 문장이 들어가기에 가장 알맞은 곳을 고르십시오.

〈보기〉 하지만 경제 전문가들은 정부의 지원만으로는 중소기업의 경쟁력이 강화되기가 힘들다는 의견을 보인다.

① ㉠ ② ㉡ ③ ㉢ ④ ㉣

47. 이 글의 내용과 같은 것을 고르십시오.

① 대기업에 비해 중소기업이 연구 개발에 투자를 많이 한다.
② 정부는 중소기업의 구조 조정과 근무 여건 개선을 지원할 예정이다.
③ 정부는 중소기업 간 경쟁력 강화를 위해 중소기업을 지원할 예정이다.
④ 중소기업의 경쟁력 강화를 위해 정부와 중소기업의 노력이 병행되어야 한다.

연습 3

택시에서 불친절한 서비스를 받았을 경우 요금을 환불받는 '불친절 행위 요금 환불제'가 회사 택시 2800여 대를 대상으로 시범 실시된다. (㉠) 환불 기준과 금액은 불친절 행위의 경우 5만 원까지 환불해 주고 요금 부당 청구나 과다 청구 시에는 차액을 돌려준다고 한다. (㉡) 반말을 하거나 승객의 요청을 무시하는 행위 등은 불친절이 확실하나, 기사와 승객의 의견이 엇갈리거나 일부 손님이 택시 기사에게 악감정을 품고 거짓말하거나 환불을 목적으로 악용할 수 있다는 우려도 함께 제기되고 있다. (㉢) 승객이나 기사 모두 제도의 필요성에 공감하고 있으므로 불친절 판정의 세부 기준이나 판정 방법 등 실제 운영 방안에 대한 모색이 시급하다. (㉣)

46. 다음 문장이 들어가기에 가장 알맞은 곳을 고르십시오.

〈보기〉 그러나 한편에서는 불친절 행위의 기준이 애매하고 불친절 행위를 확인하기도 어려워 실효성 논란이 일고 있다.

① ㉠　② ㉡　③ ㉢　④ ㉣

47. 이 글의 내용과 같은 것을 고르십시오.

① '불친절 행위 요금 환불제'는 모든 택시에 실시된다.
② 승객들은 '불친절 행위 요금 환불제'의 필요성을 느끼지 못하고 있다.
③ '불친절 행위 요금 환불제'의 취지에 맞는 운영 방안을 강구해야 한다.
④ 택시 기사가 부당 요금을 청구한 경우 손님은 5만 원을 환불 받을 수 있다.

연습 4

어릴 때의 행복했던 기억은 성인이 된 후 난관을 극복하고 삶을 건강하게 지탱해 주는 힘이 된다. 그러나 우리 사회에는 가정과 부모의 울타리 없이 자라는 아이들이 있다. 어느 나라건 가정의 보호를 받지 못하는 아이들이 없을 수는 없다. (㉠) 경제적인 문제로 가정이 해체되는 것을 막고 입양을 활성화하는 것이다. (㉡) 먼저 자녀를 키우고 싶지만 경제적인 문제로 곤란을 겪는 미혼모의 취업과 교육 등을 적극 지원해야한다. (㉢) 아동 양육 수당을 지원한다면 아이의 양육을 포기하는 가정은 현저히 줄어들 것이다. (㉣) 그러나 정부가 최선을 다해 가정 해체를 막는다 하더라도 사회적 보호가 필요한 아동은 불가피하게 발생한다. 이 경우에는 차선책이기는 하지만 아이들을 친자식처럼 길러 줄 수 있는 입양 가정을 찾아주어야 한다.

46. 다음 문장이 들어가기에 가장 알맞은 곳을 고르십시오.

〈보기〉 다만 정부가 관심을 기울이면 이런 아이들의 수를 대폭 줄일 수 있는 방법이 있다.

① ㉠　　② ㉡　　③ ㉢　　④ ㉣

47. 이 글의 내용과 같은 것을 고르십시오.

① 미혼모에게는 경제적인 지원보다 교육이 우선되어야 한다.
② 정부가 개입을 해도 보육 시설의 아이들 수는 늘어날 것이다.
③ 아동 양육 수당 제도 도입으로 양육 포기 가정을 줄일 수 있다.
④ 입양은 아이들에게 행복과 안정을 줄 수 있는 최선의 방법이다.

연습 5

드론은 무인 카메라가 달려 있어 촬영할 수 있는 무인 항공기이다. 정부가 취미용 드론으로 찍은 사진을 공개할 때 지켜야 할 지침을 발표했다. 그간 드론은 사생활을 침해할 수 있다는 점에서 논쟁거리가 되어 왔다. (㉠) 드론은 공익용, 상업용, 취미용으로 나뉘는데 취미용 드론이 논쟁의 대상이었다. (㉡) 취미용 드론의 경우 비교적 낮은 고도인 120미터 이하에서 비행하도록 규제하고 있다. (㉢) 이번 지침에서는 드론의 소유주가 드론으로 찍힌 사람의 동의 없이 영상을 인터넷에 공개하면 손해 배상을 해야 하거나 경범죄법 위반으로 처벌받을 수 있다고 경고하고 있다. (㉣) 구체적 지침으로, 주거 지역 촬영 시 주택 부근의 촬영은 기본적으로 피하고 불가피한 경우 카메라를 주택 쪽으로 향하지 않도록 할 것을 권고한다.

46. 다음 문장이 들어가기에 가장 알맞은 곳을 고르십시오.

〈보기〉 게다가 카메라의 성능도 좋아지는 추세여서 사생활 침해에 대한 우려가 높다.

① ㉠　　② ㉡　　③ ㉢　　④ ㉣

47. 이 글의 내용과 같은 것을 고르십시오.

① 지침에서는 주거 지역 촬영을 하지 말 것을 강조하고 있다.
② 드론을 상업용으로 이용할 경우 사생활 침해의 가능성이 높다.
③ 취미용으로 드론을 사용할 경우 120미터 이하에서 날려야 한다.
④ 정부는 드론으로 찍힌 사람의 동의하에 인터넷에 공개해도 법적 처벌을 할 계획이다.

정답 및 문제 풀이

연습 2

46. 정답 ③

문제 풀이 〈보기〉의 문장 내용은 중소기업의 경쟁력을 강화하려면 정부의 지원만으로는 부족하다는 것이다. 그러므로 중소기업 자체에서도 경쟁력 확보를 위한 개선의 노력을 해야 한다는 내용 앞에 오는 것이 자연스럽다. 따라서 〈보기〉의 문장은 ㉢에 들어가는 것이 알맞다.

47. 정답 ④

문제 풀이 ① 중소기업은 대기업에 비해 상대적으로 연구 개발 분야의 투자가 부족하다.
② 중소기업 자체에서 구조 조정 및 근무 여건 개선 등을 위해 노력해야 한다.
③ 정부는 대기업에 대한 중소기업의 경쟁력 강화를 위해 중소기업을 지원할 예정이다.

연습 3

46. 정답 ②

문제 풀이 〈보기〉의 내용은 '불친절 행위 요금 환불제'의 문제점을 말하고 있다. 그러므로 〈보기〉 앞에는 제도에 대한 설명이, 뒤에는 문제점의 예가 있어야 자연스럽다. 따라서 〈보기〉는 ㉡에 들어가는 것이 적절하다.

47. 정답 ③

문제 풀이 ① '불친절 행위 요금 환불제'는 택시 2800여 대를 대상으로 시범 실시된다.
② 승객이나 기사 모두 제도의 필요성에 공감하고 있다.
④ 불친절 행위로 신고한 경우 승객은 5만 원까지 요금을 환불 받을 수 있다.

연습 4

46. 정답 ①

문제 풀이 ㉠ 앞에는 가정의 보호를 받지 못하는 아이들은 어느 나라건 다 존재한다는 내용이 있고 ㉠ 뒤에는 국가가 이런 문제를 해결할 수 있는 구체적인 방법이 나와 있다. 그러므로 〈보기〉 문장은 ㉠에 들어가는 것이 가장 알맞다.

47. 정답 ③

문제 풀이 ① 미혼모에게는 교육뿐만 아니라 양육 수당과 같은 경제적인 지원도 중요하다.
② 정부가 지원을 하면 양육 포기 가정이 현저히 줄어들 것이다.
④ 입양은 차선책이다.

연습 5

46. 정답 ③

문제 풀이 '게다가'의 의미로 추정해 보면 〈보기〉의 앞 내용은 취미용 드론이 왜 사생활 침해의 우려가 높은지에 대한 것이어야 한다. 드론의 고도가 낮을수록 사생활 침해의 우려가 높아지므로 〈보기〉는 ㉢에 들어가는 것이 적절하다.

47. 정답 ③

문제 풀이 ① 주거 지역을 촬영할 수 있으나 단, 촬영 시 주택 부근의 촬영이 불가피한 경우 카메라를 주택 쪽으로 향하지 않도록 할 것을 권고한다.
② 사생활 침해에 대한 논쟁의 대상은 취미용 드론이다.
④ 동의 없이 영상을 인터넷에 공개하면 손해 배상을 해야 하거나 경범죄법 위반으로 처벌받을 수 있다고 경고하고 있다.

- 문항 48~50은 주로 하나의 논증적 글을 읽고 글의 핵심 내용 및 세부 내용을 파악하는 문제이다.
- 문항 48은 필자가 글을 쓴 목적을 묻는 문제이다. 글 전체를 읽고 내용의 흐름을 파악한 후에 필자가 주장하는 바를 찾아야 한다. 보통 글의 전반부에는 특정 현상이나 상황에 대한 설명이 나오며 글의 후반부에는 이에 대한 필자의 비판이나 반대 의견이 제시된다. 따라서 글 후반부에 제시된 필자의 주장을 중점적으로 해석하는 것이 중요하다.
- 문항 49는 괄호에 들어갈 알맞은 내용을 고르는 문제이다. 괄호 앞이나 뒤에 답의 근거가 되는 내용이 있으므로 이를 잘 확인하도록 한다. 괄호와 가까운 일부분의 글만 읽고 답을 고르지 말고 글 전체의 내용을 파악하여 답을 골라야 한다.
- 문항 50은 밑줄 친 부분에 나타난 필자의 태도를 파악하는 문제이다. 글 전체를 통해 필자가 주장하고자 하는 바를 정확히 파악해야 개별 문장에 나타난 필자의 태도 및 의도를 잘 알 수 있다.

※ [48~50] 다음을 읽고 물음에 답하십시오. (각 2점)

연습 1

유전자 조작이란 원하는 형질의 특정 유전자를 인위적으로 떼어 내어 다른 생명체에 집어넣는 것이다. 이 기술을 사용해 벼, 감자, 옥수수, 콩 등 농작물을 재배하면 '유전자 조작 농작물'이라 하고, 이 농산물을 가공해서 만든 식품을 '유전자 조작 식품'이라고 한다. 유전자 조작 농산물(GMO)은 수량 증대, 품질 향상 등 좋은 점이 있는 반면에, 소비자·환경 단체 등을 중심으로 인체 및 환경에 대한 잠재적 위해성에 대한 논란도 계속되고 있다. 소비자·환경 단체들은 (   ) 가능성이 존재함을 지적한다. 즉 예상하지 못한 위험이 내포돼 있는 만큼 아무런 검증 없이 섭취해서는 안 된다는 주장인 것이다. <u>하지만 정작 식용 GMO 최대 수입국 중 하나인 우리나라에서는 손을 놓고 있는 실정이다</u>. 식약처 등 정부기관 그리고 국내 대학 연구소에서도 쥐, 돼지 등 포유동물에 대한 실험이 진행된 적은 없다. 식량 GMO 최대 수입국인 만큼 우리나라도 그에 걸맞는 안전성 연구가 진행돼야 한다는 목소리가 높다.

48. 필자가 이 글을 쓴 목적을 고르십시오.

① 유전자 조작 실험을 지지하기 위해
② 유전자 조작 실험을 반대하기 위해
③ 유전자 조작 농산물의 위해성을 알리기 위해
④ 유전자 조작 농산물의 안전성 연구를 촉구하기 위해

49. (   )에 들어갈 내용으로 알맞은 것을 고르십시오,

① 수량 증대의 효과를 확인해야 할
② 안전성 관리 체계를 점검해야 할
③ 식용 유전자 조작 농산물 관련법을 위반할
④ 유전자 조작 농작물이 이론과 달리 피해를 줄

50. 밑줄 친 부분에 나타난 필자의 태도로 알맞은 것을 고르십시오.

① 수입 위주의 정부 정책을 비판하고 있다.
② 식용 GMO가 유발할 수 있는 위험성을 간과하고 있다.
③ 정부의 적절한 대처 없이 진행되는 GMO 수입을 비판하고 있다.
④ 우리나라가 식용 GMO 최대 수입국이라는 사실을 염려하고 있다.

정답 및 문제 풀이

48. 정답 ④

문제 풀이 '예상하지 못한 위험이 내포돼 있는 만큼 아무런 검증 없이 섭취해서는 안 된다는 주장인 것이다'와 '식량 GMO 최대 수입국인 만큼 우리나라도 그에 걸맞는 안전성 연구가 진행돼야 한다는 목소리가 높다'는 문장을 통해 유전자 조작 농산물의 안전성 연구가 필요하다는 이야기를 하고 있음을 알 수 있다.

49. 정답 ④

문제 풀이 괄호 뒤의 '즉'이 있으므로 앞 문장과 뒤 문장의 내용이 같음을 알 수 있다. 뒷문장이 예상하지 못한 위험성이 있기 때문에 아무런 검증 없이 섭취해서는 안 된다는 내용이므로 괄호 안에는 유전자 조작 농산물이 개발한 의도와 달리 위험할 수 있다는 내용이 들어가는 것이 적절하다.

50. 정답 ③

문제 풀이 밑줄 친 부분의 '우리나라에서는 손을 놓고 있는 실정이다.'라는 표현을 통해 적절한 정부의 대책이 필요함에도 불구하고 아무 것도 하지 않고 있음을 비판하는 내용임을 알 수 있다.

연습 2

인공 지능 로봇은 미래의 인류에게 도움이 될 것인가? 위협이 될 것인가? 인공 지능은 단순히 수학적 계산이나 입력된 내용을 말하는 단순한 기계가 아니라 어떤 문제에 부딪쳤을 때 문제의 원인을 분석하고 상황을 이해하며 해결 방법을 찾아내는 지적 활동을 포함한다. 나아가 인간처럼 감정을 갖거나 현상을 주관적으로 표현할 수 있는 것을 의미한다. 현재 인공 지능 로봇에 대한 연구는 초기 단계에 지나지 않지만 향후 멀지 않은 미래에 실현될 것으로 예측되고 있다. 미래의 인공 지능 로봇은 인간이 해야 할 복잡한 일들을 수행하게 될 것이며 때로는 감정을 지닌 친구이자 가족의 역할을 할 것이라고 흔히들 말한다. 하지만 <u>인공 지능이 인간의 뇌와 같이 지능과 감정을 지녔다는 것은 어떤 의미인가?</u> 지능과 감정을 지닌 인간은 역사적으로 긍정적 양상의 발전을 이루어내기도 한 반면 전쟁, 파괴, 지배와 같은 암울한 역사를 지속적으로 만들어내기도 했다. 그렇기 때문에 인공 지능은 어쩌면 (   ) 가능성도 있는 것이다. 그래서 우리는 인공 지능 개발에 대해 신중히 생각해 볼 필요가 있다.

48. 필자가 이 글을 쓴 목적을 고르십시오.

① 인공 지능 로봇의 연구 개발 상황에 대해 알려주기 위해
② 인공 지능 로봇이 인간 대신 할 수 있는 일들을 알려주기 위해
③ 인공 지능 로봇의 개발에 신중해야 한다는 것을 경고하기 위해
④ 인공 지능 로봇이 인간의 친구이자 가족이 될 거라고 주장하기 위해

49. (   )에 들어갈 내용으로 알맞은 것을 고르십시오,

① 인류에게 통제할 수 없는 위협이 될　　② 미래에 인류의 발전에 큰 도움이 될
③ 인간이 하기 힘든 일을 해결할 수 있는　　④ 개발 과정에서 예기치 못한 이유로 실패할

50. 밑줄 친 부분에 나타난 필자의 태도로 알맞은 것을 고르십시오.

① 인공 지능이 인간과 똑같은 능력을 지닌 것에 놀랐다.
② 인공 지능이 지능과 감정을 지닌 것에 대해 기뻐한다.
③ 인공 지능이 인류에 미칠 부정적 영향에 대해 염려한다.
④ 인공 지능이 인간의 뇌와 얼마나 비슷한지 정확하게 모른다.

연습 3

환경 문제는 인류 문명의 탄생과 함께 발생해 현재는 지구의 미래를 위협하는 문제가 되었다. 환경 문제가 심화됨에 따라 국제적 규약까지 마련되고 있지만 예방보다는 오염 처리 비용 부담 등의 사후 규제에만 치중하고 있다. 우리는 과학 기술을 경제적 이해관계와만 결부시켜 환경에 미치는 영향 등은 간과하고 있다. <u>유해 물질 처리 기술이나 자연환경에 무해한 신소재 개발 등 과학 기술이 환경 문제 해결에 도움이 되는 측면을 무시해서는 안 된다</u>. 하지만 과학 기술이 이윤 추구를 목적으로 하는 경제 활동에 예속되어 있는 현 상황에서는 한계를 가질 수밖에 없다. 기업들은 (   ) 투자를 꺼리기 때문이다. 현재 환경 문제의 근본적 해결을 위해서는 과학이 제자리를 찾아야 한다. 즉 과학이 생산력 향상과 직결되는 기술이라는 경제적 관점에서 벗어나 자연 생태계와 인간이 공존할 수 있는 길을 찾는 데에 목적을 두고 발전시켜 나가야 할 것이다.

48. 필자가 이 글을 쓴 목적을 고르십시오.

① 환경 문제의 심각성을 알려 경각심을 촉구하기 위해
② 환경 문제 해결을 위한 국제적 규약의 필요성을 설명하기 위해
③ 과학 기술이 환경 문제 해결의 유일한 방법임을 주장하기 위해
④ 환경 문제를 해결하기 위해 과학이 나아가야 할 바를 알리기 위해

49. (   )에 들어갈 내용으로 알맞은 것을 고르십시오,

① 첨단 과학기술에
② 생산력 향상을 위한
③ 이윤 발생이 모호한 환경 기술에
④ 비용이 많이 드는 신소재 개발에

50. 밑줄 친 부분에 나타난 필자의 태도로 알맞은 것을 고르십시오.

① 과학 기술의 부작용을 염려하고 있다.
② 환경 문제가 해결된 상황을 가정하고 있다.
③ 과학 기술이 가지고 있는 한계를 안타까워하고 있다.
④ 과학 기술이 환경 문제를 해결할 수 있음을 인정하고 있다.

연습 4

보건 복지부가 담뱃값 대폭 인상을 검토하고 있다. 담뱃값이 가장 비싼 나라와 비교하면 6분의 1에 불과한 점, 그리고 국민 건강과 직결된다는 점 때문에 담뱃값 인상안이 더욱 탄력을 받고 있다. 그런데 담뱃값 인상처럼 많은 사람들에게 큰 영향을 미치는 정책을 추진할 때 가장 중요한 것은 충실한 사회적 대화와 토론 과정이다. 새삼스럽게 금연 캠페인을 벌이며 밀어붙일 일이 아니다. 정부는 담뱃값 인상으로 세수 증대와 흡연율 저하란 일거양득의 효과를 노리고 있지만, 예산 확보에 필요한 세금을 왜 흡연자들에게서 거둬들이려고 하는지 흡연자들을 설득할 수 있어야 한다. 공공 정책에서 가장 중요한 ( ) 절대 간과해선 안 된다. 담뱃값 대폭 인상으로 가장 이득을 보는 측은 정부이다. 오른 담뱃값이 부담스러워 담배를 끊게 될 흡연자도 수혜자라 할 수 있지만 사회적 스트레스를 달리 해소할 길이 없어 계속 담배를 피울 수밖에 없는 서민층에겐 과도한 추가 부담만 떠넘기는 조치일 수 있다. 금연·보건 정책을 정비하고 흡연자들과 저소득층을 위한 정책을 대폭 보완해야만 담뱃값 인상의 정당성이 확립될 수 있다.

48. 필자가 이 글을 쓴 목적을 고르십시오.

① 사회적 갈등을 빚는 법안을 비판하기 위해서
② 담뱃값 인상안의 국회 통과를 지지하기 위해서
③ 담뱃값 인상안의 반대 근거를 제시하기 위해서
④ 정책이 정당성을 얻기 위해 필요한 것을 알려주기 위해서

49. ( )에 들어갈 내용으로 알맞은 것을 고르십시오.

① 저소득층 지원 문제를
② 사회 정의와 공평성 문제를
③ 수혜자와 피해자와의 갈등을
④ 여론 조성을 위한 홍보 활동을

50. 밑줄 친 부분에 나타난 필자의 태도로 알맞은 것을 고르십시오.

① 이 법안의 공평성에 대해 의문을 제기하고 있다.
② 불합리한 정책도 상황에 따라 필요함을 설득하고 있다.
③ 이 법의 시행으로 피해를 입을 사람들을 염려하고 있다.
④ 흡연자들이 납부하는 세금이 국민 전체를 위해 쓰일 수 있다고 강조하고 있다.

연습 5

대형 마트에서 주변 지역의 중소기업 제품을 일정 비율 팔도록 의무화하는 방안이 추진되고 있다. 의무 휴업 조치에 이어 또 다시 대형 마트를 규제하는 법안이 제출된 것이다. 지역과 상생해야 하는 대형 마트가 지역 생산품을 외면하고 있으므로 이를 개선해야 한다는 것이 법안 제안의 배경이다. 그러나 농축수산물이 아닌 공산품까지 지역 제품을 납품받도록 의무화하는 것은 대형 마트의 근본 취지에 어긋나는 면이 있다. 대형 마트는 높은 정보력과 효율적 물류 체제를 갖추고 전국에서 (　　　　　　) 소비자에게 전달하는 것이 경쟁력이자 특성이다. 그런데 제품의 생산지까지 규제하는 것은 이러한 대형 마트 고유의 특성을 부정하는 셈이다. 지역과의 상생도 중요한 가치이다. 그러나 수많은 소비자들은 다른 유통 업체에 비해 저가이면서 품질 면에서도 결코 뒤떨어지지 않는 물건을 구입하기 위해 대형 마트를 찾는다. <u>이들의 권리 또한 중요하다는 사실을 잊어서는 안 되겠다</u>.

48. 필자가 이 글을 쓴 목적을 고르십시오

① 대형 마트 관련 법안들을 설명하기 위하여
② 지역 경제를 살릴 방안을 제안하기 위하여
③ 대형 마트 규제 법안의 부정적 측면을 논하기 위하여
④ 상생의 가치와 효율성의 가치를 비교 분석하기 위하여

49. (　　　)에 들어갈 내용으로 알맞은 것을 고르십시오.(답지 바꾸기)

① 질 좋고 값 싼 제품을
② 인지도가 높은 다양한 상품을
③ 신선도가 높은 각종 농축수산물을
④ 사회적 책임을 강조하는 회사의 제품을

50. 밑줄 친 부분에 나타난 필자의 태도로 알맞은 것을 고르십시오.

① 법안이 대형 마트 업체에만 유리함을 비난한다.
② 대형 마트의 권리가 무시되고 있음을 개탄한다.
③ 법안이 균형 있는 시각을 가져야 함을 주장한다.
④ 지역과의 상생이라는 가치가 허구적임을 고발한다.

정답 및 문제 풀이

연습 2

48. 정답 ③

문제 풀이 글의 전반부에서는 인공 지능에 대한 정의와 인공 지능 로봇의 긍정적 역할에 대해 객관적으로 설명하고 글의 후반부는 인공 지능에 의해 야기될 가능성이 있는 부정적 현상 및 결과에 대한 필자의 주관적 주장을 담고 있다. 따라서 글 후반부의 내용을 토대로 인공 지능 로봇의 개발에 신중해야 한다는 것이 필자가 이 글을 쓴 목적임을 알 수 있다.

49. 정답 ①

문제 풀이 괄호 앞 부분에 지능과 감정을 지닌 인간은 역사적으로 전쟁, 파괴, 지배와 같은 암울한 역사를 지속적으로 만들어냈으며 인공 지능은 인간의 뇌처럼 지능과 감정을 지녔다는 내용이 제시되어 있다. 따라서 괄호 안에는 인공 지능이 인류의 위협이 될 수도 있다는 부정적 내용이 들어가야 적절하다.

50. 정답 ③

문제 풀이 밑줄 친 문장은 이후에 나올 필자의 주장에 대한 도입 역할을 한다. 밑줄 친 문장 이후의 내용은 인공 지능 개발에 대한 필자의 부정적 견해가 중심을 이룬다. 따라서 밑줄 친 부분에 나타난 필자의 태도는 인공 지능이 인류에 미칠 부정적 영향에 대해 염려하는 것으로 보아야 적절하다.

연습 3

48. 정답 ④

문제 풀이 '환경 문제의 근본적 해결을 위해서는 과학이 제자리를 찾아야 한다'는 문장을 통해 환경 문제를 해결하는 데에 과학 기술을 활용해야 한다는 주장을 담고 있음을 알 수 있다.

49. 정답 ③

문제 풀이 '과학 기술이 이윤 추구를 목적으로 하는 경제 활동에 예속되어 있는 현 상황에서는 한계를 가질 수밖에 없다'는 문장을 통해 과학 기술이 이윤을 낳지 못하는 환경 문제에 제대로 활용되지 못한다는 내용이 괄호 안에 들어가는 것이 적절함을 알 수 있다.

50. 정답 ④

문제 풀이 밑줄 친 부분의 '환경 문제 해결에 도움이 되는 측면을 무시해서는 안 된다'는 내용을 통해 과학 기술이 환경 문제에 도움이 됨을 인정하고 있음을 알 수 있다.

연습 4

48. 정답 ④

문제 풀이 필자는 정부가 담뱃값 인상을 밀어붙이기에 앞서 사회 구성원들로부터 그 정책이 옳고 공정하다고 인정받으려면 무엇이 전제되어야 하는지를 알려주고자 한다.

49. 정답 ②

문제 풀이 괄호의 앞부분에는 예산 확보를 위한 세금을 흡연자들에게서 거둬들이는 것이 과연 공평한지에 대해 의문을 제기하는 내용이 나온다. 그리고 괄호의 뒷부분에는 이 정책으로 가장 이득을 얻는 측은 정부이며 부담을 안는 측은 서민 · 저소득층 흡연자임을 밝혀 사회 정의에 대한 문제를 언급하고 있으므로 ②번이 정답이다.

50. 정답 ①

문제 풀이 밑줄 친 부분에는 정부가 예산 마련에 필요한 세금을 흡연자들로부터 거둬들이는 것에 대해서 비싼 돈을 내고 담배를 사서 피워야 하는 흡연자들이 충분히 이해할 수 있을지 의문을 제기하는 필자의 태도가 나타나 있다.

연습 5

48. 정답 ③

문제 풀이 글쓴이는 법안이 제출된 사실과 제출의 배경을 기술한 후 '그러나' 이후부터 자신이 하고자 하는 이야기를 하고 있는데 '어긋나는 면이 있다', '부정하는 셈이다'와 마지막 문장 등을 통해 주로 법안의 부정적인 측면에 대해 논하고 있음을 알 수 있다.

49. 정답 ①

문제 풀이 괄호 안에는 '이러한 대형 마트 고유의 특성'이 지시하는 대형 마트의 경쟁력, 또는 특성에 해당되는 내용을 넣어야 한다. 그런데 뒤 이은 글을 통해 대형 마트 고유의 특성이란 소비자들이 저가이면서 품질 면에서 뒤떨어지지 않은 물건을 살 수 있는 점임을 알 수 있다.

50. 정답 ③

문제 풀이 '또한'을 통해 지역과의 상생도 중요하지만 소비자의 권리도 중요함을 주장하고 있음을 알 수 있다. 따라서 글쓴이가 법안이 어느 한쪽에 치우치지 않고 균형 있는 시각을 가져야 함을 주장하고 있다는 것을 알 수 있다.

제 2 부

실전편

연세 토픽 II

읽기

실전 1회

※ [1~2] (　　　)에 들어갈 가장 알맞은 것을 고르십시오. (각 2점)

1. 지난 여름 방학 때 부모님과 함께 제주도에 (　　　　　　) 왔다.

① 가다가　② 가다니　③ 갔는데　④ 갔다가

2. 친구가 내일 영화를 (　　　　　　) 인터넷으로 영화 표를 예매해 놓았다.

① 본다면　② 보는 대신에　③ 보자고 해서　④ 본다는 것이

※ [3~4] 다음 밑줄 친 부분과 의미가 비슷한 것을 고르십시오. (각 2점)

3. 도시 생활을 좋아하는 <u>사람이 있는가 하면</u> 시골 생활을 좋아하는 사람도 있다.

① 사람이 많고　② 사람도 있고　③ 사람에 비해서　④ 사람이 있으니까

4. 내일 하루 밖에 안 남았으니 이번 학기도 <u>끝난 셈이네요</u>.

① 끝났나 봐요　② 끝날 뻔했어요
③ 끝난 게 틀림없어요　④ 끝난 것이나 다름없어요

※ [5~8] 다음은 무엇에 대한 글인지 고르십시오. (각 2점)

5.

당신이 가장 편안한 시간!
밤이 편해야 하루가 즐겁습니다.

① 책　② 가방　③ 침대　④ 컴퓨터

6.

역사가 숨 쉬는 곳!
당신을 시간 여행으로 안내합니다.

① 극장　② 대사관　③ 미술관　④ 박물관

7.

언제나 빠르고 정확하고 편리하게!
시민 여러분의 믿음직한 다리가 되어 드리겠습니다.

① 공공시설　　② 대중교통　　③ 도시 개발　　④ 음식 배달

8.

입장 하루 전까지 인터넷으로 표를 사십시오.
입장 인원이 제한되어 있어 일찍 표가 매진될 수 있습니다.

① 관람 시간　　② 예매 안내　　③ 입장료 안내　　④ 인터넷 사용법

※[9~12] 다음 글 또는 도표의 내용과 같은 것을 고르십시오. (각 2점)

9.

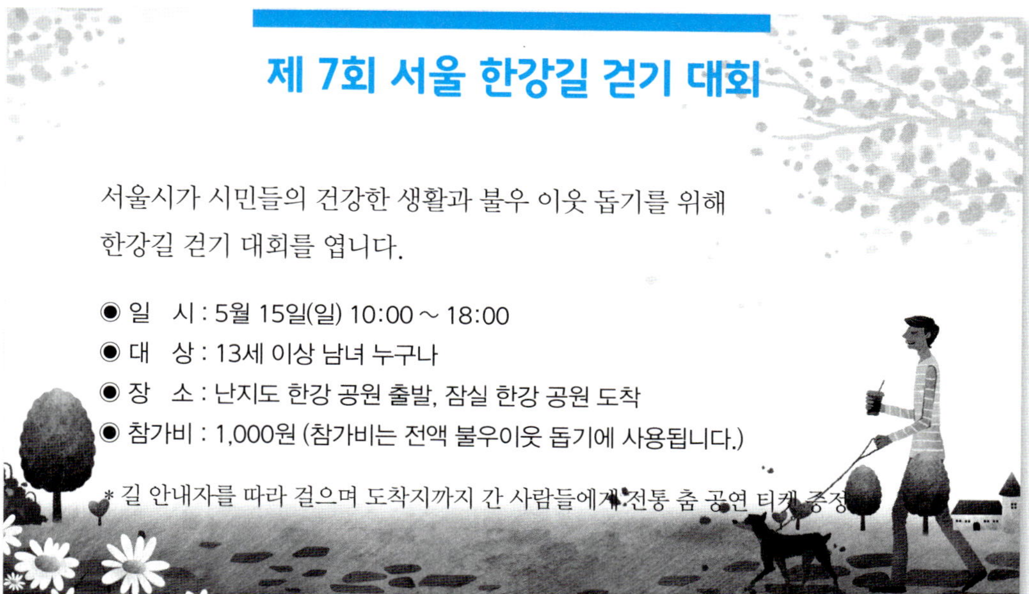

① 성별, 나이에 관계없이 대회에 참가할 수 있다.
② 참가비로 낸 돈은 서울 시민의 건강을 위해 사용된다.
③ 목적지까지 걸은 사람들은 공연 티켓을 받을 수 있다.
④ 정해진 시간에 가고 싶은 곳으로 자유롭게 걸으면 된다.

10.

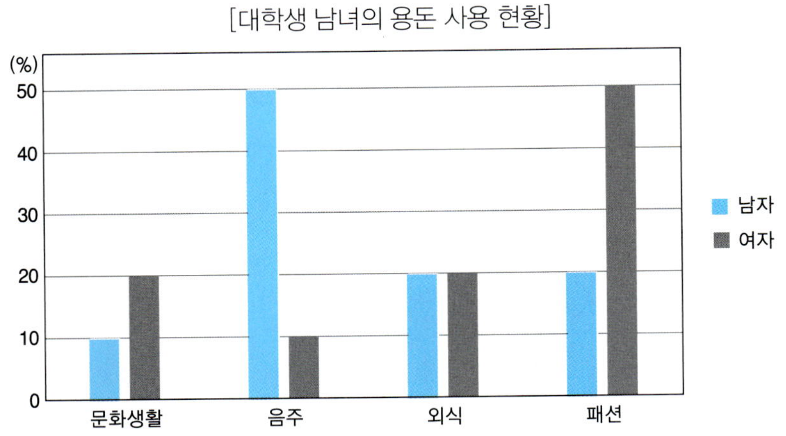

① 남성과 여성이 음주에 쓰는 돈은 비슷하다.

② 남성과 여성이 외식에 쓰는 돈은 차이가 많다.

③ 남성은 패션보다 문화생활에 돈을 더 많이 쓴다.

④ 여성은 외식에 쓰는 돈만큼 문화생활에 돈을 쓴다.

11.

문화 체육 관광부가 내년 설날에 외국인 노래자랑 대회를 개최한다. 참가 자격은 한국에 사는 20세 이상의 외국인이고, 외국인 배우자가 있는 한국인도 배우자과 함께 참가할 수 있다. 올해 연말에 예선을 통해 실력이 좋은 참가자 스무 팀을 뽑고 설날 당일에 본선 대회를 개최한다. 1등, 2등, 3등 팀에게는 상금과 상품을 주며 특별상을 받은 팀에게는 4박 5일 제주도 여행권을 준다.

① 노래자랑 예선 대회는 내년에 개최한다.

② 외국인과 결혼한 한국 사람도 참가할 수 있다.

③ 나이에 관계없이 외국인이면 모두 참가할 수 있다.

④ 특별상을 받은 팀은 상금과 제주도 여행권을 받는다.

12.

주말이나 휴가를 이용해 농촌 체험을 하는 가족이 매년 증가하고 있는 것으로 나타났다. 부모와 아이들이 함께 농사일을 경험해 보면 가족 관계가 좋아질 뿐만 아니라 아이들이 먹을 것의 소중함을 배울 수 있는 교육적인 효과도 있어 인기가 많다. 농촌 마을에서는 물고기 잡기, 유기농 채소 요리, 과일 따기 등의 다양한 체험 활동을 준비해 복잡한 도시 생활에 지친 사람들에게 즐거움을 주고 있다.

① 도시를 떠나 농촌으로 이사하는 가족들이 많아졌다.
② 가족들이 직접 다양한 프로그램을 계획하고 체험한다.
③ 아이들은 농사일을 통해서 음식의 소중함을 알게 된다.
④ 사람들이 농사 기술을 익히기 위해서 농촌 체험을 한다.

※ [13~15] 다음을 순서대로 맞게 배열한 것을 고르십시오. (각 2점)

13.

(가) 길이 좁아지면 그만큼 소방차가 목적지까지 가는 시간이 많이 걸린다.
(나) 불법 주차된 차들이 늘어나면서 길을 막거나 좁게 만들고 있기 때문이다.
(다) 소방차가 화재 현장에 늦게 도착해 피해가 커지는 경우가 많아지고 있다.
(라) 소방차의 진로를 방해하지 않으려면 시민들의 올바른 주차 문화가 요구된다.

① (가) - (나) - (다) - (라)　　② (가) - (라) - (나) - (다)
③ (다) - (나) - (가) - (라)　　④ (다) - (라) - (가) - (나)

14.

(가) 슈퍼마켓 간의 경쟁이 치열해지면서 다양한 판매 방법이 활용되고 있다.
(나) 따라서 슈퍼마켓은 일부 손해를 보더라도 고객 유인 상품을 매장에 배치한다.
(다) 고객 유인 상품을 보면 소비자는 물건 값이 싸다고 인식해 그 곳을 다시 찾는다.
(라) 이 중 하나가 일반 판매가보다 훨씬 싼 가격으로 판매하는 고객 유인 상품이다.

① (가) - (다) - (나) - (라)　　② (가) - (라) - (다) - (나)
③ (다) - (나) - (라) - (가)　　④ (다) - (라) - (나) - (가)

15.

(가) 다음 달부터 1만원 이하의 결제 시 가게 측이 신용 카드 결제를 거부할 수 있다.
(나) 하지만 주로 신용 카드로 소액 결제를 하는 소비자들의 반발이 예상되고 있다.
(다) 정부가 영세업자들의 카드 수수료 부담이 과중하다는 주장을 받아들인 것이다.
(라) 다만 소비자가 원하면 현금 영수증은 의무적으로 발행해야 한다는 조건을 달았다.

① (가) - (나) - (다) - (라)　　② (가) - (다) - (라) - (나)
③ (다) - (나) - (라) - (가)　　④ (다) - (라) - (가) - (나)

※ [16~18] 다음을 읽고 (　　)에 들어갈 내용으로 가장 알맞은 것을 고르십시오. (각 2점)

16.

동물 중에는 실제로는 강하지 않으나 화려한 색깔과 과장된 겉모습을 통해서 강하게 보여 강한 동물로부터 자신을 보호하려는 동물들이 있다. 사람도 마찬가지이다. 어떤 사람은 (　　　　　) 오히려 평소 자신의 모습보다 훨씬 큰 목소리, 과장된 표현으로 마치 자신이 강한 사람인 것처럼 보이려 노력한다.

① 자신의 약함을 숨기기 위해서
② 자신의 강함을 과시하기 위해서
③ 나만의 독특한 색깔을 보여주기 위해서
④ 강한 동물로부터 자신을 보호하기 위해서

17.

특별히 피곤하지 않은데도 하품을 자주 하는 경우가 있다. 하품을 자주 하는 이유는 (　　　　　) 때문이다. 그래서 여러 사람이 좁은 공간에 문을 닫은 채로 오래 있으면 자꾸 하품을 하게 된다. 이런 이유로 같은 공간에 있는 사람들이 같이 하품을 하는 경우가 많아 하품이 전염된다는 말도 생겼다. 이럴 때는 창문을 열고 환기를 시켜 신선한 공기를 마실 수 있도록 해야 한다.

① 하품이 사람에게 전염되기
② 뇌에 공급되는 산소가 부족하기
③ 여러 사람이 같이 있어서 복잡하기
④ 좁은 공간에 있어서 마음이 불안하기

18.

최근 자동차 구매에 대한 소비자의 인식이 달라지고 있다. 과거에는 자동차가 단지 교통수단이 아닌 부의 수준을 남에게 과시하기 위한 도구로 활용되기도 했다. 따라서 어느 정도 큰 중형차 이상의 차량이 판매량이 높았지만 이제는 (　　　　　) 실용적 관점에서 자신의 경제력에 맞는 차량을 선택하는 사람들이 늘고 있어 소형차의 판매량이 점차 증가하고 있다.

① 다른 사람에게 자랑하려는
② 작은 차의 판매량이 높다는
③ 남의 시선을 의식하지 않고
④ 남들보다 큰 차를 소유하려는

※ [19~20] 다음을 읽고 물음에 답하십시오. (각 2점)

컴퓨터나 휴대폰 등 전자 매체의 발달로 인해 종이책을 읽는 독자가 점차 줄어들 것으로 예상되었다. 하지만 시간이 지나도 종이책 판매량은 줄지 않았다. (　　　　　) 처음에 많은 독자를 확보했던 전자책의 판매량이 점차 줄고 있다. 이는 전자책이 휴대의 편리성이라는 장점을 가진 반면에 눈의 피로도 증가, 건강에 미치는 유해성 등의 치명적인 단점을 가지고 있기 때문인 것으로 보인다.

19. (　　　)에 들어갈 알맞은 것을 고르십시오.

① 결국　　② 또한　　③ 그래서　　④ 오히려

20. 이 글의 내용과 같은 것을 고르십시오.

① 전자책은 건강에 해롭지 않다.
② 전자책의 독자는 처음에는 많지 않았다.
③ 종이책이 전자책보다 눈의 피로도가 높다.
④ 컴퓨터나 휴대폰으로 책을 읽는 사람이 줄고 있다.

※ [21~22] 다음을 읽고 물음에 답하십시오. (각 2점)

운전을 하다가 보면 타 운전자에 대한 배려가 부족한 운전자를 종종 보게 된다. 특히 운전이 능숙한 운전자들이 운전이 서투른 초보 운전자를 배려하지 않는 경우가 많다. (   )는 말처럼 자신의 초보 운전 시절은 생각 못하고 이기적으로 행동하는 것은 올바른 운전자의 태도라 할 수 없다. 모든 운전자가 서로를 배려하는 자세를 가질 때 비로소 성숙한 운전 문화가 형성될 것이다.

21. (   )에 들어갈 알맞은 것을 고르십시오.

① 믿는 도끼에 발등 찍힌다
② 세 살 적 버릇 여든까지 간다
③ 윗물이 맑아야 아랫물이 맑다
④ 개구리 올챙이 적 생각 못 한다

22. 이 글의 중심 생각을 고르십시오.

① 운전을 할 때는 남을 배려하는 자세가 필요하다.
② 초보 운전자는 운전을 잘하기 위해서 노력해야 한다.
③ 운전 실력이 부족한 사람이 많아서 교통에 방해가 된다.
④ 능숙한 운전자와 초보 운전자는 서로 이해하기가 힘들다.

※ [23~24] 다음을 읽고 물음에 답하십시오. (각 2점)

고등학교 시절의 끝 무렵, 나는 대학 입학시험에 떨어지고 말았다. 그때 나는 무척이나 힘들었고 절망적이었다. 마치 인생의 실패자가 된 듯한 실망감에 빠져 있을 때, 아버지는 나에게 말씀하셨다. "<u>인생은 오랜 시간의 여정이고 이건 네 인생에서 작은 부분에 불과하단다.</u> 앞으로도 많은 실패와 기회들이 너에게 올 거야. 중요한 건 한 번의 결과가 아니라 항상 노력하면서 앞으로 나아갈 수 있는 마음가짐이란다." 결국 나는 다시 도전해 대학교에 입학했다. 그 시절 아버지가 나에게 해 주신 말씀은 지금까지도 내가 삶을 살아가는 데 힘이 되어 주고 있다. 만약 그때 아버지께서 대학에 떨어진 나에게 실망하며 나를 혼내셨더라면 아마도 나는 지금과 같은 긍정적인 태도로 노력하는 삶을 살지 못했을지도 모른다.

23. 밑줄 친 부분에 나타난 아버지의 태도로 알맞은 것을 고르십시오.

① 걱정하다　② 격려하다　③ 나무라다　④ 실망하다

24. 이 글의 내용과 같은 것을 고르십시오.

① 아버지는 대학에 떨어진 나를 혼내셨다.
② 나는 대학교 입학시험에 두 번 떨어졌다.
③ 나는 아직도 아버지의 말씀을 마음에 새기며 살고 있다.
④ 아버지가 나를 야단친 덕분에 나는 다시 도전할 수 있었다.

※ [25~27] 다음은 신문 기사의 제목입니다. 가장 잘 설명한 것을 고르십시오. (각 2점)

25.

영화 '노인의 노래', 세대를 뛰어넘는 감동 전해

① 영화를 보고 많은 노인들이 감동을 받았다.
② 영화는 세대 차이라는 주제를 통해서 감동을 주었다.
③ 영화를 보고 나이에 따라 감동을 느끼는 정도가 달랐다.
④ 영화를 보고 나이에 관계없이 많은 사람이 감동을 받았다.

26.

연말 맞아 불우 이웃을 향한 훈훈한 손길 이어져

① 일 년 동안 불우 이웃을 돕는 사람들이 많았다.
② 불우 이웃을 돕는 사람들이 많지 않아 안타깝다.
③ 연말이 되어 불우 이웃을 돕는 사람들이 많아지고 있다.
④ 자기가 직접 찾아가서 불우 이웃을 돕는 사람들이 많다.

27.

지속된 가뭄 여파로 농산물 가격 급등 우려

① 농사가 잘 안 되어서 농산물의 생산량이 줄었다.
② 농사가 잘 되어서 농산물 가격이 떨어져 걱정스럽다.
③ 비가 오지 않아서 농산물 가격이 오를 것이 걱정된다.
④ 비가 많이 와서 농산물의 품질이 좋아져 가격이 올랐다.

※ [28~31] 다음을 읽고 (　　　)에 들어갈 내용으로 가장 알맞은 것을 고르십시오. (각 2점)

28.

많은 업체들이 드라마를 통한 광고 효과를 톡톡히 보고 있다. 드라마에 출연한 배우가 지니고 있는 상품이 많이 팔리는 이유는 (　　　　　　) 시청자의 심리 때문이다. 시청자는 드라마를 보면서 자신도 드라마 속의 배우 같은 사람이 되고 싶다는 생각을 하게 된다. 그래서 배우가 사용하는 물건이나 옷, 신발 등을 구매하고 소유한 후, 마치 자신이 드라마의 배우가 된 듯한 착각에 빠진다.

① 드라마에 나오는 상품을 잘 기억하는
② 드라마의 배우와 자신을 동일시하려는
③ 값비싼 고급 상품을 사용하고 싶어 하는
④ 팬으로서 배우가 지닌 상품을 갖고 싶어 하는

29.

도박은 하면 할수록 그것에 빠져드는 속성이 있다. 그래서 도박에 손을 댄 많은 사람들이 지속적으로 도박을 하다가 끝내는 가진 재산을 모두 잃게 되는 경우를 적잖이 볼 수 있다. 이는 돈을 땄을 때는 다음에도 더 따리라는 기대로 도박을 계속 하게 되고, 돈을 잃었을 때는 잃은 돈을 되찾을 수 있으리라는 기대로 역시 계속 도박을 하기 때문이다. 따라서 도박을 끊으려면 (　　　　　　)이 중요하다.

① 돈을 잃은 사람들의 충고를 받아들이는 것
② 잃은 돈만 되찾고 그만두겠다는 생각을 가지는 것
③ 일정량의 액수를 정해 놓고 재미 삼아 가볍게 하는 것
④ 다음에 이어질 상황에 대한 긍정적인 기대를 하지 않는 것

30.

약의 실제 효능 외에도 (　　　　　　) 병의 치료에 도움이 될 수 있다. 한 의사가 병에 걸린 환자들에게 병과 관계없는 인체에 무해한 약을 주면서 매우 좋은 약이니 곧 나을 것이라는 말을 했다. 환자들은 기뻐하며 약을 지속적으로 복용했다. 그리고 일정 기간이 지난 후에 확인해 보니 상당수 환자들의 병세가 호전된 것을 발견할 수 있었다. 이는 병의 치료에 심리적 효과가 영향을 미친다는 것을 보여 준다.

① 약물과 심리 치료를 병행하는 것이
② 복용하는 약에 대한 환자의 믿음이
③ 환자의 병에 맞는 좋은 약을 주는 것이
④ 일정 기간 동안 약을 지속적으로 복용하는 것이

31.

기업의 상품 판매 전략이 달라지고 있다. 예전의 소비자 성향과 구매 패턴은 보편성을 따르고 유행을 중시했다. 그래서 기업은 소비자가 많이 찾거나 당시에 유행하는 스타일의 상품을 주로 내놓았다. 하지만 요즘의 소비자는 개인적인 취향을 중시하고 나만의 독특한 스타일과 개성을 표현하고 싶어한다. 따라서 기업은 인기 상품 위주의 판매 전략에서 벗어나 (　　　　　　).

① 요즘 소비자의 보편적 구매 의도를 파악하고 있다
② 유행하지 않는 상품 위주의 판매 전략을 세우고 있다
③ 소비자가 많이 찾거나 유행하는 상품을 판매하려고 한다
④ 다양한 소비자를 고려한 세분화 판매 전략을 세우고 있다

※ [32～34] 다음을 읽고 내용이 같은 것을 고르십시오. (각 2점)

32.

자녀를 둔 사원들을 위한 출산, 육아 관련 복지 제도가 확대되고 있다. 여성 근로자는 임신, 출산 기간에 90일까지 유급 출산 휴가를 받는다. 배우자의 출산 시, 남성 근로자는 최소 3일에서 최대 5일까지 유급 출산 휴가를 신청할 수 있다. 그리고 남녀 근로자 모두 만8세 이하의 자녀가 있을 경우, 자녀 한 명당 1년의 유급 육아 휴직을 신청할 수 있다. 자녀를 둔 사원들의 안정적 근무 환경 마련을 위해 앞으로 출산, 육아 관련 복지 혜택이 더욱 늘어날 전망이다.

① 여성 근로자는 출산 휴가 중에는 월급을 받지 못한다.
② 중학생 자녀를 둔 근로자는 육아 휴직을 신청할 수 있다.
③ 남성 근로자는 배우자가 출산할 경우 90일 휴가를 받을 수 있다.
④ 여성 근로자는 8세 이하의 자녀가 있으면 1년 휴직을 신청할 수 있다.

33.

색깔을 제대로 구분하지 못하는 사람을 색맹이라고 하는데 이들을 위한 안경이 개발되었다. 만일 빨간색과 녹색을 구분하지 못하는 사람이 이 안경을 쓰면 정확하게 두 가지 색깔을 구분할 수 있다. 지금까지 색맹인 사람들은 의사, 경찰 등의 직업을 가질 수 없을 뿐만 아니라 대학 전공도 자유롭게 선택할 수 없었고 심지어는 운전 면허증을 취득하는 것도 어려웠다. 이 안경의 개발로 인해 향후 색맹에 대한 이 같은 제약이 없어질 것으로 보인다.

① 색맹이 이 안경을 쓰지 않으면 사물이 잘 보이지 않는다.
② 색맹은 직업이나 전공 선택에 있어서 특별한 제약이 없다.
③ 색맹이 이 안경을 써도 운전 면허증을 따는 것은 불가능하다.
④ 색맹이 이 안경을 사용하면 보다 자유로운 사회생활을 할 수 있다.

34.

택견은 삼국 시대 이전부터 일반 대중들을 통해서 전해 내려온 한국의 전통 무술이다. 택견은 부드러움과 유연성, 그리고 곡선의 동작이 특징이다. 그리고 공격보다는 수비 기술을 많이 사용해 상대를 다치게 하지 않고 물러나게 만든다. 택견은 한때 사라질 위기에 처하기도 했으나 택견 전수자들의 노력과 국가의 보호로 인해 현재는 중요 무형 문화재 76호로 지정되어 전국 각지에서 다수의 교육 센터가 운영되고 있다.

① 택견은 옛날부터 지위가 높은 사람들이 수련했다.
② 택견은 다른 무술보다 강한 공격성을 가지고 있다.
③ 택견은 지금까지 끊임없이 많은 사람들이 수련해 왔다.
④ 택견은 국가가 보호하는 문화재로 전국에서 교육하고 있다.

※ [35~38] 다음 글의 주제로 가장 알맞은 것을 고르십시오. (각 2점)

35. 노인들이 가장 두려워하는 질환 중의 하나는 치매이다. 그런데 노인성 난청이 치매 위험을 높인다는 연구 결과가 나왔다. 난청으로 오랫동안 명확한 소리를 듣지 못하면 뇌로 전달되는 소리 자극이 줄어 인지력과 기억력이 떨어진다는 것이다. 따라서 초기에 난청으로 진단을 받으면 즉시 보청기를 끼는 게 좋다. 보청기를 사용하면 증폭된 소리를 통해 대뇌 자극을 유지시킴으로써 인지 기능의 저하를 방지할 수 있게 된다.

① 난청은 노인들이 가장 두려워하는 질병이다.
② 노인들이 보청기를 끼면 인지 기능이 좋아진다.
③ 난청을 그대로 두면 치매에 걸릴 확률이 높아진다.
④ 노인들이 뇌 기능을 유지하는 데에 소리 자극이 가장 중요하다.

36. 방송 프로그램은 그 시대의 사회 현상 및 대중문화의 경향을 반영한다. 과거의 프로그램은 주로 자극적인 요소와 재미를 중심으로 제작된 프로그램이 많았다. 반면 요즘은 특별한 사건이나 게임 없이 그저 자연 속에서 밥을 짓고 일을 하고 서로 이야기를 나누는 평범한 일상을 보여 주는 프로그램이 많아졌다. 이는 빡빡하고 숨 쉴 틈 없이 돌아가는 바쁜 일상에서 벗어나 평범하고 여유로운 일상을 찾고 싶어 하는 현대인의 욕구가 반영된 것이다.

① 현대인들의 일상은 숨 쉴 틈 없이 바쁘게 돌아간다.
② 방송 프로그램은 자극적인 요소와 재미를 포함해야 한다.
③ 평범한 일상을 보여 주는 프로그램도 재미있게 만들 수 있다.
④ 요즘 방송프로그램에는 쉬고 싶어하는 현대인의 마음이 반영되어 있다.

37.

다양한 분야에 대한 이해력을 바탕으로 창의적으로 사고할 수 있는 인재를 기르기 위해 교육이 변하고 있다. 하나의 기술, 하나의 지식이 아닌 두 가지 분야 이상의 지식을 동시에 접목한 융합 교육이 일선 학교에서 확대되고 있다. 이야기를 통한 수학, 영화 속의 과학 등 두 가지 이상의 분야를 통합한 교육을 통해 학생들은 기존의 독립되고 단절된 지식과 기술이 아닌 통합적 기술과 지식을 습득할 수 있으며 이를 바탕으로 창의성을 키울 수 있다.

① 다양성과 창의성에 중점을 두고 교육 형태가 변화하고 있다.
② 하나의 기술, 하나의 지식을 가르치는 교육이 확대되고 있다.
③ 다양한 분야를 접목한 교육이 학생들의 흥미를 이끌어 낼 수 있다.
④ 기술과 지식의 전문성을 중시하는 방향으로 교육이 변화하고 있다.

38.

정부가 극장에서 일정 시간 동안 국산 영화를 의무적으로 상영해야 하는 스크린 쿼터제의 기간을 현행 연 73일에서 더 늘리는 방안을 검토 중이다. 물론 자국 영화 산업을 보호하려는 긍정적 취지의 법이긴 하지만 이 법이 오히려 국내 영화 산업의 발전을 저해할 수도 있다. 국산 영화가 외국 영화보다 더 좋은 스토리, 소재, 기술력 등을 갖추고 지속적으로 발전하려면 외국 영화와의 경쟁을 통해서 부족한 점을 개선하려는 노력이 필요하다.

① 스크린 쿼터제는 영화 산업의 경쟁을 막는 부정적인 법이다.
② 외국 영화의 훌륭한 스토리, 소재, 기술력 등을 배워야 한다.
③ 스크린 쿼터제는 국산 영화의 보호와 발전을 위해서 필요하다.
④ 외국 영화와의 경쟁을 통해서 국산 영화의 발전을 이루어내야 한다.

※ [39~41] 다음 글에서 〈보기〉의 문장이 들어가기에 가장 알맞은 곳을 고르십시오. (각 2점)

39. 인간의 감정 상태는 미각과 밀접한 연관이 있다. (㉠) 단맛은 스트레스 호르몬의 분비를 억제하고 뇌의 스트레스 반응을 줄인다. (㉡) 경제 불황은 사람들로 하여금 불안을 야기하고 단 음식에 대한 욕구를 불러일으킨다. (㉢) 경제 불황에 당도가 높은 음료수나 과자 케이크 등의 판매량이 증가하는 것은 이러한 이유 때문이다. 반대로 경기가 좋을 때는 당도가 높은 음식의 판매량은 오히려 줄어든다. (㉣)

〈보기〉 경제 불황으로 인해 스트레스를 받는 사람들이 많기 때문이다.

① ㉠　② ㉡　③ ㉢　④ ㉣

40. 자영업 창업자들의 5년 후 생존 확률이 10%가 채 되지 않는다는 조사 결과가 나왔다. (㉠) 자영업의 실패율이 높은 이유는 지속되고 있는 경제 불황과 밀접한 관련이 있다. (㉡) 경제 불황으로 인해 직장을 잃은 많은 사람들이 선택의 여지없이 자영업으로 발길을 돌리고 있기 때문이다. (㉢) 이러한 상황에서 엎친 데 덮친 격으로 소비자들이 경제 불황에 허리띠를 졸라매면서 자영업 시장이 어려움을 겪고 있다. (㉣)

〈보기〉 결과적으로 경제 불황이 자영업 업계의 경쟁을 심화시키고 있는 것이다.

① ㉠　② ㉡　③ ㉢　④ ㉣

41.

신개념 경영학 이론으로 유명한 조민재 박사가 '자유가 성과를 낳는다'라는 제목의 책을 내놓았다. (㉠) 이 책은 출근 시간, 휴식, 낮잠 등에 있어서 사원들의 업무 자율성이 일의 효율성과 성과를 높인다고 말한다. (㉡) 하지만 이런 경영 방식이 사원들에게 좋기만 한 것은 아니다. (㉢) 즉, 업무 자율성이 주어지는 대신 사원들은 철저하게 성과로 평가 받고 자신의 역할을 완수해야 하며 서로를 점수화한다. 이러한 경영 이론은 기존의 규칙, 통제를 중심으로 한 기업 경영 방식에 정면으로 반대하는 이론이다. (㉣)

〈보기〉 무한 자유의 이면에는 무한 책임이 뒤따른다.

① ㉠ ② ㉡ ③ ㉢ ④ ㉣

※ [42~43] 다음을 읽고 물음에 답하십시오. (각 2점)

대학 시절 학교 건물 지하 2층에서 엘리베이터가 고장이 난 적이 있었다. 당시 엘리베이터에는 나와 휠체어를 탄 외국인 장애인, 그리고 그의 친구로 보이는 외국인, 이렇게 3명이 타고 있었다. 엘리베이터가 고장 나서 계단으로 올라갈 수밖에 없는 상황에서 나는 휠체어를 탄 장애인을 도와주려 했으나 그들은 나의 도움을 거절했다. 놀랍게도 장애인의 친구는 휠체어만 들고 1층으로 올라가 버렸고 혼자 남은 장애인은 손으로 기어서 계단을 올라가기 시작했다. <u>나는 그 자리를 떠날 수가 없어 장애인이 계단으로 올라가는 모습을 뒤에서 지켜보며 따라서 올라갔다</u>. 결국 장애인은 자신의 힘으로 1층까지 올라가 스스로 휠체어에 탔으며 그의 친구는 휠체어 옆에서 아무렇지도 않은 듯 장애인 친구를 기다려 주었다. 이 일은 장애인에 대한 나의 인식을 바꾸는 계기가 되었다. 그때까지 나에게 장애인은 보통 사람과는 다른, 내가 도와줘야 할 대상이었지만 그들의 문화에서 장애인은 그저 몸이 조금 불편할 뿐, 스스로 모든 일을 할 수 있는 보통 사람이었던 것이다.

42. 밑줄 친 부분에 나타난 나의 심정으로 알맞은 것을 고르십시오.

① 격려하다 ② 염려하다
③ 원망하다 ④ 좌절하다

43. 이 글의 내용과 같은 것을 고르십시오.

① 장애인은 장애인의 친구와 나의 도움을 받기를 원했다.
② 장애인은 휠체어에서 내려 스스로의 힘으로 계단을 올라갔다.
③ 장애인은 휠체어가 고장 나서 원하는 곳으로 이동하지 못했다.
④ 장애인의 친구는 장애인을 걱정스러운 눈길로 계속 바라보았다.

※ [44~45] 다음을 읽고 물음에 답하십시오. (각 2점)

최초로 시도된 정책 박람회가 성공리에 막을 내렸다. 정책 박람회는 정당, 시민, 각계 전문가 등이 참여해 모두 함께 (   ) 실험적 논의의 장이다. 특히 보육 문제를 다룬 정책 토론회, 최저 임금 인상을 주제로 한 '보수 진보 대토론회' 등이 많은 시민들의 관심을 끌었다. 이번에 새롭게 시도된 정책 박람회는 정당 입장에서는 정책을 제안하고 결정하는 데 있어서 여론을 살피고 시민 및 전문가의 다양한 의견을 수렴하는 데 의미가 있다. 그리고 시민 입장에서는 정당 관계자들에게 직접 정책에 대한 설명을 듣고 정책 결정에 대해 의견을 제시하는 등 민주적 정치 참여의 기회가 된다는 데 의의를 둘 수 있다.

44. 이 글의 주제로 알맞은 것을 고르십시오.

① 정책 박람회는 실험적 정책에 대해 논의하는 행사이다.
② 정책 박람회에서 보육 문제와 임금 인상 문제가 다루어진다.
③ 정책 박람회는 정당과 시민이 함께 참여하는 논의의 장이다.
④ 정책 박람회는 보수와 진보가 모두 참여한다는 데 의의가 크다.

45. (   )에 들어갈 내용으로 알맞은 것을 고르십시오.

① 민주주의의 발전에 대해서 토론하는
② 사회적 범죄의 해결에 대해 이야기하는
③ 정책에 대해 논의하고 서로의 의견을 듣는
④ 대통령에게 정책에 대한 계획을 듣고 질문하는

※ [46~47] 다음을 읽고 물음에 답하십시오. (각 2점)

정부가 정년퇴직을 앞둔 근로자의 근무 기간을 보장해 주되 점진적으로 연봉을 삭감하는 새로운 임금 제도 개편안을 내놓았다. (㉠) 근로자는 정년퇴직 5년 전부터 점차 임금을 삭감하는 대신 정년퇴직 이후에도 5년 간 근무를 더 할 수 있다. (㉡) 지금까지 기업은 고령의 고액 연봉자에 대한 부담을 안고 있었다. (㉢) 그래서 대부분의 고위직 직원들이 사실상 정년 이전에 회사를 그만둘 수밖에 없는 분위기였다. 이 제도의 도입으로 앞으로 기업은 인건비 부담을 줄이고 국가 차원에서는 사회적 문제인 고령층 실업을 줄일 수 있을 것으로 기대된다. (㉣)

46. 다음 문장이 들어가기에 가장 알맞은 곳을 고르십시오.

〈보기〉 나이가 많은 고위직 직원들은 업무 능력과 회사에 대한 기여도에 비해 너무 많은 연봉을 받기 때문이다.

① ㉠　② ㉡　③ ㉢　④ ㉣

47. 이 글의 내용과 같은 것을 고르십시오.

① 이 제도로 인해 고령 근무자가 직장을 잃게 될 가능성이 커졌다.
② 대부분의 고위직 직원들은 정년퇴직까지 회사를 다닐 수 있었다.
③ 앞으로 고령 근무자에 대한 기업의 경제적 부담이 가중될 것이다.
④ 향후 고령 근무자는 정년퇴직 이후에도 일정 기간 근무할 수 있다.

※ [48~50] 다음을 읽고 물음에 답하십시오. (각 2점)

오래 전부터 인류는 민족을 중심으로 국가를 수립하고 생활을 영위해 왔다. 그러나 국가 간 전쟁을 통해 영토를 확장하면서 다른 민족이 국가 안으로 유입됐다. 또한 과학 기술의 발달로 국가 간 교류가 활발해지고 점차 세계가 하나의 단위로 움직이게 되면서 한 국가 안에 다양한 민족이 공존하는 다문화 국가가 형성됐다. 이렇게 서로 다른 민족이 같은 공간에서 공존하는 상황이 됐음에도 인류는 항상 자민족 중심주의, 자민족 우월주의에서 벗어나지 못해 항상 타 민족에 대해 (　　　　　) 유지했다. 그 결과, 현재 세계 각국, 각처에서 크고 작은 다툼이 끊이지 않는 등 민족 간 분쟁과 갈등 양상이 지속적으로 빚어지고 있다. <u>이러한 상황이 더욱 심화된다면 향후 인류의 미래는 어떻게 될까?</u> 바야흐로 세계가 하나로 통합되어 가는 흐름 속에서 이제는 편협한 자민족 중심주의를 버릴 때다. 이민족에 대한 수용과 포용을 통해 서로를 받아들이고 나아가 전 인류의 발전과 번영을 위해 민족 간 화합과 공생을 모색해야 할 시점인 것이다.

48. 필자가 이 글을 쓴 목적을 고르십시오.

① 민족주의의 역사적 변화 양상과 현재 모습을 살펴보기 위해
② 그릇된 민족주의를 비판하고 올바른 방향성을 제시하기 위해
③ 과학 기술의 발달로 인한 세계화 시대의 흐름을 설명하기 위해
④ 전쟁을 통해 발전해 온 인류의 역사에 대해 가르쳐 주기기 위해

49. (　　　)에 들어갈 내용으로 알맞은 것을 고르십시오.

① 배타적인 시선과 태도를
② 포용적인 자세와 관용을
③ 문화 사대주의적인 자세를
④ 화합과 공생을 향한 입장을

50. 밑줄 친 부분에 나타난 필자의 태도로 알맞은 것을 고르십시오.

① 문화적 차이로 인해 이질화될 인류를 걱정하고 있다.
② 점차 분열되어 갈등이 심화될 인류에 대해 염려하고 있다.
③ 인류의 발전과 번영을 위해 어떻게 해야 할지 고민하고 있다.
④ 다문화적 상황으로 인해 국가의 구분이 모호해질 것을 우려한다.

실전 2회

※ [1~2] (　　　　)에 들어갈 가장 알맞은 것을 고르십시오. (각 2점)

1. 지하철에서 (　　　　　　　) 내려야 할 역을 지나쳤어요.

① 졸거나　② 졸다가　③ 졸고 나서　④ 졸다 보면

2. 내일은 비가 (　　　　　　　) 등산은 다음에 갑시다.

① 올 텐데　② 오느라고　③ 오고 나서　④ 오는 바람에

※ [3~4] 다음 밑줄 친 부분과 의미가 비슷한 것을 고르십시오. (각 2점)

3. 너무 아파서 <u>밥은커녕</u> 죽도 못 먹었어요.

① 밥이며　② 밥에다가　③ 밥 대신에　④ 밥은 물론이고

4. 영수는 아직도 집에서 자고 <u>있을 게 뻔하다</u>.

① 자고 있을 뿐이다　② 자고 있을 리가 없다
③ 자고 있을지도 모른다　④ 자고 있을 것이 분명하다

※ [5~8] 다음은 무엇에 대한 글인지 고르십시오. (각 2점)

5.

구석구석 깨끗이!
당신의 입에선 향기가 …….

① 수건　② 치약　③ 향수　④ 청소기

6.

버스, 택시, 지하철에 물건을 놓고 내리셨다고요?
이제 걱정 마시고 국번없이 120으로 연락주세요.

① 분실물 센터　② 관광 안내 센터　③ 미아 보호 센터　④ 대중교통 안내 센터

7.

제 능력만 봐 주세요.
능력이 부족한 것이 아니라 몸이 불편할 뿐입니다.

① 여성 채용　　② 외국인 채용
③ 장애인 채용　　④ 학생 아르바이트 채용

8.

5000원 할인

• 3만 원 이상 주문 시 사용 가능
• 타 쿠폰 / 행사와 중복 사용 불가
• 포장 주문 시 사용 불가

① 가격 안내　　② 사용 안내
③ 상품 안내　　④ 재료 안내

※ [9~12] 다음 글 또는 도표의 내용과 같은 것을 고르십시오. (각 2점)

9.

자전거 사랑 축제

아름다운 호수를 따라 자전거를 탈 수 있는 자전거 사랑 축제에 자전거를 사랑하는 여러분을 초대합니다.

◉ 일　　시 : 5.27(토) ~ 5.28(일) 오전 10:00 ~ 오후 5:00
◉ 장　　소 : 경기도 아침 호수 공원
◉ 대　　상 : 자전거를 사랑하는 누구나
◉ 참 가 비 : 무료 (자전거 무료 대여)
◉ 신청 방법 : 홈페이지(www.bicyclelove.org)를 통해 접수
(인터넷 접수만 가능)

① 축제는 평일에 진행된다.
② 축제에 어린이도 참가할 수 있다.
③ 참가하려면 자신의 자전거를 가져와야 한다.
④ 축제 참가 신청 접수는 현장에서도 가능하다.

10.

[초혼 부부의 성별 연상자 비율]

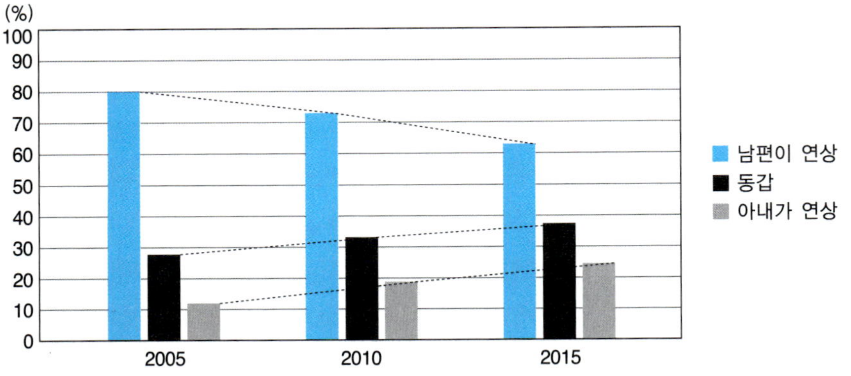

① 동갑 부부의 비율은 10년 전에 비해 많이 줄었다.
② 남편이 연상인 부부의 비율은 10년 전과 다름없다.
③ 해마다 아내가 연상인 부부의 비율이 늘어나고 있다.
④ 최근 아내가 연상인 부부의 비율이 남편이 연상인 부부보다 높아졌다.

11.

최근 '하우스 콘서트'가 인기를 끌고 있다. '하우스 콘서트'는 연주회장이 아닌 집이나 작은 강당에서 편하게 클래식 음악을 듣는 콘서트이다. 입장료는 1~2만 원 정도로 저렴하며, 연주자와 관객이 함께 어울려 음악 이야기를 나눌 수 있다는 점에서 연주자와 관객 모두가 만족하는 공연이 되고 있다.

① 하우스 콘서트에서는 요즘 인기 있는 한국 민요를 들을 수 있다.
② 하우스 콘서트에서는 연주자와 관객이 소통하는 것이 특징이다.
③ 하우스 콘서트는 클래식 음악을 자신의 집에서 듣는 것을 말한다.
④ 하우스 콘서트 입장료는 기존의 콘서트보다 1~2만 원 정도 저렴하다.

12.

1인 가구가 증가하면서 관심사가 비슷한 사람끼리 모여 식사를 즐기는 '소셜 다이닝'이라는 새로운 문화가 등장했다. 단순히 끼니를 해결하기 위해서가 아니라 맛있는 음식을 통해 정을 나누고 싶어하는 현대인들의 욕구가 반영된 것으로 보인다. 회비를 내고 먹거나 각자 가져온 음식으로 밥상을 함께 차려 먹거나 하는 등 그 형식은 자유롭다.

① 소셜 다이닝은 취미 생활을 함께 하기 위해 만들어진 것이다.
② 소셜 다이닝은 각자 자신이 만들어 온 음식을 가져와야 참여할 수 있다.
③ 소셜 다이닝은 신세대들이 특별한 방법으로 가족과 같이 하는 식사 문화이다.
④ 소셜 다이닝은 식사뿐만 아니라 정을 나누고 싶어하는 이들이 만들어 낸 새로운 문화이다.

※ [13~15] 다음을 순서대로 맞게 배열한 것을 고르십시오. (각 2점)

13.

(가) 인간의 외모는 사실상 이미 태어날 때부터 결정되어 있다.
(나) 가령, 같은 유전자를 공유하는 일란성 쌍둥이의 외모는 태어났을 때는 거의 동일하다.
(다) 이는 외모가 태어날 때 유전자에 의해 결정되며 후천적으로 변하지 않는다는 것을 보여준다.
(라) 자라면서, 심지어 서로 다른 환경에 있어도 이들의 얼굴 형태와 이목구비 등 기본 형태는 변하지 않는다.

① (가) - (나) - (라) - (다)
② (가) - (라) - (다) - (나)
③ (나) - (라) - (가) - (다)
④ (나) - (라) - (다) - (가)

14.

(가) 어린이들에게 생각할 기회를 주지 않고 일방적으로 내용을 전달하기 때문이다.
(나) 그렇다고 어린이들에게 텔레비전을 보지 못하게 하는 것이 올바르다고도 할 수 없다.
(다) 우리 주변에는 어린이들에게 텔레비전이 끼치는 부정적인 영향을 염려하는 사람들이 많다.
(라) 무조건적인 텔레비전 시청 금지보다는 올바른 시청 습관을 기르도록 가르치는 것이 더 필요하다.

① (다) - (가) - (나) - (라)　② (다) - (나) - (가) - (라)
③ (라) - (나) - (가) - (다)　④ (라) - (다) - (가) - (나)

15.

(가) 가끔 유리컵이나 그릇 두 개가 겹쳐 빠지지 않아 곤란할 때가 있다.
(나) 이렇듯 생활 속에서 과학 지식을 활용하면 시간과 노력을 절약할 수 있다.
(다) 이럴 때는 바깥쪽 컵의 표면에는 뜨거운 물을 붓고 안쪽 컵에는 차가운 물을 넣으면 된다.
(라) 뜨거운 물로 바깥쪽을 팽창시키고 안쪽은 차가운 물로 수축시켜 분리시키는 원리를 이용한 것이다.

① (가) - (나) - (다) - (라)　② (가) - (나) - (라) - (다)
③ (가) - (다) - (라) - (나)　④ (가) - (라) - (다) - (나)

※ [16～18] 다음을 읽고 (　　　)에 들어갈 내용으로 가장 알맞은 것을 고르십시오. (각 2점)

16.

우리의 두뇌는 (　　　　　　) 맛을 예측하도록 되어 있다. 그래서 음식을 담는 그릇에 따라 우리의 미각도 영향을 받는다. 예를 들어 커피의 짙은 갈색은 뇌로 하여금 '쓴맛'이라고 인식하게 한다. 하지만 똑같은 커피라도 흰색 잔에 있으면 짙은 갈색이 돋보여 가장 쓴맛으로, 투명한 잔에 있으면 덜 쓰게, 파란색 잔은 더 달콤하게 느낀다고 한다.

① 색깔에 따라　② 냄새에 따라
③ 음식의 모양을 보고　④ 그릇의 모양에 따라

17.

에너지 음료가 갈증 해소 및 피로 회복 효과가 있는 음료로 알려지면서 학생들 사이에 (   ) 자리를 잡고 있다. 하지만 카페인이 다량 들어있는 이런 에너지 음료를 자주 마시게 되면 수면에 지장을 주어 집중력 및 학습 능력 저하를 가져오게 된다. 즉, 성적을 높이기 위해 마시는 에너지 음료가 오히려 성적을 떨어뜨리는 역할을 하는 것이다.

① 건강 보조제로　② 필수 영양제로
③ 학습 도우미로　④ 섭취 금지 품목으로

18.

채소도 호흡을 한다. 채소를 신선하게 보존하려면 (   ) 된다. 호흡을 더디게 하면 시드는 속도를 늦춰 오랫동안 갓 따낸 상태 그대로 보존할 수 있기 때문이다. 이러한 원리를 이용한 '공기 조절 저장법'이 최근 주목받고 있는데, 밀폐된 냉장고 안의 공기 중 질소 비율을 높이고 산소 비율을 20% 정도로 낮춰 저장하는 방법이 바로 그것이다.

① 밀폐된 곳에 보관하면　② 채소의 호흡을 늦추면
③ 산소가 없는 곳에 보관하면　④ 환기가 잘 되는 곳에 놓아두면

※ [19~20] 다음을 읽고 물음에 답하십시오. (각 2점)

대부분의 사람들은 가스불보다 숯불에 구워 먹는 고기가 더 맛있다고 생각한다. 그러나 이렇게 숯불로 고기를 구울 때 고기의 지방이 불에 타면서 '벤조피렌'이라는 발암 물질이 생긴다는 것을 아는 사람은 많지 않다. (   ) 어떻게 고기를 요리하는 것이 좋을까? 고기를 구울 때는 불에 직접 굽는 것보다 열을 이용하거나 프라이팬에 굽는 게 좋고 숯불고기를 계획한다면 지방이 적은 고기를 이용해 타지 않게 조리하는 게 좋다.

19. (   )에 들어갈 알맞은 것을 고르십시오.

① 과연　② 또한　③ 만약　④ 그러면

20. 이 글의 내용과 같은 것을 고르십시오.

① 고기는 가스불에 구워 먹는 것이 제맛이다.
② 고기를 불에 직접 굽는 요리 방법은 피하는 것이 좋다.
③ 고기에는 발암 물질이 있으므로 고기는 가능한 한 적게 먹어야 한다.
④ 숯불에 구운 고기는 건강에 좋지 않으므로 절대로 먹지 말아야 한다.

※ [21~22] 다음을 읽고 물음에 답하십시오. (각 2점)

사람들은 행복을 추구하며 살아가고 있지만 정작 행복하다고 느끼는 사람은 그다지 많지 않다. (   ) 말처럼 같은 환경이어도 남과 비교해 불행하다고 생각하는 경우가 허다하다. 하지만 관점만 바꾼다면 못생긴 얼굴이 세상에 하나밖에 없는 매력적인 얼굴이 되고, '반밖에 없는' 물이 '반이나 있는' 물로 바뀔 수 있는 것이다. 어떠한 일에 처해도 긍정적인 관점으로 해석하고 생각하는 것, 그것이 바로 행복으로 가는 길이라는 것을 잊어서는 안 될 것이다.

21. (   )에 들어갈 알맞은 것을 고르십시오.

① 남의 떡이 커 보인다는
② 과부 사정 홀아비가 안다는
③ 오르지 못할 나무는 쳐다보지도 말라는
④ 열 길 물속은 알아도 한 길 사람 속은 모른다는

22. 이 글의 중심 생각을 고르십시오.

① 사람들은 모두 행복을 추구하지만 행복한 사람은 많지 않다.
② 긍정적인 마음을 가지면 못생긴 얼굴을 매력적인 얼굴로 바꿀 수 있다.
③ 행복하려면 자신이 처한 환경을 긍정적인 관점으로 바라보려고 노력해야 한다.
④ 사람들은 자신의 환경을 다른 사람의 환경과 비교하기 때문에 불행하다고 느낀다.

※ [23~24] 다음을 읽고 물음에 답하십시오. (각 2점)

아빠는 방에 가서 이야기를 하자고 했다. 방에 들어온 나는 아빠와 마주보고 앉았다. "엄마가 많이 아프셔. 엄마는……." 아빠는 고개를 떨군 채 한참을 아무 말씀을 못 하셨다. "엄마가 암에 걸리셨어." 난 암이 어떤 병인지 정확하게 몰랐지만 아빠의 떨리는 목소리만으로 나쁜 병이라는 걸 알 수 있었다. 난 더 이상 집에 친구를 데려오지 않았다. 엄마는 더 이상 내 친구들에게 맛있는 간식을 챙겨주시지 못했고, 또 엄마가 투병 중이신데 나만 신나게 노는 것은 잘못된 일인 것만 같았다. 점점 집이 아닌 밖에서 보내는 시간이 많아졌다. <u>그러나 친구들과 놀면서도 마음 한구석은 편치 않았다</u>.

23. 밑줄 친 부분에 나타난 나의 심정으로 알맞은 것을 고르십시오.

① 곤란하다 ② 미안하다
③ 섭섭하다 ④ 억울하다

24. 이 글의 내용과 같은 것을 고르십시오.

① 아빠는 엄마의 병을 내게 알리고 싶어하지 않았다.
② 엄마 때문에 아빠는 더 이상 예전처럼 생활할 수 없었다.
③ 엄마가 편찮으신 뒤로 나는 더 이상 집에서 친구들과 놀지 않았다.
④ 엄마가 편찮으신 걸 잊고 싶어서 나는 며칠 동안 집에 들어가지 않았다.

※ [25~27] 다음은 신문 기사의 제목입니다. 가장 잘 설명한 것을 고르십시오. (각 2점)

25.

오늘도 해안 지역 곳곳 강풍

① 오늘도 전국에 강한 바람이 불 것이다.
② 오늘은 때때로 강한 바람이 불 것이다.
③ 오늘도 바닷가 여기저기에 강한 바람이 불 것이다.
④ 어제처럼 오늘도 쉬지 않고 강한 바람이 불 것이다.

26. 추 선수, 올해 7호 골 '맹활약', 팀 승리 이끌어

① 추 선수의 뛰어난 활약으로 팀이 승리했다.
② 추 선수의 도움으로 7득점을 해 팀이 이겼다.
③ 추 선수가 한 경기에서 7골을 넣어 팀이 우승했다.
④ 추 선수가 골을 넣었지만 아깝게 팀은 지고 말았다.

27. 편의점 '나홀로 호황', 매출 20% 증가

① 편의점과 같은 유통 업체들의 매출이 증가하고 있다.
② 경기가 좋은 가운데 편의점의 매출이 증가하고 있다.
③ 불경기임에도 불구하고 편의점만 매출이 증가하고 있다.
④ '나홀로 호황'이라는 상품 덕분에 편의점 매출이 증가하고 있다.

※ [28~31] 다음을 읽고 (   )에 들어갈 내용으로 가장 알맞은 것을 고르십시오. (각 2점)

28. 사람들은 (   )만 기억하려는 경향이 있다. 세차만 하면 비가 온다는 징크스를 가지고 있는 사람은 세차한 후에 비가 오지 않은 날은 기억하지 않고 세차하자마자 비가 온 날만을 기억한다. 특정 지역 사람에 대한 좋지 않은 편견을 갖고 있는 사람은 계속 그런 편견에 맞는 사람만을 찾아 주목하게 된다. 이런 심리적 현상은 결국 사람들로 하여금 진실을 볼 수 있는 기회를 스스로 차단하게 만드는 것이다.

① 자신이 실수한 경험
② 자신을 주목해 주는 사람
③ 자기에게 이익이 되는 것
④ 자기가 세운 가설에 맞는 것

29. 상한 계란을 구별하는 방법 중의 하나가 소금물에 넣어 보는 것이다. 소금물에 넣었을 때 가라앉으면 신선한 계란이고 위로 떠오르면 상한 계란이다. 상한 계란이 물 위로 뜨는 이유는 계란이 오래되면 계란 안쪽의 수분이 빠지면서 그 부분이 공기로 채워져 계란 전체의 밀도가 낮아지기 때문이다. 이때 소금을 너무 많이 넣게 되면 (   ) 물 위에 다 뜨기 때문에 소금을 조금만 넣어서 확인을 해 봐야 한다.

① 신선도와 관계없이
② 소금이 잘 녹지 않아
③ 계란 안쪽의 수분이 빠져서
④ 빠져나갈 수분이 빠지지 않아

30.

한국인이 즐겨먹는 음식 중의 하나인 설렁탕은 소뼈와 고기를 넣고 끓인 국이다. 예로부터 왕은 봄이 되면 곡식의 신을 모신 선농단에서 풍년을 기원하는 제사를 올렸다. 또 백성들과 함께 직접 밭을 갈고 씨를 뿌리는 의식을 행하였다. 이 행사가 끝나면 왕은 함께 수고한 백성들에게 술과 음식을 내려 주었는데, 이때 내린 음식이 선농탕, 즉 지금의 설렁탕이었다. 이렇듯 설렁탕에는 (   ) 마음이 담겨 있다.

① 백성들을 사랑하는 왕의
② 풍년을 기원하는 백성들의
③ 자신의 능력을 과시하려는 왕의
④ 농사를 소중히 여기는 백성들의

31.

최근 백화점 문화 센터 풍경이 달라졌다. 주 고객이었던 여성 고객이 아닌 아동 고객 모시기에 공을 들이고 있다. 아동 대상의 문화센터 강좌는 대부분 가족이나 보호자를 동반하기 때문에 (   ) 경우가 많아 일반 고객과 비교해 볼 때 이들 고객으로 인한 매출이 더 높기 때문이다. 백화점들은 문화 센터 아동 대상의 강좌를 늘리고 다양한 프로그램을 마련하는 데에 힘쓰고 있다.

① 일반 고객들의 쇼핑을 방해하는
② 다른 강좌에 비해 2~3배 더 힘든
③ 수업 후 자연스럽게 소비로 이어지는
④ 성인 대상의 강좌에 비해 준비물이 필요한

※ [32~34] 다음을 읽고 내용이 같은 것을 고르십시오. (각 2점)

32.

자전거를 타는 '자전거족'이 늘어나면서 자전거 사고 건수도 계속 늘어나고 있다. 그러나 이런 자전거 사고는 대부분 자전거 운전자들이 안전모와 같은 안전 장비를 제대로 갖추지 않거나 자전거 도로의 제한 속도를 준수하지 않는 등 기본적인 안전 수칙을 지키지 않은 탓에 발생한 것이다. 전문가들은 법적인 규제 마련도 필요하지만 그 이전에 '자전거도 생명을 위협할 수 있다'는 안전 의식을 고취해야 한다고 촉구하고 있다.

① 자전거 운전자들의 사고는 차량 운전자의 법규 위반으로 많이 발생한다.
② 자전거 운전자들이 안전 수칙을 지키지 않아 발생하는 자전거 사고가 많다.
③ 안전 수칙을 지키지 않는 자전거 운전자들을 법으로 엄하게 처벌해야 한다.
④ 안전한 자전거 문화를 즐기기 위해 자전거 도로의 제한 속도를 정하는 일이 시급하다.

33.

그림에는 그림을 그린 사람의 솔직한 마음과 심리가 나타난다. 어린이들의 그림을 보면 어린이들의 생각이나 감정을 파악할 수 있다. 서울 시내의 어린이를 대상으로 한 조사에 따르면 가정이나 부모에 대해 불만이 있는 어린이들의 선은 대체로 강하고 단순한 경향을 보였으며 형태는 작게 그리는 경우가 많았다고 한다. 반면, 성격이 원만하고 모든 일에 자연스럽게 적응하는 어린이일수록 둥글고 부드러운 선과 형태를 좋아한다고 한다.

① 그림 속에는 그림을 그린 사람의 심리가 드러난다.
② 어린이들의 그림으로는 아이들의 마음을 알 수 없다.
③ 그림을 작게 그리는 아이들은 모두 부모님에 대한 불만이 많았다.
④ 부드러운 선을 많이 그린 아이 중에는 적응 능력이 떨어지는 아이가 많았다.

34.

경찰이 앞으로 무분별한 고소·고발을 접수하기 전 이를 상담해 주는 수사 민원 상담 센터를 신설·추진한다. 그동안은 고소·고발장이 우선 제출돼야 경찰이 사건을 검토했다. 하지만 앞으로 상담 센터에서 수사 경험이 많은 경찰관이 상담을 해 주고 어떻게 대응하면 좋을지 적절한 방안을 안내할 예정이다. 상담 센터의 신설로 불필요한 일에 투입되는 경찰력 낭비를 막고 필요한 곳에 더 많은 경찰력을 투입하는 효과가 있을 것으로 예상된다.

① 한국은 다른 나라보다 고소·고발 건수가 많은 편이다.
② 수사 민원 상담 센터가 생긴 후에는 고소·고발장이 접수된 후 경찰이 사건을 검토한다.
③ 수사 민원 상담 센터에서 경험이 많은 전문 법조인이 민원인들의 고충을 상담해 줄 것이다.
④ 수사 민원 상담 센터의 신설로 경찰력이 필요한 곳에 경찰력을 더 집중 투입할 수 있을 것이다.

※ [35~38] 다음 글의 주제로 가장 알맞은 것을 고르십시오. (각 2점)

35.

최근 수술 없이 성형을 할 수 있다는 '셀프 성형' 도구가 10대들 사이에서 인기를 끌고 있다. 쌍꺼풀을 만들어 준다는 안경, 코 높이 집게 등 제품도 다양하다. 하지만 이런 제품을 지속해서 사용하면 눈꺼풀이 처지거나 코뼈가 휘어지는 등 성장기 청소년에게 심각한 부작용을 일으킬 수 있다. 따라서 제품을 선택할 때는 사용 목적과 안전성 시험 통과 여부를 꼼꼼히 따져보고, 사용 시간·주의 사항 등을 정확히 지켜 사용하는 게 좋다.

① 10대들에게 셀프 성형 도구가 인기이다.
② 셀프 성형 도구는 인기가 높은 만큼 그 종류도 다양하다.
③ 셀프 성형 도구의 부작용이 심각하므로 청소년들은 사용하면 안 된다.
④ 셀프 성형 도구를 사용할 때는 안전성 등을 철저히 검토한 후 사용해야 한다.

36.

판소리 공연에서는 소리도 중요하지만 추임새가 그날 공연을 좌우한다고 해도 과언이 아니다. 물론 고수가 공연하는 중간 중간 추임새를 넣지만 그것만으로 부족하다. 제대로 흥이 나려면 객석의 반응이 중요하다. 객석에서 해 주는 추임새에 공연자는 흥이 나 더 열창을 하게 되고 이는 다시 객석의 열기를 높여 더 큰 반응을 낳는다. 공연자와 청중이 같이 소리판을 이끌어가는 것이다.

① 판소리 공연은 객석의 위치가 중요하다.
② 판소리 공연은 고수의 추임새가 가장 중요하다.
③ 판소리 공연의 흥을 돋워 주는 것은 고수의 추임새이다.
④ 판소리는 공연자와 청중이 같이 만들어 나가는 예술이다.

37.

외로움을 느끼는 사람들은 스스로를 고립시키려는 경향이 있다. 사회성 부족이 그 원인이라고들 하지만 사실은 그렇지 않다. 이런 사람들은 어딘가에 소속되고 싶다는 열망에 다른 사람의 감정을 파악하는 데에 집중력을 발휘하고 그 능력 또한 뛰어나다. 하지만 실생활에서는 다른 사람과의 관계를 망치지 않으려는 부담감 때문에 지나치게 많은 생각을 하게 되어 그 능력을 제대로 발휘하지 못한다. 사교 기술의 부족보다는 그 기술을 사용해야 하는 사회적 상황을 견디기 어려워해 나타나는 현상이다.

① 외로움을 느끼는 사람들은 다른 사람의 감정을 파악하는 능력이 뛰어나다.
② 외로움을 느끼는 사람들은 사교 기술이 부족해 스스로를 고립시키게 된다.
③ 외로움을 느끼는 사람들은 어딘가에 속하지 못해 스스로를 고립시키는 것이다.
④ 외로움을 느끼는 사람들은 사회적 압박감 때문에 스스로를 고립시키는 경향이 있다.

38.

소득과 부의 불평등은 세계적으로 중요한 관심사의 하나이다. 관련 연구가 진행되면서 불평등이 국가 발전에 크게 해로울 수 있다는 의견으로 결론이 모아지고 있다. 어느 정도의 불평등은 성장에 도움이 되지만 그것이 일정 한도를 넘으면 걸림돌이 된다는 이야기이다. 일부 국가의 불평등은 이미 심각한 수준이다. 불평등 현상을 이대로 방치하면 정부가 신경을 쓰는 경제 성장마저 차질을 빚을 것이다. 더 늦기 전에 분배 구조를 개선할 만한 정책을 내놓아야 할 것이다.

① 소득과 부의 불평등에 대해 개개인이 관심을 가져야 한다.
② 소득과 부의 불평등은 경제 성장에 나쁜 영향만을 끼친다.
③ 소득과 부의 불평등을 해결하기 위한 연구가 계속 진행되어야 한다.
④ 소득과 부의 불평등이 심화되는 현상을 개선할 정책을 마련해야 한다.

※ [39~41] 다음 글에서 <보기>의 문장이 들어가기에 가장 알맞은 곳을 고르십시오. (각 2점)

39.

독감은 감기 바이러스와는 다른 인플루엔자라는 균에 의해 생긴다. (㉠) 감기는 백신을 만들 수 없지만 독감은 백신을 만들 수 있다. (㉡) 하지만 독감 바이러스는 거의 매년 자신의 옷을 바꿔 입어 모습을 바꾸기 때문에 매년 새로운 백신을 만들어야 한다. (㉢) 따라서 해마다 그 해에 유행하는 독감 백신을 미리 맞되, 독감이 유행했을 때 항체가 생길 수 있도록 독감 유행 3~4개월 전에 맞아야 한다. (㉣)

〈보기〉 감기 바이러스는 다양하지만 독감 바이러스는 한 종류이기 때문이다.

① ㉠ ② ㉡ ③ ㉢ ④ ㉣

40.

여름에는 무더위 외에도 여름이라는 계절적 특성으로 인해 잠자는 데 방해를 받는다. (㉠) 우리 몸은 아침에는 햇볕을 받으면서 뇌의 각성 시스템이 강화돼 잠에서 깨어나고, 밤에는 해가 지고 어두워지면서 수면 호르몬이 분비돼 잠이 드는 생체 리듬을 가지고 있다. (㉡) 다시 말해, 늦은 밤까지 졸리지 않는다는 말이다. (㉢) 이로 인해 우리의 생체 리듬이 깨지면서 불면증으로 이어질 수 있다. (㉣)

〈보기〉 여름은 밤보다 낮이 긴 계절로 저녁 늦게까지 해가 저물지 않아 수면 호르몬이 적절히 분비되지 못해 여전히 각성 시스템이 우세하게 된다.

① ㉠ ② ㉡ ③ ㉢ ④ ㉣

41. 철학자 박훈 씨가 '생각의 힘'이라는 책을 내놓았다. (㉠) 확신을 가진 '나만의 결정'을 내리고 '나만의 인생'을 찾기까지, 그 과정은 쉽지 만은 않을 것이다. (㉡) 하지만 그렇다고 생각하는 일을 멀리하거나 멈춰서는 안 된다. (㉢) 일어나지도 않은 일에 먼저 불안해하고 걱정하는 이들과 실패 때문에 사소한 일에도 좌절하고 상처를 입은 이들에게 이 책을 추천한다. (㉣)

〈보기〉 저자는 우리가 후회 없는 인생을 살기 위해서는 '나만의 생각'이 필요하다고 말한다.

① ㉠ ② ㉡ ③ ㉢ ④ ㉣

※ [42~43] 다음을 읽고 물음에 답하십시오. (각 2점)

오늘은 이번 학기 마지막 수업 날이었다. 조금 늦게 한 학생이 들어왔다. 학기 초에 화장기 없는 수수하고 앳된 모습이 인상적이었던 그 여학생은 중간고사 이후에는 출석을 하지 않았다. 오랜만에 본 그 학생의 앳된 얼굴은 짙은 화장으로 가려져 있었고 피곤함이 가득했다. 이제 곧 4학년이 되니 화장을 하고 다니나 싶은 생각이 들었으나 이내 잊어버리고 말았다. 강의를 마치자 그 학생은 내게 다가와 화장품 가게 아르바이트를 하다 화장도 못 지우고 뛰어 왔다며 죄송하다고 했다. 등록금 마련을 위해 이번 학기에 아르바이트를 몇 개나 하고 있지만 등록금 마련이 힘들다며 다음 학기에는 휴학을 해야 할 것 같다고 했다. 몇 마디 대화에 난 그 학생의 고단함을 느낄 수 있었다. 비단 이 학생만이 아니었다. 수업 시간마다 조는 학생을 꾸짖으면 새벽까지 편의점에서 일해서 그렇다며 죄송하다고 한다. 그때마다 느끼는 민망함이란. 그도 그럴 것이 해마다 등록금은 올라가는데 대학생 자녀를 부양하는 부모들의 능력은 그것을 감당해 내기가 쉽지 않은 게 현실인 것이다. <u>그런 현실 앞에 나는 그들의 고통을 그저 바라보기만 할 수 밖에 없었다.</u>

42. 밑줄 친 부분에 나타난 나의 심정으로 알맞은 것을 고르십시오.

① 안타깝다
② 허탈하다
③ 고통스럽다
④ 마음이 홀가분하다

43. 이 글의 내용과 같은 것을 고르십시오.

① 대학생들은 해마다 오르는 등록금에 분노하고 있다.
② 여학생은 조금이라도 돈을 아끼려고 화장을 하지 않고 다녔었다.
③ 여학생은 열심히 노력했지만 다음 학기 등록금을 마련하지 못했다.
④ 교수인 나는 아르바이트 하는 학생들을 도와주려는 노력은 했으나 성과는 없었다.

※ [44～45] 다음을 읽고 물음에 답하십시오. (각 2점)

환경부가 온실가스 감축을 위해 추진할 계획이던 '저탄소차 협력금 제도'를 자동차 업계의 반대로 시행 연기하겠다고 발표했다. 이 제도는 이산화탄소 배출량이 적은 차를 사는 소비자에게는 보조금을 주고, 배출량이 많은 차를 사는 소비자에게는 부담금을 부과하여, 소비자로 하여금 저탄소차 구입을 유도하기 위한 정책 중 하나이다. 경차·소형차 비중이 절반이 훨씬 넘는 선진국과 비교해 보면 에너지 절약과 온실가스 감축을 위해 불합리한 국내 승용차 소비 구조 개선은 매우 시급한 과제이다. 따라서 환경 문제 해결과 국민의 환경권 보장을 위해 정부 주도하에 정책을 집행해야 하며 더 이상 (   ) 그 시행 여부가 결정되어져서는 안 될 것이다.

44. 이 글의 주제로 알맞은 것을 고르십시오.

① 소비자를 고려한 환경 보호 대책이 마련되어야 한다.
② 기업이 동의하지 않는 제도의 시행은 지양해야 한다.
③ 자동차 판매량을 늘리기 위해 보조금을 확대 지급해야 한다.
④ 환경 문제 해결을 위해 예정된 정책을 조속히 추진해야 한다.

45. (   )에 들어갈 내용으로 알맞은 것을 고르십시오.

① 소비자들의 반대로
② 기업의 이익에 따라
③ 선진국의 요구에 맞춰
④ 이산화탄소 배출량에 따라

※ [46~47] 다음을 읽고 물음에 답하십시오. (각 2점)

뇌물 수수 등의 혐의를 받고 있는 국회의원의 체포 동의안이 국회에서 부결되어 수사가 난항을 겪을 것으로 예상되고 있다. 국회의원은 현행범이 아닐 경우 국회 동의 없이 회기 중엔 체포할 수 없다는 헌법상 불체포 특권을 갖고 있어 강제 수사가 어렵기 때문이다. 불체포 특권은 독재 권력으로부터 국회의 독립성·자율성을 보호한다는 취지에서 도입했던 제도이다. (㉠) 하지만 지금은 독재 시대가 아니며 비리 혐의를 받는 국회의원을 형사 처벌한다고 국회 운영에 지장이 초래되는 것도 아니다. (㉡) 또한 특권을 가진 국회의원들의 비리부터 확실하게 단속·처벌할 수 있어야 사회의 부패도 뿌리 뽑을 수 있다. (㉢) 국민에게 수도 없이 한 약속이라면 이행하는 것이 마땅하다. (㉣)

46. 다음 문장이 들어가기에 가장 알맞은 곳을 고르십시오.

〈보기〉 그래서 여야 정치권도 선거 때마다 불체포 특권 포기를 공약으로 내세워 왔다.

① ㉠ ② ㉡ ③ ㉢ ④ ㉣

47. 이 글의 내용과 같은 것을 고르십시오.

① 국회의원의 체포 동의안은 헌법이 보장하는 국회의원의 특권이다.
② 국회의원은 불체포 특권이 있어 어떤 죄를 지어도 처벌을 받지 않는다.
③ 국회의원 불체포 특권은 독재 권력이 국회를 통제하기 위해 만들어 낸 법이다.
④ 국회의원의 체포 동의안은 사회의 부패 척결을 위해 국회의원의 비리도 처벌해야 한다는 내용을 담고 있다.

※ [48~50] 다음을 읽고 물음에 답하십시오. (각 2점)

교육부가 초·중·고교 수학 수업 시간에 계산기 사용을 허용하기로 한 데 대해 찬반 논란이 일고 있다. 계산기 사용에 찬성하는 이들은 외국에서도 이미 수업 시간은 물론 시험에서도 쓰고 있는 만큼 개념과 원리 학습을 위해 단순 계산을 줄이는 게 필요하다는 입장이다. 즉, (   ) 이를 문제에 적용해 풀이하는 데에 더 집중할 수 있게 되면 수학적 사고 능력이 높아진다는 것이다. 하지만 계산기 사용이 버릇이 되면 계산 능력이 떨어진다는 것은 부인할 수 없다. 직접 계산해 봐야 사고의 폭과 문제 해결력이 길러지므로 굳이 사고력을 높여야 하는 학생에게는 쓰게 할 필요가 없다. 기계에 익숙해 깊이 생각할 시간이 많지 않은 요즘 아이들이 수학 시간마저 계산기에 의존한다면 사고력이 저하될 것은 불 보듯 뻔하다. 또 시험에서 계산기 사용이 허용되지 않는 한 수학 시간에만 계산기를 쓰도록 하는 것은 별 의미가 없을 것이다.

48. 필자가 이 글을 쓴 목적을 고르십시오.

① 수학 수업 시간에 계산기 사용을 촉구하기 위해
② 수학 수업 시간에 계산기 사용 반대를 주장하기 위해
③ 수학 수업 시간에 계산기 사용의 당위성을 설명하기 위해
④ 수학 수업 시간에 계산기 사용 실행에 앞서 개선해야 할 사항을 제시하기 위해

49. (   )에 들어갈 내용으로 알맞은 것을 고르십시오.

① 계산기 사용 습관을 길러
② 단순 계산 문제를 줄이고
③ 계산 연습이 충분히 된 뒤
④ 개념과 원리를 제대로 이해한 뒤

50. 밑줄 친 부분에 나타난 필자의 태도로 알맞은 것을 고르십시오.

① 기계에 익숙한 요즘 아이들의 계산기 사용 능력에 감탄하고 있다.
② 계산기 사용으로 인해 요즘 아이들의 사고력이 저하될 것을 우려하고 있다.
③ 요즘 아이들이 깊이 생각하지 못하는 원인이 계산기 사용임을 지적하고 있다.
④ 아이들의 수학 실력이 떨어져 결국엔 계산기에만 의존할 것이라고 걱정하고 있다.

실전 3회

※ [1~2] (   )에 들어갈 가장 알맞은 것을 고르십시오. (각 2점)

1. 좋아하는 가수의 얼굴을 잠깐(   ) 볼 수 있어서 참 행복했다.

① 만 ② 조차 ③ 밖에 ④ 이라도

2. 실력이 예전(   ) 며칠 연습하면 시합에 나갈 수 있을 것이다.

① 이었다면 ② 에 비해서 ③ 만 못하지만 ④ 이라고 치고

※ [3~4] 다음 밑줄 친 부분과 의미가 비슷한 것을 고르십시오. (각 2점)

3. 설날 연휴여서 백화점이 <u>문을 닫았을지도 모른다</u>.

① 닫고 말았다 ② 닫았던 것 같다 ③ 닫으려던 참이었다 ④ 닫았을 수도 있다

4. 요즘 학교 축제 기간이라서 시끄러워요. <u>창문을 닫으나 마나예요</u>.

① 닫도록 하세요 ② 닫을 걸 그랬어요 ③ 닫으면 좋겠어요 ④ 닫아도 소용없어요

※ [5~8] 다음은 무엇에 대한 글인지 고르십시오. (각 2점)

5.

편안한 승차감! 높은 안전성!
가족과 함께하는 외출이 즐겁습니다.

① 옷 ② 신발 ③ 자동차 ④ 엘리베이터

6.

구름 위의 호텔!
더욱 넓어진 좌석이 여러분들을 기다립니다.

① 여행사 ② 항공사 ③ 숙박업소 ④ 관광안내소

7.

> 고운 말! 고운 마음!
> 평소의 말 한 마디, 바로 인격입니다.

① 언어 교환　　② 언어 예절　　③ 언어 치료　　④ 언어 학습

8.

> 1. 휴대 전화의 전원을 꺼 주십시오.
> 2. 녹음, 녹화, 사진 촬영을 삼가야 합니다.
> 3. 음식물과 꽃다발은 물품 보관소에 맡기십시오.

① 관람 예절　　② 식사 예절　　③ 전화 예절　　④ 병원 방문 예절

※ [9～12] 다음 글 또는 도표의 내용과 같은 것을 고르십시오. (각 2점)

9.

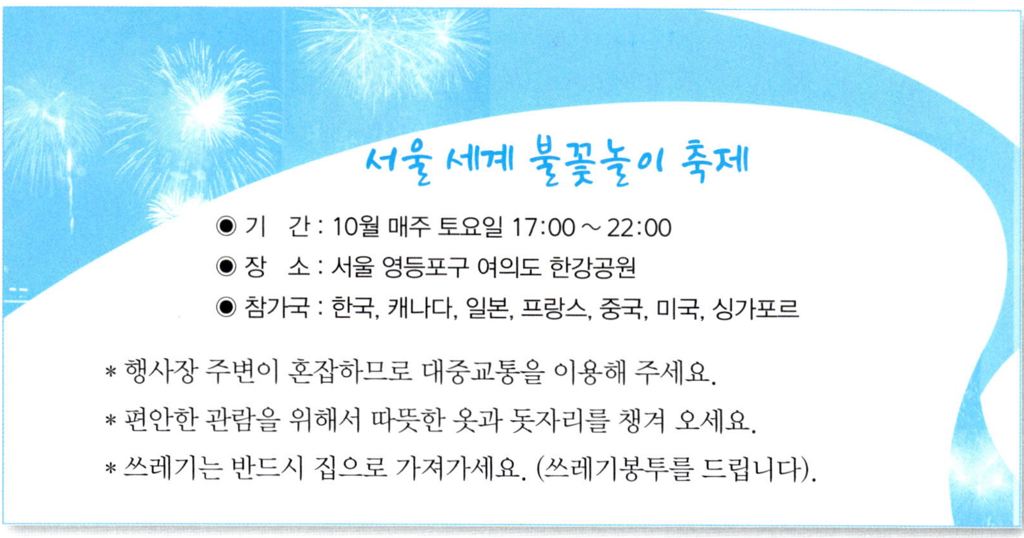

① 아시아 7개국이 참가한다.
② 축제는 평일 저녁에 개최된다.
③ 버스나 지하철을 타고 오는 것이 좋다.
④ 축제를 보려면 쓰레기봉투를 가지고 와야 한다.

10.

[신혼부부는 어디에 돈을 쓰는가?]

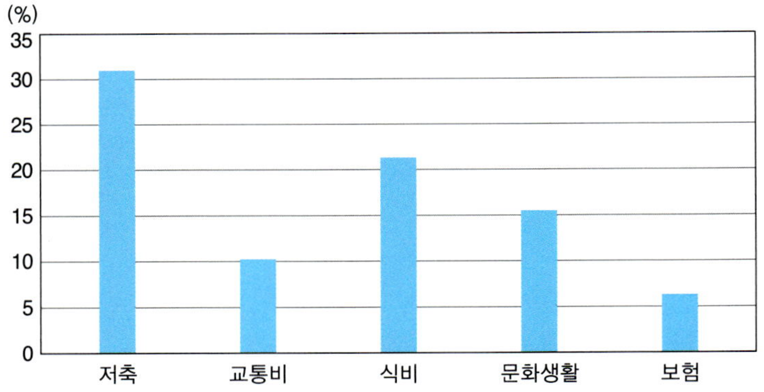

① 교통비가 가장 적게 든다.

② 보험료로 내는 돈보다 예금하는 돈이 더 많다.

③ 문화 활동을 하는 데에 쓰는 돈이 버는 돈의 절반을 넘는다.

④ 외식을 하거나 음식 재료를 사기 위해서 가장 돈을 많이 쓴다.

11.

대한방송에서 작년에 이어 올해도 화려한 요리 대결이 펼쳐진다. 전국 팔도 각 지역을 대표하는 한식 요리사 10명은 지역의 특색 있는 재료와 요리법으로 주어진 주제에 맞는 음식을 정해진 시간 내에 만들어 내야 한다. 매회 가장 낮은 점수를 받은 1명을 떨어뜨리는 방식으로 총 10회에 걸쳐 진행되는데 최종 우승자에게는 1억 원의 상금이 주어진다. 이 프로그램은 매주 화요일 저녁 8시 30분에 방송된다.

① 매 회 우승자는 1억 원의 상금을 받는다.

② 이 프로그램은 올해 처음으로 만들어졌다.

③ 매 회 가장 늦게 요리를 끝낸 사람이 떨어지게 된다.

④ 참가자들은 출신 지역의 특징을 살려서 음식을 만들어야 한다.

12.

화려한 결혼식 대신 소박하고 개성 있는 '작은 결혼식'이 증가하고 있다. 결혼식장과 사진 촬영·웨딩드레스 등에 드는 비용을 줄이고 가족과 가까운 지인만 초대하는 소규모 결혼식이 이제는 더 이상 낯선 모습이 아니다. 남에게 보여주기 위한 이전의 결혼 문화에 변화가 생긴 것이다. 그런 의미에서 최근 화제가 된 유명 배우의 결혼식이 '작은 결혼식' 문화를 만드는 데 모범이 되고 있다.

① 작은 결혼식에서는 사진 촬영을 하지 않는다.
② 얼마 전에 유명 배우가 작은 결혼식을 올렸다.
③ 작은 결혼식은 사람들에게 아직 익숙하지 않다.
④ 작은 결혼식은 비용을 줄이기 때문에 거의 다 비슷하다.

※ [13~15] 다음을 순서대로 맞게 배열한 것을 고르십시오. (각 2점)

13.

(가) 그럴 때는 머리를 감는 샴푸를 활용해 보자.
(나) 더위가 잠시 물러가고 장마철이 시작되었다.
(다) 장마철에는 빨래를 해도 불쾌한 냄새가 잘 사라지지 않는다.
(라) 다 쓴 샴푸 통에 물을 넣어 흔든 후 옷에 뿌려 헹구면 상쾌한 향기가 난다.

① (나) - (가) - (다) - (라)　② (나) - (다) - (가) - (라)
③ (다) - (가) - (라) - (나)　④ (다) - (나) - (가) - (라)

14.

(가) 그러나 그것도 손을 완전히 말리지 않으면 헛수고이다.
(나) 젖은 손은 마른 손보다 500배나 많은 세균을 옮기기 때문이다.
(다) 그래서 손만 제대로 씻어도 70%의 세균을 제거할 수 있다고 한다.
(라) 쉴 새 없이 움직이는 사람의 손은 세균을 전염시키는 고속 도로라고 한다.

① (나) - (다) - (가) - (라)　② (나) - (다) - (라) - (가)
③ (라) - (다) - (가) - (나)　④ (라) - (다) - (나) - (가)

15.

(가) 감시 카메라를 설치하는 가장 큰 목적은 범죄 예방이다.
(나) 그래서 보다 근본적인 범죄 예방법을 고민하게 되었다.
(다) 하지만 막대한 설치 비용에 비해 효과는 기대 이하였다.
(라) 벽화 그리기와 같은 환경 디자인이 그 결과 대안으로 떠오르고 있다.

① (가) - (나) - (다) - (라)
② (가) - (다) - (나) - (라)
③ (라) - (나) - (가) - (다)
④ (라) - (다) - (나) - (가)

※ [16~18] 다음을 읽고 (　　　)에 들어갈 내용으로 가장 알맞은 것을 고르십시오. (각 2점)

16.

자녀들에게 가치 있는 체험을 하도록 해 주는 방법으로 기차 여행을 권하는 사람들이 많다. 우선 기차 여행은 부모와 자녀 간 세대를 연결하는 끈이 돼 준다. 또한 기차 여행은 (　　　　　　). 여러 사람과 함께하는 공간에서 줄을 서서 기차를 기다리며 질서를 지키는 법을 배우고 좁은 열차 안에서 다른 사람을 배려하는 법도 자연스럽게 익힐 수 있기 때문이다.

① 잊을 수 없는 추억을 만들어 준다.
② 색다른 체험을 할 수 있게 해 준다.
③ 생생한 예절 교육의 장이 되기도 한다.
④ 세대 차이를 좁힐 수 있는 기회가 될 수 있다.

17.

전구를 만드는 회사가 자사의 고급 조명 제품으로 꾸민 커피숍을 열었다. 창업 42년째를 맞은 전구 회사가 커피숍을 연 것은 (　　　　　　) 위해서이다. 보통 소비자들이 고급 조명 제품을 사려면 전문 매장이나 백화점 등에 일부러 시간 내서 가야 했다. 하지만 이제 소비자들은 꼭 필요할 때만 찾는 것이 아니라 이 커피숍에서 음식과 커피를 즐기면서 자연스럽게 다양한 조명도 접하고 구매까지 할 수 있게 되었다.

① 조명 제품을 전시하기
② 새로운 사업을 시작하기
③ 고급 이미지를 알리기 위해서
④ 소비자에게 더 가까이 다가가기

18.

지폐는 한 나라의 상징이기 때문에 각국의 지폐에는 그 나라를 대표하는 인물이 등장한다. 그런데 우리나라 지폐의 인물들은 다른 나라에 비해 (   ) 아쉽다. 등장인물들 모두 조선 시대 사람들이다. 그것도 14세기부터 16세기에 몰려 있다. 게다가 대부분 학자나 정치가이다. 그래서 이제는 다른 시대와 다른 분야에서 새 후보를 찾아봐야 한다는 목소리가 높아지고 있다.

① 다양성이 부족한 것이　　② 후보가 많지 않은 것이
③ 상징성이 떨어지는 것이　　④ 시대성을 알 수 없는 것이

※ [19~20] 다음을 읽고 물음에 답하십시오. (각 2점)

한 과학자가 개인의 집단 순응에 대한 실험을 실시했다. (   ) 실제로 각 팀에서 실험 대상자가 된 사람은 단 한 명뿐이고, 같은 방에 있는 나머지 7명은 입을 맞춘 연구원들이었다. 연구원 7명에게 모두 틀린 답을 말하도록 시키고 그 후에 실험 대상자에게 답을 말하도록 시켰다. 그 결과 실험 대상자들의 70%는 답을 분명히 알면서도 연구원들이 틀린 것을 답이라고 우기니까 자신들도 틀린 것을 답이라고 말하는 일이 벌어졌다.

19. (   )에 들어갈 알맞은 것을 고르십시오.

① 또한　　② 하필　　③ 그래도　　④ 그런데

20. 이 글의 내용과 같은 것을 고르십시오.

① 인간은 의외로 의지가 강하다.
② 실험 대상자는 한 팀당 8명이다.
③ 소수는 다수의 의견에 따라가려는 경향이 있다.
④ 실험 대상자의 절반이 틀린 답을 정답이라고 말했다.

※ [21~22] 다음을 읽고 물음에 답하십시오. (각 2점)

여학생 체육 활성화 방안을 묻는 질문에 교육 전문가와 체육학자들은 (   ) 운동 습관을 이야기한다. 그래서 가정 내 체육 교육이 매우 중요하다. 부모는 자식의 거울이라고 부모의 운동 습관이나 운동에 대한 관심과 철학은 아이들에게 그대로 이어진다. 운동으로 큰 아이는 몸도 마음도 건강하다. 승리하는 법, 패배를 받아들이는 법, 도전하는 법을 몸으로 배울 수 있다. 그러므로 부모는 지식 교육에 앞서 체육 활동을 우선적으로 격려하고 응원해야 한다.

21. (   )에 들어갈 알맞은 것을 고르십시오.

① 입을 모아
② 손에 땀을 쥐고
③ 입에 침이 마르게
④ 눈썹도 까딱하지 않고

22. 이 글의 중심 생각을 고르십시오.

① 학교 체육이 무엇보다도 중요하다.
② 운동을 통해 얻을 수 있는 것이 많다.
③ 여학생들이 체육 활동을 많이 하지 않는다.
④ 운동 습관을 길러주기 위해서 부모의 역할이 중요하다.

※ [23~24] 다음을 읽고 물음에 답하십시오. (각 2점)

구내식당의 점심 메뉴를 보는 순간 나는 벌써 타임머신을 타고 10살 때의 고모 댁으로 달려가고 있다. 할머니는 석가탄신일만 되면 기차를 타고 시골에 사시는 고모 댁에 가셨다. 거기에서 출출한 배를 달래고 고모와 함께 절에 가서 기도를 드리셨다. 언니도 동생도 아닌 나를 데리고 가셨는데, 결혼 전까지 함께 살았던 고모가 나를 많이 보고 싶어했기 때문이다. 그날은 고모가 귀한 손님이 왔다고 닭을 잡으셨다. 고모는 닭장에서 제일 큰 놈을 꺼내시더니 갑자기 목을 비틀어 버리셨다. 나는 한 발짝도 움직일 수 없었다. 그날 이후 한동안 목이 없는 닭이 나를 쫓아오는 꿈을 꾸었다. 그리고 아무 일도 없었다는 듯이 세상의 안녕을 위해 기도하는 고모를 한참 동안 미워했었다. 지금은 닭으로 만든 음식을 대부분 즐겨 먹지만 삼계탕 앞에서만은 여전히 주저하게 된다.

23. 밑줄 친 부분에 나타난 나의 심정으로 알맞은 것을 고르십시오.

① 놀랍다　　② 감동적이다
③ 당황스럽다　　④ 충격적이다

24. 이 글의 내용과 같은 것을 고르십시오.

① 나는 결혼할 때까지 고모와 같이 살았다.
② 나는 어린 시절 기억 때문에 삼계탕을 먹는 것이 부담스럽다.
③ 나는 식당 메뉴를 보고 힘들게 살았던 어린 시절이 떠올랐다.
④ 할머니는 절에 가서 기도를 드린 후 고모 댁에서 식사를 하셨다.

※ [25~27] 다음은 신문 기사의 제목입니다. 가장 잘 설명한 것을 고르십시오. (각 2점)

25.

뜨거워진 지구, '5월의 봄'을 도둑맞았다

① 5월에는 보통 햇빛이 강해서 더운 편이다.
② 날씨가 더워지면서 도난 사건이 늘고 있다.
③ 전 세계가 5월에 불볕더위로 고생하고 있다.
④ 지구의 온도가 점점 올라가면서 봄이 사라졌다.

26.

서울발 부산행 버스, 마주 오는 트럭과 충돌해 17명 부상

① 서울로 향하는 버스가 트럭과 부딪쳤다.
② 서울로 가는 버스와 트럭이 부딪쳐서 사망자가 발생했다.
③ 부산으로 가는 버스와 트럭이 부딪쳐서 17명이 죽거나 다쳤다.
④ 부산으로 가는 버스가 반대 방향의 트럭과 부딪쳐서 사람들이 다쳤다.

27.

'금겹살'된 삼겹살, 소비 느는데 공급 줄어

① 불황 속에서도 삼겹살의 인기는 여전하다.
② 수요보다 공급이 부족해서 삼겹살 가격이 치솟았다.
③ 삼겹살 구매 수요가 늘면서 삼겹살집 매출도 상승하였다.
④ 금가루를 뿌린 최고급 황금 삼겹살을 찾는 고객이 증가하고 있다.

※ [28~31] 다음을 읽고 (　　　　)에 들어갈 내용으로 가장 알맞은 것을 고르십시오. (각 2점)

28.

예전에는 명함이 직장에 다니는 것을 증명해 주는 도구였다면 요즘은 자신을 표현하는 역할을 한다. (　　　　　　) 명함이 진화하고 있다. 여성 사진에 구멍을 두 개 뚫어 손가락을 끼워 넣으면 요가 자세로 보이는 요가 강사의 명함이 대표적인 예이다. 이혼 전문 변호사의 명함은 양 끝을 잡아당기면 2개로 찢어지는데, 분리된 명함에는 각각 변호사의 이름과 연락처가 적혀 있어 이혼을 준비하는 부부가 나눠 가질 수 있다.

① 사진으로 자신을 표현할 수 있게
② 직장에 대한 자부심을 표현할 수 있게
③ 보자마자 직업과 직장을 한눈에 알아차릴 수 있도록
④ 개성 있는 디자인으로 직업을 자연스럽게 알아볼 수 있도록

29.

사막이 많고 비가 자주 오지 않아서 먹을 물이 부족한 지역에서는 옛날부터 지역 간에 물 때문에 싸우는 일이 많았다. 근래에는 (　　　　　　) 기술이 개발되어 이런 다툼이 크게 줄었다고 한다. 바닷물에는 소금이 녹아 있어 그대로는 마실 수가 없다. 하지만 바닷물을 끓이면 수증기가 생긴다. 이 수증기를 식혀서 공기와 향료를 넣으면 마시는 물로 사용할 수 있다. 비용이 많이 들기는 하지만 장기간 바다를 항해하는 선박 등에서는 매우 유용하다.

① 바닷물에서 식수를 얻는
② 빗물을 효과적으로 저장하는
③ 바다를 통해 식수를 운반해 오는
④ 소금·공기·향료 등으로 마시는 물을 만드는

30.

분노 조절 프로그램이 유행이다. 다양한 분노 조절 전략들이 책으로도 소개되고 있는데 이러한 프로그램들이 (   ). 감정을 통제만 하면 속에 억눌린 화가 늘어나기 때문이다. 분노 관리를 치약 용기에 비유해 보면, 나가는 입구를 아무리 세련된 분노 조절 전략으로 막는다 해도 결국은 치약 용기가 찢어지며 다른 곳으로 터져 나올 수밖에 없다. 분노가 쌓여 엉뚱한 곳에서 터지기 전에 분노를 합리적으로 표현하는 법을 먼저 배워야 한다.

① 분노가 터져 나오는 것을 막아 준다
② 오히려 분노를 불러일으킬 수도 있다
③ 상처 받은 마음을 치유하는 데 도움이 된다
④ 자신의 의견을 잘 표현할 수 있는 자신감을 없애기도 한다

31.

퇴직했으나 전문 지식과 능력을 보유한 중·장년층 중에서 자원봉사를 하며 삶의 의미를 찾고자 하는 이들이 많아지고 있다. 그러나 봉사 활동에 대한 관심은 있지만 (   ) 경우가 대부분이다. 그래서 구청 복지과에서 대가를 바라지 않고 자신의 재능과 전문적인 지식을 나누고 싶어하는 은퇴자들과, 전문 인력의 도움이 필요하지만 경제적으로 풍요롭지 않은 비영리 단체나 기업을 연결해 주는 서비스를 시작했다.

① 조건을 따지는
② 여건이 안 되는
③ 실천하려는 의지가 부족한
④ 구체적인 참여 방법은 잘 모르는

※ [32~34] 다음을 읽고 내용이 같은 것을 고르십시오. (각 2점)

32. 착용자의 안전 상태를 확인하고 통보해 주는 안전모가 국내 최초로 상용화되었다. 대한발전소는 무선 통신 장비 업체가 개발한 이 안전모 200개를 작업 현장에서 사용하기로 했다고 발표했다. 낙하물이 떨어지는 등 안전모에 충격이 가해지면 센서가 작동해서 착용자에게 "괜찮으십니까?"라는 음성을 서너 차례 들려준다. 답변이 없으면 부상 당한 것으로 판단해 관리소에 자동으로 사고가 통보된다.

① 대한발전소에서 이 안전모를 개발했다.
② 이 안전모에는 충격을 감지하는 기능이 들어 있다.
③ 무선 통신 장비 업체는 이 안전모의 안전성을 시험 중이다.
④ 이 안전모가 충격을 받으면 착용자의 답변 여부와 관계없이 관리소에 통보된다.

33. 희소성 있는 특수어과 학생들이 차별화된 언어로 무장하고 취업 전쟁에서 승승장구하고 있다. 특수어과의 지난해 취업률은 전국 4년제 공과 대학 취업률을 뛰어넘었고 졸업생 대부분이 취업문을 뚫었다. 이처럼 특수어 전공자들의 몸값이 오르자 기업들은 졸업도 하지 않은 학생들을 미리 뽑고 있다. 기업들의 제3세계 진출이 활발해지고 있고 현지 진출 기업들의 인재 추천 요구가 이어지고 있어 수요는 더 늘 것으로 예상된다.

① 특수어를 전공하려면 학비가 많이 든다.
② 공과 대학의 취업률은 특수어과의 취업률만 못하다.
③ 특수어과 출신들이 취직이 잘 되는 현상은 일시적인 것으로 보인다.
④ 기업들은 특수어 전공자들이 졸업하는 대로 바로 입사시키려고 애쓰고 있다.

34.

영화 제작사들이 영화 개봉을 앞두고 너 나 할 것 없이 온라인에서 특강을 열고 있다. 예고편으로는 전할 수 없는 배경지식을 10분 안팎의 흥미로운 인터넷 강의에 실어서 전달하는 것이다. 영화로 들어가는 문턱을 낮춰 주는 전략이다. 특히 역사물이나 공상 과학 영화의 경우 영화를 재미있게 보려면 이러한 사전 교육이 도움이 된다. 인터넷 강의를 채택한 영화들이 줄줄이 흥행하면서 이젠 경제, 스포츠, 의상, 요리 등으로 그 폭이 넓어지고 있다.

① 인터넷 강의의 주제는 한정적이다.
② 소수의 영화사가 인터넷 강의를 하고 있다.
③ 영화를 관람하면 내용과 관련된 강의를 들을 수 있다.
④ 개봉 전 인터넷 강의로 관객몰이에 성공한 영화가 많다.

※ [35~38] 다음 글의 주제로 가장 알맞은 것을 고르십시오. (각 2점)

35.

'외국어 사용 실태' 조사 결과 중고생 65%가 외국어를 습관적으로 자주 사용하는 것으로 나타났다. '적게 사용한다'는 단 4%에 불과해 상당수 학생들이 외국어 불감증을 겪고 있는 것으로 드러났다. 외국어를 주로 언제 사용하는지 묻는 질문에는 과반수 이상이 '친구들과 대화에서'라고 대답했다. 한글보다 외국어를 더 많이 접하는 경우는 '대중가요 가사', '문자', '온라인 게임' 순이었다. 이에 대해 한글 고유의 표현을 자주 활용해 우리말을 지키려는 노력이 절실하다는 목소리가 커지고 있다.

① 중고생들은 외국어로 대화하는 것이 편하다.
② 외국어 남용 습관은 어제 오늘의 일이 아니다.
③ 교우 관계를 유지하기 위해서는 외국어가 필요하다.
④ 외국어가 중고생들의 언어생활 깊숙이 스며들어 있다.

36.

최근 들어 연예인을 지망하는 청소년들이 크게 증가하면서 연예인이라는 직업의 실체를 제대로 이해시키는 것이 더욱 중요한 의미를 갖게 되었다. 94.8%의 연예인들이 생계 유지에 큰 어려움을 겪고 있으며 퇴직금이나 국민연금 등 노후 대책이 없다. 상당수의 연예인들이 비난을 받음에도 불구하고 생계 때문에 겹치기 출연도 불사한다. 연예인들을 시청률을 높이기 위한 수단으로 생각하는 방송사의 눈치도 봐야 하고 언제 인기가 추락할지 몰라 심한 불안감에 시달리는 것이 현실이다. 화려한 모습이 다는 아닌 것이다.

① 연예인 지망생이 증가하고 있다.
② 연예인의 실상은 겉보기와 다르다.
③ 연예인이 되는 길은 멀고도 험난하다.
④ 생계가 곤란한 연예인들이 상당히 많다.

37.

신종 독감에 감염될까 두려워 인터넷으로 장을 보는 소비자가 늘었다. 인터넷 쇼핑몰 관계자의 말에 따르면 가공식품과 즉석식품의 판매가 첫 감염자 발생 전보다 3배나 늘었다고 한다. 외식을 자제하고 집에서 끼니를 해결하려는 경향도 보여 배달 음식 판매가 37% 증가했다. 신종 독감 공포에 학교와 기업들의 체험 행사와 수련회들도 대부분 연기됐고 주가가 사흘 내내 떨어지는 등 주식 시장도 흔들리고 있다. 하지만 전문가들은 신종 독감으로 인한 충격이 경제에 장기적으로 영향을 미치지는 않을 것으로 보고 있다.

① 신종 독감으로 인해 인터넷 쇼핑이 증가하고 있다.
② 소비자들이 사람이 많이 모이는 곳에 발길을 끊고 있다.
③ 신종 독감에 대한 두려움이 주식 시장에까지 확산되었다.
④ 신종 독감에 대한 공포가 소비 생활에 영향을 미치고 있다.

38.

불황이 장기화되면서 부동산 시세가 폭락하고 초저금리 시대가 열리자 중·장년층이 미술품으로 관심을 돌리고 있다. 하지만 왠지 미술품 투자는 여유 자금이 아주 많은 사람만 할 수 있는 것이라는 생각에 투자를 망설이는 것도 사실이다. 이럴 때는 젊은 작가들의 작품에 관심을 가져 볼 것을 추천한다. 개성이 강한 신진 작가의 작품에 투자하면 10년쯤 후에는 상당한 수익을 기대할 수 있다. 그러기 위해서는 작가의 개성을 파악할 수 있는 안목을 기르고 장기적으로 미술품에 투자하는 자세가 필요하다.

① 미술품에 투자할 때 신진 작가의 작품도 고려해 볼 만하다.
② 고가의 작품에 주목하기보다는 검증된 미술품에 관심을 가져야 한다.
③ 잘 알려진 중견 작가들보다 신진 작가들의 작품 가격이 주로 오를 것이다.
④ 은행 금리가 낮아지면서 미술품 투자 시장이 매력적인 투자처로 떠오르고 있다.

※ [39~41] 다음 글에서 〈보기〉의 문장이 들어가기에 가장 알맞은 곳을 고르십시오. (각 2점)

39.

과학계에 '크라우드 펀딩' 바람이 불고 있다. '크라우드 펀딩'이란 자금이 없는 예술가나 사회 활동가, 벤처 기업 등이 전문 투자가가 아닌 다수의 일반인들을 대상으로 자금을 모집하는 것을 말한다. (㉠) 크라우드 펀딩이 과학 연구로 확대된 것은 정부 연구비가 줄어들고 있기 때문이다. (㉡) 과학자들은 연구비를 마련할 새로운 길이 열렸다고 반기고 있다. (㉢) 하지만 대중의 관심을 끌 만한 선정적 연구들만 늘어난다는 우려도 나오고 있다. (㉣)

〈보기〉 특히 아무도 해 보지 못한 모험적 연구라면 연구비를 지원 받기가 하늘의 별 따기이다.

① ㉠　② ㉡　③ ㉢　④ ㉣

40.

해외여행 성수기에는 공항에서 출국 수속이 지체되기 일쑤이다. (㉠) 거기에는 여러 항공사들이 입주해 서울역에서 인천공항역까지 바로 가는 직통열차 이용객을 대상으로 탑승 수속, 수하물 탁송 서비스를 제공한다. (㉡) 이곳 출입국 관리 사무소에서는 출국 심사를 해 준다. (㉢) 모든 출국 수속이 10여 분이면 완료되는 데다가 인천공항 도착 후 전용 출구로 신속하게 입장하는 편리함도 있다. (㉣) 또한 국내에서 가장 저렴한 수수료를 자랑하는 환전소가 있어 여행객들의 이용이 잦다.

〈보기〉 거듭되는 줄서기를 피하려면 공항 철도 서울역 도심 공항 터미널을 이용하는 게 좋다.

① ㉠ ② ㉡ ③ ㉢ ④ ㉣

41.

목사, 신부, 스님이 한자리에 모여 신앙, 죽음 등 근원적인 고민부터 돈, 외모, 성 등에 대해서까지 나누었던 대화가 책으로 엮여 나왔다. (㉠) 이들의 대화에는 성역이 없다. (㉡) 가볍게 읽히는 책이지만 자격 미달인 성직자들과 종교계의 비리에 대해서 거침없이 비판한다. (㉢) 또한 동성애나 혼전 동거와 같은 예민한 문제에 대해서도 속마음을 드러내 보인다. (㉣) 내 종교만이 옳다며 다른 종교를 배타적으로 바라보는 이들에게 이 책 '신들의 정상 회담'은 결국 종교도 사람을 위한 것이라는 사실을 깨닫게 해 준다.

〈보기〉 한편 세 사람의 대화에서 상대의 종교를 인정하는 자세도 배울 수 있다.

① ㉠ ② ㉡ ③ ㉢ ④ ㉣

※ [42~43] 다음을 읽고 물음에 답하십시오. (각 2점)

"169요! 다음!" 전교생이 함께 간 건강 검진 지정 병원에서 건조하게 내뱉는 간호사의 말에 그럴 리가 없다고 마음속으로 계속 되뇌었다. 내 키는 늘 170cm라고 생각했는데 169cm라니……. 형 때문이다. 형한테 꿀밤을 하도 많이 맞아서 머리가 납작해지는 바람에 키가 1cm 줄어든 것일 게다. 아니 그보다 멋진 복근을 만든답시고 어제부터 시작한 윗몸 일으키기 때문이다. 배가 당겨 똑바로 서 있기도 힘든 탓에 1cm가 줄어든 것이리라. 그래, 나는 빈번한 폭행과 과도한 윗몸 일으키기의 후유증으로 169cm가 되었을 뿐, 진짜 내 키는 170cm인 것이다. (중략)

좀 작으면 어떠랴! 작은 고추가 더 맵다는 말도 있지 않나? 찾아보면 감사할 일은 또 얼마나 많은가? 버스 천장에 머리 부딪칠 일도 없다. 선생님이나 선배들은 덩치 큰 놈들에게만 힘든 일을 시키니 몸 고달플 일이 없다. 침대에서는 가로·세로 양방향으로 다 잘 수도 있고, 고도가 낮으니 벼락 맞아 죽을 확률도 적다. 얼마나 큰 축복인가? 어떤 이들은 키높이 신발이나 깔창에 의지해 공포의 160cm대로 추락하는 걸 피하기도 한다지만 나는 거부하리라. 신발을 벗는 순간 키높이 신발과 깔창이 선사해 준 환상이 산산조각 날 테니까 말이다.

42. 밑줄 친 부분에 나타난 나의 심정으로 알맞은 것을 고르십시오.

① 담담하다　　② 안도하다　　③ 원망하다　　④ 허탈하다

43. 이 글의 내용과 같은 것을 고르십시오.

① 나는 형에게 맞아서 병원에 갔다.
② 간호사는 내 상황을 안타까워했다.
③ 나는 멋있는 몸을 만들려고 운동을 시작했다.
④ 나는 키가 작은 것을 감추기 위해서 키높이 신발을 신고 있다.

※ [44~45] 다음을 읽고 물음에 답하십시오. (각 2점)

내년부터 어린이용품에 대해 환경 유해 인자 표시 제도가 도입된다. 환경부는 이에 대비해 어린이용품 제조 업체가 환경 안전 관리를 스스로 강화할 수 있도록 이들 업체를 지원한다고 밝혔다. 어린이용품 환경 유해 인자 표시 제도는 대표적인 환경 유해 인자 4종의 함유 여부 및 함유량을 제품에 표시하도록 의무화하는 제도이다. 대부분 소규모 기업인 어린이용품 제조 업체는 (   ) 정보·전문성 부족과 비용 부담 등의 이유로 유해 물질 관리를 못하는 실정이다. 이에 따라 환경부는 올해 45개사를 선정해 생산 전 과정에 걸쳐 유해 물질을 낮출 수 있게 기업별 맞춤 지원과 사후 관리를 책임진다. 환경부는 참여하는 기업에게 환경성 진단과 개선을 통해 환경 마크 인증을 받도록 하고 실적이 우수한 기업에게는 홍보와 포상을 할 예정이다.

44. 이 글의 주제로 알맞은 것을 고르십시오.

① 내년부터 어린이용품에서 유해 물질이 사라진다.
② 어린이용품 환경 유해 인자 함유량 표시가 의무화된다.
③ 환경부가 어린이용품 제조 업체의 환경 안전 관리를 지원한다.
④ 환경부는 환경 안전 관리를 강화한 기업에게 포상을 할 계획이다.

45. (   )에 들어갈 내용으로 알맞은 것을 고르십시오.

① 환경 유해 물질을 사전에 차단했지만
② 환경 유해 물질 관리 시설을 가동하지만
③ 환경부의 환경 안전 관리 지원을 받지만
④ 환경 유해 물질 관리의 필요성을 느끼고는 있지만

※ [46~47] 다음을 읽고 물음에 답하십시오. (각 2점)

서울시는 다문화 가족·외국인 자녀의 대학 진학을 돕는 '대학 입시 설명회'를 개최한다고 밝혔다. (㉠) 이번 입시 설명회는 상대적으로 낮은 진학률을 보이는 다문화 가족 자녀의 대학 진학을 지원하고 다문화 가정과 일반 가정의 교육 정보 격차로 대학 입시에서 소외되지 않도록 하자는 취지로 마련됐다. (㉡) 현재 서울시 거주 다문화 가족 자녀는 최근 7년간 500%이상 증가해 무려 3만 226명에 이른다. (㉢) 그나마 '자녀 세대 성장 지원'에 있어서도 미취학 아동에 한정된 경우가 대부분으로, 중도 입국·청소년기 다문화 가족 자녀에 대한 교육 분야 지원은 현재까지 매우 부족한 게 현실이다. (㉣) 그러므로 이 설명회가 다문화 가족 자녀의 대학 진학의 좁은 문을 활짝 열어 주는 계기가 될 수 있을 것이다.

46. 다음 문장이 들어가기에 가장 알맞은 곳을 고르십시오.

〈보기〉 그럼에도 불구하고 기존의 다문화 가족 지원 정책은 '결혼 이민자 초기 적응'에 편중되어 왔다.

① ㉠　　② ㉡　　③ ㉢　　④ ㉣

47. 이 글의 내용과 같은 것을 고르십시오.

① 다문화 가족은 7년 동안 500% 증가했다.
② 입시 정보 부족이 대학 입시에서 소외되는 원인이 될 수도 있다.
③ 초등학교 입학 전 다문화 가족 자녀들은 교육 지원을 받지 못했다.
④ 다문화 가족 자녀들은 학교생활 부적응으로 낮은 진학률을 보이고 있다.

※ [48~50] 다음을 읽고 물음에 답하십시오. (각 2점)

인간은 본능적으로 호전적이며 공격적 성향이 있기 때문에 스포츠 경기에서의 승리를 위해, 명예를 얻기 위해, 복수를 위해 전쟁은 피치 못하게 일어나기 마련이라고 주장하는 이들이 있다. 그런데 이러한 비이성적이고 비합리적인 이유로 전쟁이 일어난다면 인류는 전쟁으로 말미암아 벌써 멸망하고 말았을 것이다. 역사에 기록된 크고 작은 전쟁의 원인을 분석해 보면 무역로를 개척하기 위해서라든지, 천연자원이나 값싼 노동력을 얻기 위해서라든지, 국내외 정치적 위기 상황을 타파하기 위해서 등등과 같은 (　　　　　) 조건들과 관계가 있음을 알 수 있다. 즉 전쟁이란, 문제를 해결하고 불리한 상황에 적응하기 위한 전략의 한 부분이라는 결론에 도달하게 된다. 그러므로 전쟁은 국가 간의 합리적인 이해득실의 균형이 깨질 때 일어난다. 전쟁을 일으켜 득보다 실이 더 많음을 분명히 인식한다면 어느 나라도 문제 해결의 수단으로 전쟁을 선택하지는 않을 것이다. 따라서 진지한 외교적 접근과 협상이 전제된다면 전쟁을 방지할 수 있을 것이다.

48. 필자가 이 글을 쓴 목적을 고르십시오.

① 전쟁에 대한 경각심을 높이기 위하여
② 전쟁의 원인과 방지책을 알리기 위하여
③ 인류의 비이성적 본능을 고발하기 위하여
④ 전쟁을 일으킨 국가들에 대한 유감을 표현하기 위하여

49. (　　　)에 들어갈 내용으로 알맞은 것을 고르십시오.

① 본능적이고 감정적인
② 군사적이고 사상적인
③ 실제적이고 현실적인
④ 반인류적이고 반문명적인

50. 밑줄 친 부분에 나타난 필자의 태도로 알맞은 것을 고르십시오.

① 인류의 종말을 경고하고 있다.
② 전쟁의 불가피성을 설명하고 있다.
③ 전쟁의 원인을 심리학적으로 진단하고 있다.
④ 앞에서 언급한 이론의 문제점을 지적하고 있다.

※ [1~2] (   )에 들어갈 가장 알맞은 것을 고르십시오. (각 2점)

1. 동생이 밤 12 시가 (   ) 집에 들어오지 않았다.

① 되고는　② 되도록　③ 되지만　④ 되자마자

2. 모두들 (   ) 이 건물이 한국에서 가장 높은 건물이다.

① 알거나　② 알고도　③ 알려면　④ 알다시피

※ [3~4] 다음 밑줄 친 부분과 의미가 비슷한 것을 고르십시오. (각 2점)

3. 갑자기 운동을 많이 하면 몸에 이상이 생기기 십상이다.

① 생기기 쉽다　② 생길 뿐이다　③ 생기지 않는다　④ 생길 리가 없다

4. 그런 새로운 경험도 한 번쯤은 해 볼 만하다.

① 해 봤으면 좋겠다　② 해 볼 가치가 있다　③ 해 볼 수밖에 없다　④ 해 봐서는 안 된다

※ [5~8] 다음은 무엇에 대한 글인지 고르십시오. (각 2점)

5.

다림질이 필요 없다.
안 입은 것처럼 가볍다.

① 옷　② 다리미　③ 선풍기　④ 운동화

6.

최신 곡부터 추억의 노래까지.
번호만 누르면 당신도 가수!

① 노래방　② 박물관　③ 방송국　④ 여행사

7.

지하철은 우리 모두의 자산입니다.
화가의 꿈은 종이에 펼치세요.

① 낙서 금지 ② 출입 금지 ③ 통행금지 ④ 사진 촬영 금지

8.

저희 업소에서는 백 퍼센트 국내산만 사용합니다.
반찬에 사용되는 채소류는 직접 기른 것을 사용합니다.

① 사용 방법 ② 재료 안내 ③ 제품 설명 ④ 주의 사항

※ [9~12] 다음 글 또는 도표의 내용과 같은 것을 고르십시오. (각 2점)

9.

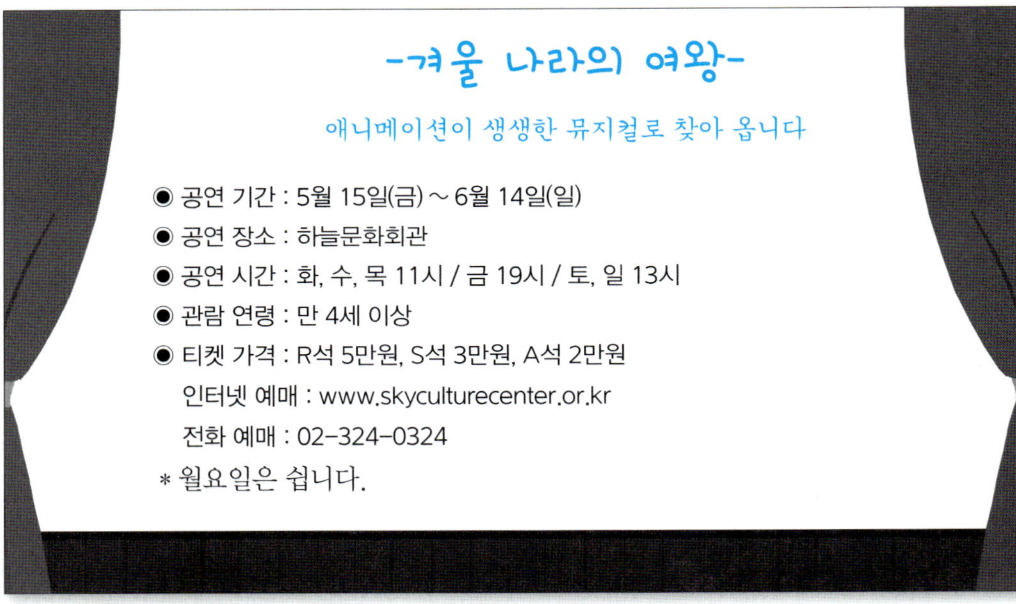

① 일주일 내내 공연을 관람할 수 있다.
② 티켓은 인터넷으로만 예매가 가능하다.
③ 뮤지컬을 애니메이션으로도 만들 예정이다.
④ 관람을 하려면 일정한 나이 이상이어야 한다.

10.

[스마트폰 중독률]

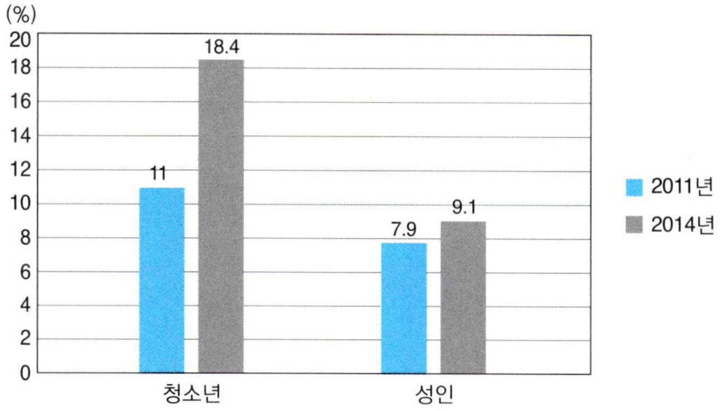

① 3년 사이에 스마트폰에 중독된 성인이 두 배 정도 많아졌다.
② 전체적으로 성인이 청소년보다 스마트폰에 더 많이 중독되었다.
③ 2014년의 스마트폰 중독 비율은 청소년이 성인의 두 배 이상이다.
④ 청소년과 성인 사이의 중독 비율의 차이는 2014년보다 2011년에 더 크다.

11.

연수 해수욕장에서는 토요일과 일요일 오후 두 시부터 네 시까지 새로운 볼거리를 무료로 제공한다. 동상처럼 꾸민 예술가들이 사람들이 관심을 보이면 갑자기 몸을 움직여 깜짝 놀라게 하는 공연이다. 이 공연은 지역 주민뿐 아니라 외국인 관광객들에게도 즐거움을 선사하고 있다. 연수구에서는 5월 한 달간 공연을 한 후 사람들의 반응에 따라 공연 기간을 더 늘릴지 여부를 결정한다고 밝혔다.

① 공연을 보려면 돈을 내야 한다.
② 평일에 두 시간 정도 공연을 볼 수 있다.
③ 일반 사람들이 동상처럼 꾸미고 공연을 한다.
④ 사람들이 공연을 좋아하면 공연 기간이 길어질 수 있다.

12.

최근 야외 활동이 많아지면서 전투 식량이 인기를 끌고 있다. 원래 전투 식량은 군인들이 간편하게 먹을 수 있도록 개발된 음식이다. 시중에서 판매되는 전투 식량은 군인용과 먹는 방법은 같지만 내용 구성은 다른 제품이다. 연예인들의 군대 체험을 보여 주는 텔레비전 프로그램 덕분에 인기를 끌게 된 전투 식량은 다양한 종류가 출시되면서 야외 활동을 즐기는 사람들에게 더 큰 인기를 끌 것으로 보인다.

① 전투 식량에 대한 인기는 앞으로 더 높아질 것이다.
② 전투 식량은 군인들이 간단하게 요리할 수 있는 음식이다.
③ 군대의 전투 식량과 시중의 전투 식량은 차이가 거의 없다.
④ 전투 식량은 군대 체험을 하는 사람들에게 인기를 끌고 있다.

※ [13~15] 다음을 순서대로 맞게 배열한 것을 고르십시오. (각 2점)

13.

(가) 낮잠은 남은 하루를 더 효과적으로 보내도록 도움을 준다.
(나) 카페인의 각성 효과는 마신 후 20분쯤 후에 나타나기 때문이다.
(다) 전문가들은 15분에서 20분 간이 가장 좋은 낮잠 시간이라고 한다.
(라) 자고 나도 정신이 맑아지지 않는 사람들은 자기 직전에 커피를 마시는 것이 좋다.

① (가) - (다) - (나) - (라)　　② (가) - (다) - (라) - (나)
③ (다) - (가) - (나) - (라)　　④ (다) - (라) - (가) - (나)

14.

(가) 이 회사에서는 의도적으로 충분한 물량을 생산하지 않는다.
(나) 좋은 예가 최근 인기를 끌고 있는 한 식품 회사의 감자칩이다.
(다) 제품을 구하기 어려우면 소비자들이 더 간절히 원한다는 사실을 알기 때문이다.
(라) 소비자를 배고프게 만들어 더 강렬히 원하도록 하는 것도 마케팅의 한 방법이다.

① (가) - (나) - (다) - (라)　　② (가) - (라) - (다) - (나)
③ (라) - (가) - (나) - (다)　　④ (라) - (나) - (가) - (다)

15.

(가) 요즘 복잡한 기능을 없앤 세탁기의 판매가 급증하고 있다.
(나) 이는 간소화 상품으로 눈을 돌리는 소비자가 많아졌음을 보여 준다.
(다) 전문가들은 최근 계속된 불황이 간소화 상품에 대한 인기로 이어진 것으로 풀이한다.
(라) 간소화 상품이란 불필요한 기능을 없애고 중요한 기능만 남겨 가격을 낮춘 제품을 말한다.

① (가) - (나) - (라) - (다)
② (가) - (라) - (다) - (나)
③ (라) - (가) - (다) - (나)
④ (라) - (나) - (가) - (다)

※ [16~18] 다음을 읽고 (　　　)에 들어갈 내용으로 가장 알맞은 것을 고르십시오. (각 2점)

16.

(　　　　　　)에 따라 통증의 정도는 달라진다. 한 예로 전쟁으로 다친 군인들은 25%만 진통제를 달라고 했으나 같은 상처를 입은 일반인들은 80% 이상이 진통제를 요구했다. 일반인은 부상이 심해질 것을 염려하는 반면 군인들은 당분간 전쟁에서 싸워야 한다는 불안감이 없으므로 고통을 덜 느끼는 것이다.

① 어떤 상황에서 다쳤냐
② 얼마나 심하게 다쳤냐
③ 심리적으로 얼마나 불안하냐
④ 다친 사람의 직업이 무엇이냐

17.

사고나 공사와 같이 막힐 이유가 없는데도 고속 도로가 막히는 경우를 과학자들은 '유령 체증'이라고 부른다. 유령 체증은 운전자 한 명이 무심코 차로를 바꾸며 시작된다. 운전자가 차로를 바꾸면 뒤차 운전자가 브레이크를 밟는다. 이때 시간의 지체가 발생한다. 이러한 시간의 지체는 그 뒤에도 연속적으로 발생하여 결국 (　　　　　　) 교통 체증으로 이어지게 된다.

① 운전자들의 실수로 인한
② 특별한 이유 없이 발생하는
③ 사고나 공사 때문에 발생하는
④ 과학자들이 이유를 알기 어려운

18.

한 설문에서 자신은 지금보다 두 배 많이 벌고 다른 사람들은 그 반을 버는 것과 자신은 지금보다 네 배 많이 벌고 다른 사람들은 그 두 배를 더 버는 것 중 하나를 선택하게 했다. 그 결과 ( ). 이는 소득의 절대적 증가가 행복의 조건이 아님을 시사한다. 돈을 많이 벌어도 다른 사람이 나보다 잘 살면 대부분 행복을 느끼지 못하는 것이다.

① 사람들은 대답을 잘 하지 못했다
② 대부분의 사람들은 앞의 상황을 선호했다
③ 대부분 지금보다 돈을 더 많이 버는 쪽을 선택했다
④ 앞 상황이 좋다는 사람과 뒤 상황이 좋다는 사람 수가 비슷했다

※ [19~20] 다음을 읽고 물음에 답하십시오. (각 2점)

농장에서 기르는 바나나는 전염병에 약하다. 줄기, 잎, 가지 등을 잘라 다시 심는 복제 방법으로 기르기 때문이다. 복제된 바나나는 야생 바나나보다 유전자의 다양성이 떨어진다. 결국 질병이 유행하면 유전자가 비슷한 모든 바나나들이 똑같이 그 질병에 걸리게 된다. ( ) 농장에서는 바나나를 촘촘히 심기 때문에 전염병에 더 취약하다.

19. ( )에 들어갈 알맞은 것을 고르십시오.

① 또는 ② 더구나 ③ 따라서 ④ 그런데도

20. 이 글의 내용과 같은 것을 고르십시오.

① 농장 바나나는 유전자가 매우 다양하다.
② 전염병을 이기려면 유전자가 다양한 것이 좋다.
③ 농장에서는 바나나 나무들 사이에 공간적 여유가 있다.
④ 바나나가 전염병에 걸리면 줄기, 잎, 가지 등을 잘라 버린다.

※ [21～22] 다음을 읽고 물음에 답하십시오. (각 2점)

아이에게 사탕을 주며 지금 먹으면 한 개, 선생님이 돌아올 때까지 안 먹고 참으면 두 개를 먹을 수 있다고 한 후 아이들을 관찰하는 실험을 했다. 이때 참은 아이들은 15년 후 학업, 사회 적응력 등에서 훌륭한 성과를 보였다. ( ) 옛말이 새삼 입증되는 듯싶었다. 그런데 좀 더 조사해 보니 잘 참은 아이들은 대개 약속을 잘 지키는 부모나 선생님을 보면서 자란 아이들이었다. 미래를 위해 인내하고 절제하는 능력을 가진 아이들 뒤에는 신뢰할 수 있는 어른들이 있었던 것이다.

21. ( )에 들어갈 알맞은 것을 고르십시오.

① 믿는 도끼에 발등 찍힌다는
② 고래 싸움에 새우 등 터진다는
③ 잘 자랄 나무는 떡잎부터 알아본다는
④ 열 길 물 속은 알아도 한 길 사람 속은 모른다는

22. 이 글의 중심 생각을 고르십시오.

① 사람의 성향은 어렸을 때부터 관찰할 수 있다.
② 절제할 줄 아는 아이들이 성공할 가능성이 높다.
③ 어렸을 때 절제하지 못한 아이도 연습을 통해 성격을 바꿀 수 있다.
④ 약속을 잘 지키는 어른을 보고 자란 아이는 절제 능력을 가질 가능성이 높다.

※ [23~24] 다음을 읽고 물음에 답하십시오. (각 2점)

어느 날 아버지가 아는 분한테 새끼 강아지 한 마리를 얻어 음료수 박스에 조심스레 넣어 오셨다. 언니와 나는 흥분을 감추지 못했다. 이름은 샘물. 박스에 적힌 음료수 이름을 그대로 부르기로 했다. 샘물이는 밤이면 엄마가 그리운지 끙끙 울어 댔다. 언니랑 나는 그런 샘물이가 가여워서 더 살뜰히 보살폈다. 몇 달이 지난 어느 날 친구와 놀다가 들어와 보니 언니가 방바닥에 앉아 큰소리로 울고 있었다. 사촌 동생이 놀러 왔다가 대문을 열어 놓는 바람에 샘물이가 나가 버린 거다. 우리 자매는 하도 울어서 일주일을 퉁퉁 부은 눈으로 다녔다. 사촌 동생은 착한 아이였고 미안해하는 마음이 어린 내 눈에도 보였다. 하지만 나는 한동안 사촌 동생만 보면 뒤통수를 때려 주고 싶었다.

23. 밑줄 친 부분에 나타난 나의 심정으로 알맞은 것을 고르십시오.

① 답답하다
② 섭섭하다
③ 원망스럽다
④ 불만족스럽다

24. 이 글의 내용과 같은 것을 고르십시오.

① 언니와 나는 강아지를 보고 처음에 좀 무서워했다.
② 강아지가 불쌍해서 언니와 나는 더 열심히 돌봤다.
③ 아버지가 음료수와 함께 강아지를 사 가지고 오셨다.
④ 사촌 동생이 강아지를 데리고 나갔다가 강아지를 잃어버렸다.

※ [25~27] 다음은 신문 기사의 제목입니다. 가장 잘 설명한 것을 고르십시오. (각 2점)

25. 때 이른 더위에 냉방용품 날개 달아

① 더위가 일찍 찾아와 냉방용품이 잘 팔린다.
② 여름 기온이 낮아져 냉방용품 판매가 떨어졌다.
③ 해마다 더워지면서 냉방용품의 기능이 좋아진다.
④ 올 여름 냉방용품들의 디자인이 고급스러워졌다.

26. 바늘구멍 꿈의 직장, 약간 넓어졌네요.

① 인기가 좋은 직장을 찾기가 어렵다.
② 들어가기 힘들던 직장이 들어가기가 조금 쉬워졌다.
③ 바늘을 만드는 회사가 구직자들에게 인기가 아주 좋다.
④ 모두가 들어가고 싶어하는 회사의 입사 경쟁률이 높아졌다.

27. 이름은 그대로, 옷은 새 옷으로, 장수 제품의 변화

① 장수하는 사람들은 새 옷을 즐겨 입는다.
② 오래 인기를 끌던 제품들의 이름이 바뀐다.
③ 오랜 기간 판매되던 제품들의 포장이 달라진다.
④ 장수 제품을 만드는 회사 직원들이 새 유니폼을 입는다.

※ [28~31] 다음을 읽고 ( ) 에 들어갈 내용으로 가장 알맞은 것을 고르십시오. (각 2점)

28. 얼마 전 한 인기 가수가 '생각한 대로 살지 않으면 사는 대로 생각하게 된다'며 채식주의를 실천하기 시작했다. 우리는 보통 생각에 따라 행동을 하게 된다고 믿는다. 그러나 인기 가수의 말은 ( ) 일깨워 준다. 사실 생각과 행동 중 무엇이 원인이고 무엇이 결과냐에 대한 물음에는 정답이 없다. 중요한 것은 머릿속의 생각을 실천하지 않고 되는 대로 산다면 그러한 삶이 우리의 사고까지 바꿀 수도 있다는 사실이다.

① 생각의 힘이 얼마나 강력한지를
② 무엇이 먼저이고 무엇이 나중인지를
③ 생각과 행동의 관계가 매우 복잡함을
④ 행동이 생각을 지배할 가능성도 있음을

29.

담뱃갑의 경고 그림을 의무화하는 법안이 곧 통과될 전망이다. 이를 앞두고 발 빠른 업체들은 담뱃갑의 충격적인 경고 그림을 감추기 위한 담배 지갑을 시장에 내놓았다. 그러나 그림이 지나친 공포감을 주면 안 된다는 조건이 붙어 (　　　　　　). '지나친 공포감'의 기준은 주관적이므로 담배 회사에서 이를 악용해 그림의 수위를 높이지 않는다면 사람들은 그림을 감출 필요를 못 느낄 수도 있기 때문이다.

① 담배 회사만 법안을 지지하고 있다
② 담배 지갑이 잘 팔릴지는 의문이다
③ 흡연율을 줄이는 효과는 약할 것이다
④ 비흡연자들이 법안의 배경을 의심하고 있다

30.

가을철 단풍 색을 내는 색소 안토시아닌은 나뭇잎 속의 당분끼리 결합해 만들어진다. 따라서 당분이 많을수록 아름다운 붉은 빛을 낸다. 잎 속에 당분이 많아지기 위해서는 밤 동안 기온이 떨어져야 한다. 그런데 지구 온난화로 밤 최저 기온이 매년 조금씩 오르고 있다. 밤 기온이 높아지면 나무는 호흡을 통해서 당을 많이 소비하게 되므로 안토시아닌이 적게 만들어지고 결과적으로 앞으로는 (　　　　　　).

① 밤에 점차 더 더워지게 된다
② 나뭇잎이 점차 약해지게 된다
③ 점점 선명하게 붉은 단풍을 보기 어렵게 된다
④ 나무들이 더 많은 양의 물을 필요로 하게 된다

31.

현대인은 디지털 기기 덕분에 편리함을 누리지만 부작용도 적지 않다. 그중 하나가 디지털 치매이다. 스마트폰이 유행하기 전, 사람들은 더 많은 것을 스스로 기억해 냈다. 그러나 사람들이 스마트폰에 의존하면서 (　　　　　　). 그 결과 기억 능력이 전반적으로 퇴화되었다. 이 시대에 스마트폰을 끊고 살 수는 없지만 디지털 기기의 중독에서 벗어나려는 노력도 어느 정도 필요하겠다.

① 기억을 위해 뇌를 사용하는 과정이 줄었다
② 수많은 정보를 손쉽게 접할 수 있게 되었다
③ 기억하기 위해 낭비하는 시간이 훨씬 줄었다
④ 시각 및 청각 등의 감각 기관의 기능이 떨어졌다

※ [32~34] 다음을 읽고 내용이 같은 것을 고르십시오. (각 2점)

32.

최근에는 저녁에 운동하는 사람이 많아졌다. 공기 중에 있는 오염 물질이 밤새 쌓여서 아침 운동은 몸에 해로운 것으로 알려져 있기 때문이다. 그러나 연중 오염 농도를 분석해 보니 결과는 반대였다. 미세 먼지 농도는 전국 평균을 분석한 결과 이른 아침 시간이 가장 낮았고 출근 시간대가 지난 오전에 최고 수준으로 올라갔다. 대도시의 경우 퇴근 시간대 농도가 급증해 밤 10시 무렵이 하루 중 가장 높았다.

① 대기 중 먼지가 가장 적은 시간대는 이른 아침이었다.
② 대도시에서는 밤 10시 정도에 운동하는 사람이 가장 많다.
③ 밤새 쌓인 오염 물질들 때문에 아침에 운동하는 것은 해롭다.
④ 아침에 시간적 여유가 없어 저녁에 운동하는 사람이 많아졌다.

33.

지난 월드컵에서 사용된 응원 도구는 소음 논란이 컸다. 이번 월드컵 주최국에서는 아프리카의 전통 악기를 변형시킨 응원 도구를 만들었다. 이 도구가 내는 소리는 모든 소리 성분이 다 섞여 있는 '백색음'을 낸다. 백색음은 빗소리나 바람 소리와 같은 자연의 소리에 가까워 안정감을 준다. 그런데 국제 축구 연맹에서는 이 응원 도구의 축구장 반입을 금지했다. 프로 경기에서 관객들이 이 도구를 경기장에 집어던진 전력을 문제 삼은 것이다.

① 이번 응원 도구는 프로 경기에서 사용된 적이 있다.
② 모든 소리가 다 섞이면 아무 소리도 나지 않게 된다.
③ 이번 응원 도구는 소음 때문에 경기장 반입이 금지됐다.
④ 이번 월드컵 응원 도구는 지난 월드컵 응원 도구를 변형시킨 것이다.

34.

여름에 비가 많이 내리면 도로가 여기저기 파이는데 이를 '포트홀'이라고 한다. 이로 인해 타이어가 망가지거나 교통사고가 나는 등 차량에 피해가 자주 발생한다. 포트홀은 도로 표면의 틈 사이로 물이 들어가 내부가 약해지고 약해진 아스팔트가 차량의 무게를 견디지 못해 생긴다. 통계에 의하면 2000년대 이후 포트홀의 수가 급증한 것으로 나타난다. 전문가들은 이를 원유의 정제 기술이 좋아져 부산물인 아스팔트의 질이 떨어졌기 때문인 것으로 분석한다.

① 포트홀은 아스팔트 질의 저하로 인해 급증했다.
② 여름에는 높은 온도로 아스팔트 도로가 여기저기 파인다.
③ 기름을 정제하는 기술이 좋아지면서 아스팔트 질도 좋아졌다.
④ 비가 많이 오는 여름에는 빗길 미끄러짐으로 차량 사고가 많아진다.

※ [35~38] 다음 글의 주제로 가장 알맞은 것을 고르십시오. (각 2점)

35.

농사를 지을 때 작물의 성장을 방해하는 것으로 인식되어 왔던 잡초가 오히려 작물의 성장에 도움이 된다는 것이 알려져 잡초에 대한 인식이 달라지고 있다. 특정 잡초는 뿌리 구조가 발달되어 있어 땅 깊숙이 뿌리를 내리고 땅으로부터 영양분을 끌어낸다. 따라서 영양분 있는 땅을 만들고 그 땅에서 자라는 작물의 성장에도 도움을 준다. 이러한 잡초의 효능이 알려지면서 잡초의 적절한 관리법에 대해 관심을 갖는 농사꾼들이 늘고 있다.

① 잡초는 작물의 성장과 밀접한 관련이 있다.
② 잡초는 작물의 성장을 방해하므로 제거해야 한다.
③ 잡초는 오래 전부터 작물의 성장에 도움이 되었다.
④ 잡초의 긍정적 역할이 알려져 점차 농민들의 관심을 받고 있다.

36.

최근 성별 연령별 텔레비전 시청 유형을 조사한 결과 흥미로운 사실이 발견되었다. 중·장년층 남성들의 시청률 상위 10위 안에 드라마가 다섯 개나 포함돼 있다는 점이다. 10년 전과 비교하면 드라마 비중도 높아졌고 장르도 전통적으로 여성이 선호했던 가족 드라마가 대부분이다. 이러한 현상은 왜 나타날까? 전문가들은 가부장주의가 점차 해체되어 가는 현대 사회에서 중·장년층 남성들이 보다 가정적이고 여성화되었기 때문인 것으로 풀이하고 있다.

① 가부장주의의 해체로 남성들이 변하고 있다.
② 현대 사회에서 가장의 권위가 떨어지고 있다.
③ 드라마가 중·장년층 남성들에게 많은 영향을 미친다.
④ 중·장년층에서 여성보다 남성의 드라마 시청률이 높다.

37.

인터넷과 정보 기기의 발달로 날마다 엄청난 양의 자료가 생성되고 수집된다. 이를 분석한 것을 빅데이터라 하는데 많은 기업들이 이를 마케팅에 활용하고 있다. 예를 들어 한 유통 업체에서는 카드 사용 데이터를 분석해 어떤 연령대의 사람들이 언제 어디에서 어떤 종류의 제품을 자주 구매하는지를 파악했다. 이를 토대로 개발한 신제품이 히트 상품이 되었다. 빅데이터는 사람들의 소비 심리까지 파악할 수 있으므로 앞으로 마케팅에 더욱 다양하게 활용될 전망이다.

① 빅데이터를 모든 사람이 사용할 수 있도록 해야 한다.
② 빅데이터는 인터넷과 정보 기기의 발달 덕분에 가능해졌다.
③ 빅데이터는 인간의 심리를 파헤치는 데에 도움을 줄 것이다.
④ 빅데이터가 기업들에 의해 마케팅을 위한 자료로 활용되고 있다.

38.

현대인들은 물질의 풍요와 인터넷의 발달 등에 힘입어 자신의 자유 영역을 최대화하려 한다. 위의 명령을 아래에서 따르는 방식은 이제 현대 사회에 맞지 않는다. 정부도 정책 집행의 방식을 달리해야 한다. 목표하는 변화를 위해서는 국민에게 강요하지 않고 부드럽게 조언하는 '부드러운 개입'의 방식을 채택해야 하는 것이다. 이것이 현대 사회에서 보다 효과적인 정책 집행의 방식이다. 벌금을 물리는 대신 캠페인 등을 통해 선택의 여지를 주면서 변화를 유도하는 것이 그 예가 될 수 있다.

① 정부의 정책 집행 방식은 현대 사회의 변화에 맞춰야 한다.
② 현대 사회에서는 국민들에게 정치 참여를 강요해서는 안 된다.
③ 현대 사회의 특징은 사람들의 자유가 강화되고 확대되었다는 것이다.
④ 현대 사회에서는 효율적 정책 집행을 위해 국민들의 선택의 폭을 제한해야 한다.

※ [39~41] 다음 글에서 〈보기〉의 문장이 들어가기에 가장 알맞은 곳을 고르십시오. (각 2점)

39.

생수나 음료수가 담긴 페트병을 물이나 다른 음료병으로 재사용하는 경우가 많다. (㉠) 그런데 페트병은 입구가 좁아 깨끗이 씻어서 말리기가 어렵다. (㉡) 음료가 담긴 페트병을 개봉하고 상온에 그냥 두었을 경우 차 종류는 2시간 뒤부터, 그리고 생수는 이틀이 지나면 세균이 증식한다. (㉢) 이런 이유로 전문가들은 가급적 페트병은 재사용하지 않는 것이 좋다고 조언한다. (㉣)

〈보기〉 이로 인해 대부분 병 안에 찌꺼기가 남아 있게 되고 병 안에 세균이 증식한다.

① ㉠　　② ㉡　　③ ㉢　　④ ㉣

40.

청년 니트족이 백만 명에 이른다. 니트족이란 직업이 없는데도 취업을 위한 교육이나 훈련도 받지 않는, 즉 취업을 포기한 사람들을 가리킨다. (㉠) 여기에는 여러 번 취업에 실패하고 구직 활동을 포기한 사람도 다수 포함된다. (㉡) 대졸자들이 대기업이나 공기업만 찾으면서 오히려 중소기업들은 구인난을 겪고 있다고 한다. (㉢) 중소기업의 고용 안정성을 높일 필요도 있지만 청년 구직자들도 눈을 낮출 필요가 있겠다. (㉣)

〈보기〉 그러나 자세히 살펴보면 일자리가 없는 것은 아니다.

① ㉠ ② ㉡ ③ ㉢ ④ ㉣

41.

놀이터 설계사 변혜민 씨가 '모험의 나라, 놀이터'를 출간했다. (㉠) 이 책에서 저자는 색다른 주장을 한다. (㉡) 현재의 놀이터는 어딜 가든 획일적이어서 지루해진 아이들은 오히려 놀이 기구를 위험하게 활용한다고 한다. (㉢) 이 책은 놀이터가 흥미로우면서도 위험 요소가 있어야 아이들이 지루함 없이 위험을 극복하는 방법을 배우며 건강하게 자란다는 주장을 통해 놀이터의 의미를 되새길 기회를 제공한다. (㉣)

〈보기〉 놀이터는 창의적이고 동시에 위험해야 한다는 것이다.

① ㉠ ② ㉡ ③ ㉢ ④ ㉣

※ [42~43] 다음을 읽고 물음에 답하십시오. (각 2점)

지금이야 대부분의 중·고등학교에서 남녀 공학이 흔해 빠졌지만 당시로서는 흔하지 않았던 남녀 공학 고등학교에 다녔다는 것이 지금 생각하면 특혜를 누렸다는 생각이 든다. 사실 말이 남녀 공학이지 남학생과 여학생이 각기 다른 교실에서 공부하고 있어 남녀 '병학'이 더 맞는 표현이다. 따라서 당시의 여학교 남학교보다는 좀 사정이 나았지만 요즘의 학교처럼 남학생 여학생이 서로를 격의 없이 대하는 게 아니라 대부분 거리를 두고 내외하는 편이었다. 그러나 나이가 나이인지라 서로에 대한 호기심은 감출 수 없었으며 남녀가 합반을 하는 예체능 시간은 많은 친구들이 목을 빼고 손꼽아 기다리는 시간이었다. 그 중에서도 정점을 찍은 것은 체육 시간이었다. 가끔 체육 시간이 무용 선생님의 포크 댄스 수업으로 대체되곤 했기 때문이다. <u>여학생을 바로 코앞에서 보는 것으로 모자라 그 보들보들한 손을 잡고 한 시간 동안이나 음악에 맞춰 춤을 추다니…….</u> 열심히 뛰고 스텝을 밟고 하느라 땀을 흘리고 나면 비록 몸은 피곤해도 마음만은 상쾌해져야 할 텐데 체육 시간이 끝나면 오히려 머리가 몽롱하고 아득해졌던 기억만 난다.

42. 밑줄 친 부분에 나타난 나의 심정으로 알맞은 것을 고르십시오.

① 마음이 설레다
② 마음이 가라앉다
③ 마음이 느슨해지다
④ 마음이 풍요로워지다

43. 이 글의 내용과 같은 것을 고르십시오.

① 체육 시간에만 여학생들과 합반을 할 수 있었다.
② 내가 고등학교에 다닐 때는 남녀 공학 학교가 드물었다.
③ 당시에는 국가 차원에서 남녀 공학 학교에 많은 특혜를 주었다.
④ 남녀가 한 교실에서 공부했지만 지금처럼 서로 가깝지는 않았다.

※ [44~45] 다음을 읽고 물음에 답하십시오. (각 2점)

착한 밥상, 착한 여행, 착한 소비 등 윤리적 개념이 우리 사회의 경제 행위에 뿌리를 내린 지 오래이다. 이러한 현상을 자본주의와 시장 경제의 원리가 지배하는 사회에 대한 반성에서 나온 것으로 보기도 한다. 그런데 착한 소비에 대한 근본적 동력은 인류가 다 같이 멸망하는 데 대한 두려움으로 볼 수 있다. 착한 소비 운동가들은 효율성만을 위한 축산 환경에서 나온 축산물을 섭취하지 않는 운동을 벌인다. 동물 학대에 가까운 축산 환경은 구제역, 조류 인플루엔자 등의 가축 질병으로 이어진다. 이런 질병이 (   ) 점을 볼 때 윤리적 소비는 결국 인류가 함께 건강한 삶을 살기 위한 깨어 있는 소비, 책임 있는 소비라는 의미를 지니게 된다. 건강한 지구, 더불어 사는 세상 등 착한 소비가 표방하는 문구도 이러한 맥락에서 나온 것이다.

44. 이 글의 주제로 알맞은 것을 고르십시오.

① 윤리적 소비는 오래 전에 시작되었고 점차 범위가 넓어지고 있다.
② 윤리적 소비는 살아 있는 모든 생명체를 중시하는 환경 운동이다.
③ 윤리적 소비는 자본주의의 폐해가 나타난 사회에 대한 반성에서 비롯되었다.
④ 윤리적 소비는 인류가 공멸하지 않고 건강하게 살기 위한 동기에서 시작되었다.

45. (   )에 들어갈 내용으로 알맞은 것을 고르십시오.

① 결국 인류를 위협한다는
② 비도덕적 행위에서 비롯됐다는
③ 동물들에게 치명적인 질병이라는
④ 축산업자들의 소득을 감소시킨다는

※ [46~47] 다음을 읽고 물음에 답하십시오. (각 2점)

사람들은 집단의 규범과 관습에 또는 타인의 반응에 일치하도록 행동한다. 이를 동조 행동이라고 한다. (㉠) 전문가들은 사람들이 배제되는 경험을 하면 뇌에서 신체적 고통을 느끼는 부위가 활성화되기 때문에 동조 행동을 한다고 설명하기도 한다. (㉡) 동조 행동은 안정된 사회일수록 일반화되며 동시에 사회를 안정시키는 역할도 한다. (㉢) 관습화된 잘못된 생각이나 관례, 또는 대다수가 행하는 옳지 않은 행동을 그대로 따르다 보면 사회 개선의 가능성이 낮아지기 때문이다. (㉣) 다수가 한 사람을 따돌리는 행위가 옳지 않음을 알면서도 그 행위에 가담하는 경우를 생각해 보면 동조 행동의 부작용을 쉽게 이해할 수 있다.

46. 다음 문장이 들어가기에 가장 알맞은 곳을 고르십시오.

〈보기〉 그러나 동조 행동은 사회 발전에 장애로 작용할 수도 있다.

① ㉠　　② ㉡　　③ ㉢　　④ ㉣

47. 이 글의 내용과 같은 것을 고르십시오.

① 동조 행동은 사회적 부작용을 낳을 수 있다.
② 대다수의 생각을 믿으므로 동조하는 경우가 많다.
③ 대부분의 생각이 같으면 그것이 옳은 생각일 가능성이 높다.
④ 다른 사람들로부터 배제될 때 사람들은 신체적 피해를 입기 쉽다.

※ [48~50] 다음을 읽고 물음에 답하십시오. (각 2점)

그간 로봇 공학은 눈부신 발전을 이루었고 인간 생활의 많은 영역에 편리함을 가져다 주었다. <u>그러나 로봇 기술 발전에 대해 비판적 시각도 가져 볼 필요가 있다</u>. 로봇이 인간의 일자리 감소를 불러올 것이라는 회의론은 이미 현실에서 증명되고 있다. 이제 로봇은 단순한 인간의 '노동'을 대체하는 것을 넘어서 서비스, 분석, 보고 등 인간 고유의 영역으로 인식되었던 곳에서도 활용되고 있다. 그러나 보다 중요한 것은 단순히 로봇에 의한 일자리 감소가 아니라 (　　　　　　) 점이다. 로봇 연구팀에 의하면 로봇이 주로 없애는 일자리는 자동차, 휴대 전화 등의 첨단 제조업이나 법률 서비스, 회계 등 중산층 일자리이다. 이로 인해 미래에는 로봇 발전을 주도하며 고임금을 버는 상위 10%와 로봇에게 일자리를 빼앗겨 저임금 노동자로 전락하는 하위 90%로 나뉠 것이라는 미래 사회 전망도 있다. 로봇 기술이 우리의 생활을 풍요롭게 해 준 것은 사실이지만 한편으로 빈부 격차와 사회적 불평등을 심화시키지는 않을지 비판적 자세로 접근해야 하는 이유가 여기에 있다.

48. 필자가 이 글을 쓴 목적을 고르십시오.

① 로봇 기술의 발전이 가져올 미래의 모습을 알리기 위해
② 로봇 기술의 발전의 긍정적인 점과 부작용을 비교하기 위해
③ 로봇 기술의 발전으로 인한 인간의 일자리 감소를 고발하기 위해
④ 로봇 기술의 발전이 사회적 불평등을 야기할 수 있음을 주장하기 위해

49. (　　　)에 들어갈 내용으로 알맞은 것을 고르십시오.

① 로봇으로 인해 사회의 질서가 무너진다는
② 로봇이 대부분의 사람들의 노동을 대체한다는
③ 로봇이 인간의 두뇌를 뛰어 넘을 가능성이 있다는
④ 로봇 기술 발전으로 발생하는 경제적 이득을 소수만 독점한다는

50. 밑줄 친 부분에 나타난 필자의 태도로 알맞은 것을 고르십시오.

① 로봇으로 인한 혜택이 인간에게 독이 되었음을 암시한다.
② 로봇 공학에 대한 연구가 더 이상 발전하기를 원하지 않는다.
③ 로봇이 인간 사회에 미칠 악영향이 심각함을 주장하고자 한다.
④ 로봇 기술의 발전이 인간에게 편리함만 주는 것이 아님을 알리고자 한다.

실전 5회

※ [1~2] (   )에 들어갈 가장 알맞은 것을 고르십시오. (각 2점)

1. 선생님 설명을 (   ) 이해가 됐어요.

① 듣도록 ② 듣지만 ③ 들어도 ④ 듣고서는

2. 나는 보통 주말에는 친구와 함께 영화를 (   ) 산책을 한다.

① 보느라고 ② 보면서도 ③ 감상하거나 ④ 감상하도록

※ [3~4] 다음 밑줄 친 부분과 의미가 비슷한 것을 고르십시오. (각 2점)

3. 이번 출장은 내가 <u>갔으면 한다</u>.

① 가야 한다 ② 갈 것 같다 ③ 갈 수 있다 ④ 갔으면 좋겠다

4. 회사가 이렇게 잘 될 줄 알았더라면 주식을 좀 <u>사 놓을걸</u>.

① 사 놓고말고 ② 사 놓아야겠다 ③ 사 놓았더라고 ④ 사 놓았을 텐데

※ [5~8] 다음은 무엇에 대한 글인지 고르십시오. (각 2점)

5.

언제나 새 옷 같이!
더 조용하고 더 강력한 힘으로 돌아왔다.

① 냉장고 ② 선풍기 ③ 세탁기 ④ 정수기

6.

신선함이 가득, 푸짐한 장바구니!
부담 없는 가격에 신나는 장보기가 시작됩니다.

① 꽃집 ② 식당 ③ 슈퍼마켓 ④ 아이스크림 가게

7.

잠깐! 아이들이 보고 있습니다.
차례를 지키면 더 빠릅니다.

① 공공질서 ② 공중위생 ③ 안전 교육 ④ TV 시청 교육

8.

테이블 위의 소스 중 원하는 것을 선택하세요.
입맛에 따라 다양한 채소에 고기를 싸서 드세요.

① 구입 방법 ② 먹는 방법 ③ 보관 방법 ④ 요리 방법

※ [9~12] 다음 글 또는 도표의 내용과 같은 것을 고르십시오. (각 2점)

9.

제10회 여성 취업 채용 박람회

연주시에서는 일자리를 원하는 여성 구직자와 구인 업체 연계를 위한 여성 취업 채용 박람회를 개최합니다. 관심 있는 분들의 많은 참여 바랍니다.

◉ 행사 기간 : 11월 19일 (목) ~ 11월 21일 (토)
◉ 행사 장소 : 연주시 무역 전시회장 1층 (제 1,2,3 전시장)

* 참여 희망 구인 업체는 사전에 참가 신청서를 작성하여 팩스로 접수시켜야 함.
* 구직자는 당일 이력서와 자기소개서를 가지고 방문하면 현장 면접이 가능함.

① 박람회는 무역 전시회장에서 이틀 동안 열린다.
② 구직자는 이력서와 자기소개서를 사전에 접수시켜야 한다.
③ 일자리를 원하는 여성 구직자는 박람회장에서 면접을 볼 수 있다.
④ 참가를 희망하는 구인 업체는 현장에서 참가 신청서를 작성하면 된다.

10.

[남녀 청소년의 휴대 전화 사용 현황]

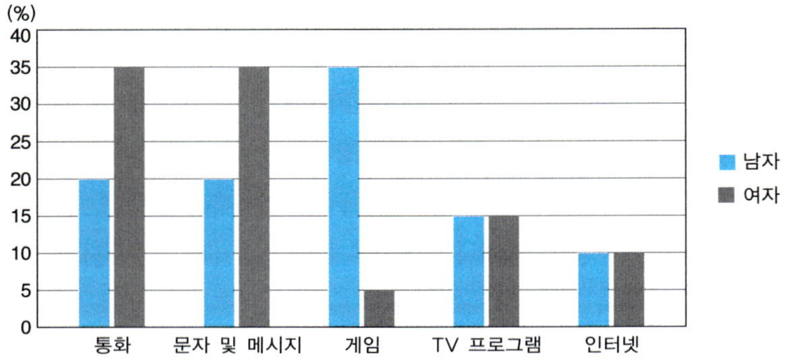

① 남자가 여자보다 통화를 많이 한다.

② 남녀 모두 게임보다 인터넷을 많이 한다.

③ 여자가 남자보다 TV 프로그램을 많이 본다.

④ 남녀 모두 인터넷보다 문자 및 메시지를 많이 사용한다.

11.

초록대공원은 동물원에서 하룻밤을 보내는 동물원 특별 체험 행사를 21일부터 다음 달 20일까지 연다. 총 5회에 걸쳐 진행되는 이 행사에는 유치원생이나 초등학생 자녀를 둔 가족이 참여할 수 있다. 사육사들이 들려주는 동물원 이야기, 동물원 야간 여행 등 다양한 프로그램이 마련된 이번 행사의 참가비는 어른, 어린이 구분 없이 3만원이다. 참가 신청은 홈페이지를 통해 할 수 있다.

① 누구든지 행사에 참여할 수 있다.

② 다음 달 20일까지 매일 행사가 열린다.

③ 참가자는 1박 2일 동안 다양한 체험을 한다.

④ 행사에서 사육사들이 동물을 훈련하는 모습을 보여 준다.

12.

태풍의 이름은 태풍의 영향이 미치는 나라의 고유한 언어로 만든 이름을 번갈아 가며 계속 사용한다. 14개국이 국가별로 미리 10개씩 제출한 이름들을 태풍 발생 순서에 따라 붙이고 있다. 태풍의 위력이 조금이라도 약해졌으면 하는 바람으로 주로 작고 순하고 친숙한 동식물 이름이 많다. 태풍이 막대한 피해를 남기면 다른 이름으로 교체된다.

① 제출된 태풍의 이름을 경우에 따라 없애기도 한다.
② 10개 나라에서 만든 총 140개 이름을 태풍에 붙인다.
③ 140개의 태풍 이름들은 순하고 친숙한 동물 이름이다.
④ 태풍의 이름은 태풍이 발생한 후 14개국이 돌아가며 짓는다.

※ [13~15] 다음을 순서대로 맞게 배열한 것을 고르십시오. (각 2점)

13.

(가) 사람들은 예술을 보거나 들으면 즐거워지고 긍정적인 자극을 받는다.
(나) 그리고 예술을 통한 긍정적인 자극은 환자에게 심리적인 안정감을 준다.
(다) 음악이나 그림 등의 예술을 통해 환자를 치료하는 방식이 주목 받고 있다.
(라) 환자가 심리적으로 안정되면 자연스럽게 면역력이 높아지고 병이 치료되는 것이다.

① (가) - (다) - (라) - (나)　　② (가) - (라) - (나) - (다)
③ (다) - (가) - (나) - (라)　　④ (다) - (나) - (라) - (가)

14.

(가) 시간이 지나면 안 좋은 기억들도 모두 잊히기 마련이다.
(나) 사람들이 '잊혀질 권리'를 주장하기 시작한 이유도 이 때문이다.
(다) 요즘은 이러한 정보들로 인해 괴로움을 겪는 사람들이 많아지고 있다.
(라) 그러나 디지털 시대에 인터넷에 한 번 올라간 정보는 영원히 남아 있다.

① (가) - (다) - (라) - (나)　　② (가) - (라) - (다) - (나)
③ (다) - (나) - (가) - (라)　　④ (다) - (나) - (라) - (가)

15.

(가) 일부러 공원이라도 찾아가지 않으면 남이 심어 놓은 꽃구경도 쉽지 않다.
(나) 고층 빌딩으로 둘러싸인 도시에서 화초를 키운다는 것은 누리기 힘든 사치이다.
(다) 그래서 골목길 귀퉁이의 한 뼘 공간이라도 꽃밭으로 꾸며진 걸 보면 반갑게 다시 보게 된다.
(라) 고가 도로를 공중 정원으로 조성하겠다는 계획은 도시인의 그런 화초 갈증을 염두에 둔 것이다.

① (나) - (가) - (다) - (라)
② (나) - (라) - (다) - (가)
③ (라) - (가) - (나) - (다)
④ (라) - (나) - (가) - (다)

※ [16~18] 다음을 읽고 (　　　)에 들어갈 내용으로 가장 알맞은 것을 고르십시오. (각 2점)

16.

우리 몸은 체온을 항상 일정한 상태로 유지하려는 성질을 가지고 있다. 그런데 찬물로 샤워를 하면 체온이 갑자기 내려가 혈관을 수축시킨다. 혈액이 순환하는 양을 줄여서 (　　　　　　) 위함이다. 하지만 혈관이 수축되면 혈압이 올라가 신체는 긴장 상태가 된다. 따라서 잠자기 전에는 찬물보다 미지근한 물로 샤워를 해야 숙면을 취할 수 있다.

① 체온을 떨어뜨리기
② 외부에 열을 뺏기지 않게 하기
③ 신체의 긴장 상태를 지속시키기
④ 혈관을 일정한 모양으로 유지하기

17.

다른 사람의 범죄 행동을 보고 똑같은 방식으로 범죄를 저지르는 모방 범죄가 증가하고 있다. 보통 이전에 없었던 새로운 방식의 범죄가 발생하면 뉴스에서 범죄 과정과 방법을 자세히 보여 준다. 그런데 뉴스를 본 범죄자들이 이와 똑같은 방식으로 범죄를 저지르는 경우가 많아지고 있는 것이다. 그래서 (　　　　　　) 비판을 받고 있다.

① 범죄 과정과 방법을 확실히 밝혀야 한다는
② 다른 사람의 범죄 행동을 따라하면 안 된다는
③ 뉴스가 오히려 범죄 방법을 가르쳐 주고 있다는
④ 새로운 방식의 범죄는 확실히 처벌 받아야 한다는

18.

기업들이 문화 사업에 힘쓰고 있다. 한 전자 회사에서는 과학 체험 시설을 지어 어린이들이 무료로 이용하도록 하고 있다. 이들은 어른이 되어도 즐거운 체험 기회를 제공했던 회사를 친근하게 느끼게 되며 그 회사의 제품을 구매할 확률이 높아진다. 기업은 결국 문화 사업을 통해 국가의 문화적 기반도 넓히지만 (   ) 효과도 얻는다.

① 국가의 과학 수준을 높이는
② 미래 수익의 바탕을 마련하는
③ 어린이들에게 친근하게 다가서는
④ 많은 사람에게 즐거움을 제공하는

※ [19~20] 다음을 읽고 물음에 답하십시오. (각 2점)

사람들의 그날그날 기억들은 오래된 기억들과 함께 점차적으로 사라진다. 연구 결과에 따르면 당일 다시 떠올리지 않은 기억은 첫날 54%만 유지되며 일주일 뒤에는 21%로 줄어든다고 한다. (   ) 새로운 것을 계속 배우고 적응해야 하는 인간에게 망각은 기억만큼 자연스러운 뇌의 기능일지도 모른다. 괴롭고 고통스러웠던 기억들을 잊어야 앞으로 나갈 수 있기에 망각은 신이 준 선물이며 축복이다.

19. (   )에 들어갈 알맞은 것을 고르십시오.

① 가령　② 과연　③ 마침　④ 어쩌면

20. 이 글의 내용과 같은 것을 고르십시오.

① 망각은 기억 못지않게 유익하다.
② 망각은 학습을 통해 만들어지는 뇌의 기능이다.
③ 사람들이 하루 동안 만든 기억은 서서히 저장된다.
④ 당일의 기억은 일주일이 지나면 절반쯤 잊어버리게 된다.

※ [21~22] 다음을 읽고 물음에 답하십시오. (각 2점)

우리는 살아가면서 거짓말을 하게 된다. 하지만 거짓말이 항상 나쁜 것만은 아니다. 선한 의도로 거짓말을 하는 경우 그 거짓말은 큰 힘을 발휘하기도 한다. 의사가 환자에게 가짜 약을 투여하면서 진짜 약이라고 하면, 좋아질 것이라고 생각하는 환자의 믿음 때문에 병이 낫기도 한다. 또, (   )이라는 말처럼 불치병에 걸려 살 날이 얼마 남지 않은 이에게 진실을 말해 주기보다 거짓말로 남은 생활을 행복하게 보내게 하는 것이 더 나은 경우도 있다.

21. (   )에 들어갈 알맞은 것을 고르십시오.

① 꿩 대신 닭
② 아는 게 힘
③ 모르는 게 약
④ 가는 날이 장날

22. 이 글의 중심 생각을 고르십시오.

① 사람들은 누구나 거짓말을 하며 산다.
② 좋은 의도의 거짓말은 많이 해도 괜찮다.
③ 선의의 거짓말은 긍정적인 역할을 하기도 한다.
④ 좋은 의도로 한 거짓말은 항상 좋은 결과를 낳는다.

※ [23~24] 다음을 읽고 물음에 답하십시오. (각 2점)

초등학교 3학년 때 우리 반에는 말을 제대로 못하고 항상 웃기만 하는 아이가 있었다. 그 아이는 평소 어리숙하고 실수를 많이 해서 반 친구들은 그 아이를 바보라고 놀리곤 했다. 하루는 그 아이와 내가 교실 청소 당번이 되어 청소를 하고 있었다. 그런데 그날 내가 실수로 꽃병을 깨뜨리고 말았다. 다음날 선생님이 누가 꽃병을 깼냐고 했을 때 나는 순간 당황해서 손으로 그 아이를 가리켰다. 그 아이는 굳은 표정으로 잠시 고개를 저으며 뭐라고 작은 소리를 냈지만 여전히 말은 없었다. 결국 그 날 그 아이는 선생님께 꾸중을 들었다. 그리고 나는 집에 돌아와서 불편한 마음으로 한동안 아무 말도 없이 방에 혼자 있었던 기억이 있다. 그날 이후로 나는 나의 잘못을 숨기거나 남에게 미룬 적이 없다. 잘못을 당당히 인정하고 벌을 받는 것이 잘못을 인정하지 않는 것보다 마음이 편하다는 것을 알았기 때문이다.

23. 밑줄 친 부분에 나타난 나의 심정으로 알맞은 것을 고르십시오.

① 반성하다 ② 섭섭하다 ③ 억울하다 ④ 원망하다

24. 이 글의 내용과 같은 것을 고르십시오.

① 나는 선생님께 나의 잘못을 고백했다.
② 나는 잘못을 숨겨서 선생님께 꾸중을 들었다.
③ 나는 평소에 실수를 많이 해서 놀림을 받았다.
④ 나는 잘못을 인정하는 것이 편하다는 것을 알았다.

※ [25~27] 다음은 신문 기사의 제목입니다. 가장 잘 설명한 것을 고르십시오. (각 2점)

25. 교육 방송 스타 강사, 인기 연예인 못지않아

① 연예인들이 교육 방송에서도 활동한다.
② 연예인이 되는 교육 방송 강사들이 있다.
③ 교육 방송의 강사들이 연예인처럼 인기가 많다.
④ 인기 연예인들도 교육 방송 강사만큼 잘 가르친다.

26. 주행부터 주차까지 척척, '무인 자동차 시대' 성큼

① 운전자가 사고를 내지 않고 운전할 수 있는 자동차가 개발되었다.
② 운전할 필요 없이 자동차가 스스로 달리고 주차하는 시대가 다가오고 있다.
③ 운전 실력이 부족한 운전자도 편하게 운전할 수 있는 자동차가 만들어졌다.
④ 운전자에게 달리는 것과 주차하는 것을 지시해 주는 자동차를 곧 만들 것이다.

27. 옷이 안 팔려, 백화점 매출 뒷걸음질

① 옷이 안 팔려 백화점 매출이 하락하고 있다.
② 후진적인 영업 전략으로 옷이 잘 안 팔리고 있다.
③ 옷이 안 팔려 백화점이 제대로 발전하지 못하고 있다.
④ 백화점 매출이 저조해진 영향으로 옷이 안 팔리고 있다.

※ [28~31] 다음을 읽고 (　　　)에 들어갈 내용으로 가장 알맞은 것을 고르십시오. (각 2점)

28. 커피, 우유, 화장품 등 다양한 분야에서 대용량 제품이 쏟아져 나오고 있다. 일반 제품을 낱개로 사는 것보다는 상대적으로 대용량으로 포장되어 판매되는 제품이 더 싸기 때문이다. 이러한 현상은 경기 불황이 지속되고 소비 심리가 위축됨에 따라 (　　　　　) 소비자들의 심리가 반영된 결과이다. 이런 합리적 소비 패턴이 확대되면서 대용량의 인기는 계속 이어질 것으로 전망되고 있다.

① 제품의 맛보다는 양을 중시하는
② 제품의 디자인보다는 실용성을 중시하는
③ 품질이 좋고 값비싼 물건을 저가에 구매하려는
④ 최대한 값싸고 양이 많은 제품들을 구매하려는

29.

사람에 따라 길을 걷다가 주인 없는 사나운 개와 마주친 경험이 있을 것이다. 대부분의 사람들은 이런 상황에서 개가 으르렁거리면 공포감을 느끼며 자연스럽게 개로부터 도망가려는 태도를 취하게 된다. 하지만 이렇게 개에게서 등을 보이고 도망가려 하면 개는 더욱 사납게 짖으면서 공격적인 태도를 취하게 된다. 이는 개가 상대방이 자신을 무서워해서 피하려 한다는 것을 인지하기 때문이다. 이처럼 보통 동물은 (　　　　　) 공격성이 강해진다.

① 자기가 위기 상황에 처했을 때
② 상대가 자기보다 약하다고 생각되면
③ 상대가 기분 나쁘게 자기를 자극하면
④ 자기가 강하다는 것을 표현하려고 할 때

30.

내성적이거나 반항적으로 변해 버리는 사춘기 아이들의 변화에는 호르몬 외에 뇌의 변화도 영향을 미친다는 사실이 발견되었다. 뇌의 크기는 사춘기에 성인 수준으로 발달하므로 사춘기 청소년과 성인 간에 차이가 없다. 문제는 (　　　　　) 점이다. 감정을 처리하는 뇌 부위에 비해 신중히 생각하고 이해하고 반성하는 부위의 성숙이 느리게 이루어진다. 이로 인해 성인과 달리 감정과 본능에 더 민감하고, 쉽게 흥분하거나 좌절하게 되는 것이다.

① 사춘기의 뇌가 골고루 발달하지 않았다는
② 사춘기에는 감정 반응이 매우 예민해진다는
③ 사춘기에는 뇌의 특정한 부분이 약화된다는
④ 사춘기 뇌가 특정 호르몬을 많이 분비한다는

31.

앙증맞고 귀여운 디자인의 자동차들이 고가임에도 불구하고 불황 속에서 선전하고 있다. 이는 아이들과 같은 감성과 취향을 지닌 성인들, 즉 '키덜트'들이 구매력을 행사한 덕분이다. 한때는 이러한 키덜트 문화가 '철이 없음'의 상징처럼 여겨지기도 했지만 이제는 진지할 때 진지하고 즐길 때 즐기는 삶의 형태로 인정받는 추세이다. 기성 자동차에 질린 소비자들에게 (   ) 소형 자동차는 일상의 효과적인 탈출구가 되어 준다.

① 점잖고 고급스럽게 디자인된
② 아이들의 체격과 눈높이에 맞춘
③ 동심을 자극해 유쾌함이 가득한
④ 사회적 지위와 성공을 상징하는

※ **[32～34] 다음을 읽고 내용이 같은 것을 고르십시오. (각 2점)**

32.

생체 인식 기술이 각종 금융 거래 시 차세대 본인 인증 방식으로 주목 받고 있다. 생체 인식 기술은 지문이나 홍채, 얼굴 등 신체 일부의 고유한 특성으로 본인 여부를 확인하는 기술이다. 이 같은 생체 정보는 사용자가 인증 정보를 기억할 필요가 없고 인증 시간이 비교적 짧아 편의성이 뛰어나며 분실과 도난의 위험이 없다. 보안성도 기존의 비밀번호 방식보다 좋아 빠른 속도로 비밀번호를 대체하고 있다.

① 생체 인식 기술은 현재 각종 금융 거래 시 활발하게 이용되고 있다.
② 금융 거래 시 본인 인증 방법으로 더 이상 비밀번호를 사용할 수 없다.
③ 생체 인식 기술은 사람마다 다른 신체의 특성을 이용해 본인을 확인하는 기술이다.
④ 생체 인식 기술은 비밀번호와 달리 본인 인증 속도가 매우 빨라 인증 오류 가능성이 높다.

33.

한국의 기후가 온대 기후에서 아열대성 기후로 변화함에 따라 기후 변화로 인한 각종 피해가 늘고 있다. 고온 다습한 기후로 인해 다양한 세균성 질병이나 전염병이 증가하고 있다. 그리고 해안 지역에는 해파리의 증가로 인해 어획량이 감소하고 피서객들이 피해를 입는 사례도 늘고 있다. 이 외에도 홍수, 가뭄 등의 자연재해가 증가하고 있는 만큼 기후 변화에 대한 적극적인 대처와 피해 예방이 요구된다.

① 한국의 기후 변화로 인해 물고기가 더 많이 잡히고 있다.
② 한국의 기후 변화로 인해 질병이나 전염병이 줄어들었다.
③ 한국의 기후가 아열대 기후에서 온대 기후로 바뀌고 있다.
④ 한국의 기후 변화로 인해 자연재해가 더 많이 생기고 있다.

34.

천체 물리학자와 한 억만장자 투자가가 사상 최대 규모로 외계의 지적 생명체를 탐사하려는 계획을 발표했다. 최대 연구 자금이 지원되므로 과학자들은 백만여 개 별에서 지능 있는 생명체의 존재를 조사하게 된다. 그동안 비용 문제로 사용이 제한되었던 최신 망원경과 컴퓨터를 더 오래 사용하게 되어 기존보다 10배 넓은 우주를 탐색하게 된 것이다. 외계인에게 전달할 메시지는 응모를 통해 선정할 계획이다.

① 이 계획을 고안하고 기획한 주체는 과학자들이다.
② 외계 별을 탐사하는 방식을 응모를 통해 결정하려고 한다.
③ 연구를 할 때 최신 망원경과 컴퓨터를 최초로 사용하게 된다.
④ 과학자들은 외계에 지적 생명체가 존재하는지 대규모로 조사하게 된다.

※ [35~38] 다음 글의 주제로 가장 알맞은 것을 고르십시오. (각 2점)

35.

휴대 전화의 보급으로 퇴물 취급을 받던 공중전화 부스가 녹색 경제를 상징하는 새로운 모습으로 부활했다. 공중전화 부스 위에는 태양광 패널이 설치돼 있으며 안에는 여러 대의 휴대 전화를 충전할 수 있는 충전기들이 구비되어 있다. 쓸모없는 것으로 여겨지던 공중전화 부스와, 삶의 속도를 따라잡지 못하고 있는 휴대 전화의 배터리라는 두 가지 문제를 재생 에너지를 활용해 똑똑하게 해결한 셈이다. 충전을 기다리는 동안 광고를 시청하기만 하면 이용 요금은 무료이다.

① 휴대 전화를 무료로 충전할 수 있는 곳이 생겼다.
② 공중전화 부스가 친환경 휴대 전화 충전소로 탈바꿈했다.
③ 휴대 전화 보급률이 높아지면서 공중전화가 설 곳을 잃었다.
④ 재생 에너지를 이용해서 충전이 가능한 배터리가 개발되었다.

36.

나이가 같아도 유독 나이가 들어 보이는 사람이 있다. 최근 노화 속도는 사람마다 다르고, 신체 연령이 실제 나이보다 높을수록 겉보기에도 더 나이가 들어 보인다는 연구 결과가 나왔다. 신체 노화가 빨리 진행되는 사람일수록 외관상으로도 더 늙어 보이며, 신체 기능은 물론 정신적인 기능도 떨어진다고 한다. 또, 몸의 균형 및 운동 능력 역시 떨어져 계단을 오르거나 물건을 옮기는 일상적인 활동에도 더 큰 어려움을 느끼는 것으로 나타났다.

① 노화 속도는 신체 나이와는 무관하다.
② 동갑이어도 더 늙어 보이는 사람이 있다.
③ 운동 능력이 떨어지는 사람은 노화가 빨리 진행된다.
④ 나이가 들어 보이는 사람은 신체·정신적 기능이 떨어진다.

37.

공황 장애는 갑작스럽게 극도의 공포와 죽음에 이를 것 같은 절박한 불안감을 느끼는 정신적 질환이다. 보통 밀폐된 공간에 있을 때 많이 발생하며 스트레스와 관련이 깊다. 주로 어지럽고 쓰러질 듯한 느낌, 심장이 두근거리고 숨이 막히거나 열이 나고 속이 메스꺼운 증상 등을 보이는데 대부분의 사람들이 신체적 질병을 의심하여 제대로 된 치료를 받지 못하고 시간을 지체하는 경우가 많다. 따라서 이와 같은 증상이 나타날 때는 공황 장애를 의심해 보고 전문가를 찾아 적절한 심리적 치료를 받아야 한다.

① 현대인의 스트레스 때문에 공황 장애가 발병한다.
② 공황 장애는 극도의 불안감을 느끼는 정신적 질환이다.
③ 공황 장애 증상이 나타나면 심리적 치료를 받아야 한다.
④ 보통 밀폐된 공간에 있을 때 공황 장애가 자주 발생한다.

38.

인터넷 상에서 일반인들이 동영상을 만들어 올리는 현상은 이제 혼자 기획, 진행, 촬영 등을 담당하며 수익까지 창출하는 '1인 방송' 형태로 진화하고 있다. 1인 방송은 인터넷 쇼핑 업체들처럼 디지털 시대의 수익 사업으로 자리 잡을 가능성이 있다. 그런데 1인 방송은 혼자 제작하는 만큼 내용이 빈약해지거나 선정적으로 흐름으로써 오래 가지 못할 가능성이 높다. 이를 극복하고 생명력을 지니려면 진정성이 필요하다. 즉 시청자와의 꾸준한 소통을 통해 그들의 요구를 파악하고 만족시키기 위해 끊임없이 노력해야 한다.

① 디지털 시대에 맞는 새로운 형태의 수익 사업이 생겼다.
② 인터넷 상에서 일반인들이 동영상 제작자가 되는 1인 방송이 유행이다.
③ 1인 방송은 바람직한 인터넷 문화 형성에 기여하는 방향으로 제작되어야 한다.
④ 1인 방송을 성공적으로 지속시키려면 진실한 마음으로 시청자와의 소통에 힘써야 한다.

※ [39~41] 다음 글에서 〈보기〉의 문장이 들어가기에 가장 알맞은 곳을 고르십시오. (각 2점)

39.

서울의 무수한 도로 중 유일하게 외국 수도 이름을 딴 도로가 있다. 바로 '테헤란로'이다. (㉠) 강남 지역을 동서로 가로지르는 왕복 10차선 간선 도로로 고작 4㎞에 불과하지만 한국 경제의 핵심과도 같은 지역이다. (㉡) 주변의 삼성동, 역삼동, 대치동은 이른바 강남의 대명사이기도 한데 원래 이름은 '삼릉로'였다. (㉢) '테헤란로'란 이름은 1977년 6월 서울과 이란의 수도 테헤란의 자매결연 때 서로 도로명을 교환하기로 합의한 결과이다. (㉣)

〈보기〉 서울의 '테헤란로'와 마찬가지로 이란의 테헤란 도심에 가면 '서울로'가 건재함을 확인할 수 있다.

① ㉠ ② ㉡ ③ ㉢ ④ ㉣

40.

'느리게 읽기'는 글의 뜻을 새기면서 천천히 읽는 독서 방식이다. (㉠) '느리게 읽기'는 스마트폰에 익숙해진 생활에 대한 반작용으로 등장했다. (㉡) 스마트폰을 많이 사용하면서 깊은 사색이나 생각을 하지 못하는 경우가 많다는 문제의식에서 출발한 것이다. (㉢) 일반적인 독서 모임과는 달리 토론 등의 활동은 없으며 각자 책 읽기에만 집중하는 것이 특징이다. (㉣)

〈보기〉 유럽 등지에서는 사람들이 모여 책을 읽는 '느리게 읽기 동호회' 등이 생기고 있다.

① ㉠ ② ㉡ ③ ㉢ ④ ㉣

41. 김민석 영화 평론가가 영화를 통해 한국 현대사를 살펴볼 수 있는 '영화 속의 현대사'라는 책을 내놓았다. (㉠) 이 책은 한국 현대사의 역사적 사건을 현실 반영과 사회 비판이라는 영화의 장르적 특성과 연결시켜 설명한다. (㉡) 뿐만 아니라 역사적 사실에 대해 감성적으로 다가갈 수 있게 하는 영화의 미학적 특성에 대해서도 알기 쉽게 설명한다. (㉢) 따라서 독자들은 역사적 사실에 대한 비판적 관점과 함께 영상미에 대한 이해도 높일 수 있다. (㉣)

〈보기〉 이와 관련하여, 역사적 사실을 평가하는 자신의 관점에 대해서도 친절한 설명을 덧붙인다.

① ㉠ ② ㉡ ③ ㉢ ④ ㉣

※ [42~43] 다음을 읽고 물음에 답하십시오. (각 2점)

걸음이 좀 힘겨워지신 아버지가 오랜만에 동창 모임에 나가셨다. 마침 휴가 중이던 나는 모임에 아버지를 모시고 갔다 오는 일을 맡았다. 점심이지만 식사와 가벼운 술, 오랜만에 회포를 푸는 시간까지 합치면 두세 시간쯤 걸리리라 판단한 나는 그 시간을 쇼핑이나 카페에서 독서로 때울까 하다가 실없는 짓을 한번 해 보기로 했다. 마침 근처에는 내가 옛날에 살던 동네가 있었다. 초등학교 2학년이 되기 전 그 동네를 뜬 후 좀처럼 가 보지 못했던 옛날 집, 그리고 다른 형제들과 달리 유치원을 건너뛴 내가 처음으로 집단생활을 경험했던 초등학교를 다시 보고 싶은 충동이 불끈 일었던 것이다. 동네가 가까워지자 놀랍게도 옛날 기억들이 선명해지기 시작했다. 그러나 나는 방학 중이라 텅 빈 학교 운동장을 보고 놀라움을 금치 못했다. 엄마 손에 이끌려 학교라는 곳에 던져진 나에게 그때의 운동장은 망망대해와도 같았다. <u>음악에 맞춰 코흘리개 병아리들이 '둥근 해가 떴습니다'를 율동과 함께 목청껏 불러 대던 그 넓디넓었던 운동장이 요렇게 좁은 곳이었다니⋯⋯</u>.

42. 밑줄 친 부분에 나타난 나의 태도로 알맞은 것을 고르십시오.

① 감탄하고 있다
② 놀라워하고 있다
③ 담담해 하고 있다
④ 안타까워 하고 있다

43. 이 글의 내용과 같은 것을 고르십시오.

① 나만 제외하고 나의 형제들은 모두 유치원에 다녔다.
② 나는 그 동네에서 초등학교를 마치고 다른 곳으로 이사를 갔다.
③ 나는 아버지를 모시고 가기 전에 옛날 동네에 가 보기로 마음먹고 있었다.
④ 내가 다녔던 학교 운동장에 가 보니 아이들이 음악에 맞춰 노래하고 있었다.

※ [44~45] 다음을 읽고 물음에 답하십시오. (각 2점)

'주민 참여 예산 제도'는 ( ) 자치 단체의 예산 편성권을 지역 주민들이 함께 행사하도록 하는 제도이다. 이 제도는 예산의 투명한 공개, 주민 참여를 통한 예산의 우선순위 결정, 지방 자치 단체와 주민 대표의 협의를 통한 실현 가능한 예산안 편성을 주요 내용으로 한다. 그런데 이 제도가 제대로 실행되지 못하고 겉돌고 있다. 지방 자치 단체들이 홍보를 제대로 하지 않아 주민들은 이러한 제도가 있는지 모르는 경우가 많고, 알더라도 방법을 몰라 참여하지 못하고 있어 여전히 자치 단체 단독으로 처리하는 경우가 많다. 주민 참여 예산 제도는 지역 민주주의 핵심이다. 이러한 제도를 적극 활용하기 위해서는 자치 단체들이 확고한 의지와 적극적인 홍보가 필수적일 것이다.

44. 이 글의 주제로 알맞은 것을 고르십시오.

① 예산 편성에 지역 주민들이 함께 참여해야 한다.
② 예산 편성에 있어 공정성, 투명성이 확보되어야 할 것이다.
③ 주민 참여 예산 제도가 주민의 무관심 때문에 제대로 시행되지 못하고 있다.
④ 지방 자치 단체들은 주민 참여 예산 제도를 적극적으로 알려 주민들의 참여를 유도해야 한다.

45. ( )에 들어갈 내용으로 알맞은 것을 고르십시오.

① 그동안 제대로 실행되지 않았던
② 그동안 주민들의 무관심 속에 놓여 있던
③ 그동안 주민들이 일방적으로 독점해 왔던
④ 그동안 자치 단체장이 독점적으로 행사해 왔던

※ [46~47] 다음을 읽고 물음에 답하십시오. (각 2점)

세계 노인 복지 지표 조사 결과에 의하면 우리나라의 노인 복지 수준이 매우 낮은 것으로 나타났다. (㉠) 이 조사에서는 연금, 교육과 고용의 기회, 무료 건강 관리, 대중교통 혜택 등을 포함한 노인의 사회적, 경제적 복지 수준에 따라 순위를 매겼다. (㉡) 우리나라는 대중교통 혜택 부분을 제외하고 대부분의 분야에서 매우 낮은 점수를 받았다. (㉢) 현재 논의되고 있는 주요 사안으로는 다양한 노인 일자리 창출을 통해서 노인의 경제적 자립을 돕는 것과 독거노인 및 빈곤층 노인을 위한 생활 보조금 지원 등이 있다. (㉣) 노인 복지는 남의 문제가 아닌 미래에 닥칠 우리 자신의 문제이므로 보다 적극적인 정부의 노력이 필요할 것으로 보인다.

46. 다음 문장이 들어가기에 가장 알맞은 곳을 고르십시오.

〈보기〉 이러한 상황에서 정부는 향후 노인 복지 정책에 대한 필요성을 절감해 적극적인 대처 방안을 마련 중이다.

① ㉠ ② ㉡ ③ ㉢ ④ ㉣

47. 이 글의 내용과 같은 것을 고르십시오.

① 우리나라의 노인 복지 수준은 세계적으로 높은 편이다.
② 노인 일자리 창출로 노인의 경제적 활동이 증가하고 있다.
③ 정부는 주로 경제적인 부분에 초점을 맞춰 노인 복지를 논의 중이다.
④ 우리나라는 세계 노인 복지 지표 조사의 모든 분야에서 낮은 점수를 받았다.

※ [48~50] 다음을 읽고 물음에 답하십시오. (각 2점)

선거를 앞두고 대학 등록금 인하 공약으로 정치권이 시끄럽다. 등록금 부담 완화의 당위성에 대해서는 여야가 이견이 없는 듯하나 시행 방법에 있어서는 차이를 보이고 있다. 현재 야당은 등록금 자체를 일괄적으로 반값으로 줄이려는 계획을 가지고 있는 반면 여당은 소득별로 국가 장학금을 차등적으로 지원하는 방안을 논의하고 있다. 반값 등록금 제도의 취지는 나쁠 것이 전혀 없다. 그러나 예산은 한정되어 있기 때문에 제도 시행에 필요한 재원이 쉽게 마련될지는 미지수이다. 예산 부족을 야기해 교육의 질이 떨어질 수도 있으며 그로 인해 다시 세금이 인상될 수도 있음을 간과해서는 안 된다. 이처럼 반값 등록금 논의는 (　　　　　) 점에서 복지 논쟁과 비슷하다. 여야가 재원 마련 문제는 외면한 채 '선별적 복지'와 '보편적 복지'라는 개념만 소리 높여 외쳐 대던 복지 논쟁과 모양새가 많이 닮아 있다. 반값 등록금 공약 역시 복지 공약과 마찬가지로 공약 그 자체보다 실천 가능성에 집중해야 생산적인 논의로 발전할 수 있다. 이를 위해서는 문제를 둘러싼 다양한 주장의 현실성을 구체적으로 검증해 보는 노력이 우선되어야 한다.

48. 필자가 이 글을 쓴 목적을 고르십시오.

① 등록금 인하 정책과 복지 정책의 공통점을 제시하기 위해서
② 예산이 뒷받침되지 않는 정책은 성공할 수 없음을 알리기 위해
③ 여당과 야당이 협력해야 정책이 성공적으로 시행될 수 있음을 주장하기 위해
④ 과시용 정책보다 실현 가능성이 있는 정책을 공약으로 내세워야 함을 강조하기 위해

49. (　　　)에 들어갈 내용으로 알맞은 것을 고르십시오.

① 지원 대상 선정이 어렵다는
② 교육 정책과 밀접한 관계가 있다는
③ 현실성이 결여돼 구호에 그치기 쉽다는
④ 시행에 앞서 세금 인상이 전제되어야 한다는

50. 밑줄 친 부분에 나타난 필자의 태도로 알맞은 것을 고르십시오.

① 예산 문제로 정책 시행이 불가능함을 주장하고 있다.
② 정책 시행에 필요한 예산 확보 방안을 설명하고 있다.
③ 한정된 예산 때문에 정책이 실패했던 사례에 대해 비판하고 있다.
④ 예산 문제로 정책이 제대로 시행될 수 있을지 의문을 제기하고 있다.

부록

실전편
정답 및 문항 구성표

연세 토픽 II

읽기

실전 1회 정답

1	2	3	4	5	6	7	8	9	10
④	③	②	④	③	④	②	②	③	④
11	12	13	14	15	16	17	18	19	20
②	③	③	②	②	①	②	③	④	④
21	22	23	24	25	26	27	28	29	30
④	①	②	③	④	③	③	②	④	②
31	32	33	34	35	36	37	38	39	40
④	④	④	④	③	④	①	④	③	③
41	42	43	44	45	46	47	48	49	50
③	②	②	③	③	③	④	②	①	②

실전 2회 정답

1	2	3	4	5	6	7	8	9	10
②	①	④	④	②	①	③	②	②	③
11	12	13	14	15	16	17	18	19	20
②	④	①	①	③	①	③	②	④	②
21	22	23	24	25	26	27	28	29	30
①	③	②	③	③	①	③	④	①	①
31	32	33	34	35	36	37	38	39	40
③	②	①	④	④	④	④	④	②	②
41	42	43	44	45	46	47	48	49	50
①	①	③	④	②	③	④	②	④	②

실전 3회 정답

1	2	3	4	5	6	7	8	9	10
④	③	④	④	③	②	②	①	③	②
11	12	13	14	15	16	17	18	19	20
④	②	②	③	②	③	④	①	④	③
21	22	23	24	25	26	27	28	29	30
①	④	④	②	④	④	②	④	①	②
31	32	33	34	35	36	37	38	39	40
④	②	②	④	④	②	④	①	②	①
41	42	43	44	45	46	47	48	49	50
④	③	③	③	④	③	②	②	③	④

실전 4회 정답

1	2	3	4	5	6	7	8	9	10
②	④	①	②	①	①	①	②	④	③
11	12	13	14	15	16	17	18	19	20
④	①	②	④	①	③	②	②	②	②
21	22	23	24	25	26	27	28	29	30
③	④	③	②	①	②	③	④	②	③
31	32	33	34	35	36	37	38	39	40
①	①	①	①	④	①	④	①	②	②
41	42	43	44	45	46	47	48	49	50
②	①	②	④	①	③	①	④	④	④

실전 5회 정답

1	2	3	4	5	6	7	8	9	10
④	③	④	④	③	③	①	②	③	④
11	12	13	14	15	16	17	18	19	20
③	①	③	②	①	②	③	②	④	①
21	22	23	24	25	26	27	28	29	30
③	③	①	④	③	②	①	④	②	①
31	32	33	34	35	36	37	38	39	40
③	③	④	④	②	④	③	④	④	③
41	42	43	44	45	46	47	48	49	50
②	②	①	④	④	③	③	④	③	④

실전 1회 문항 구성표

문항	문형 유형	배점	대주제 / 소주제	텍스트 유형
1	어휘나 표현의 의미 파악하기	2점	문법(-었다가) / 여행	문장
2	어휘나 표현의 의미 파악하기	2점	문법(-자고 하다) / 영화표 예매	문장
3	어휘나 표현의 의미 파악하기	2점	문법(-는가 하면) / 도시·시골 생활	문장
4	어휘나 표현의 의미 파악하기	2점	문법(-는 셈이다) / 학기	문장
5	광고, 안내문 등 실용적인 글을 읽고 글의 핵심 내용 파악하기	2점	광고 / 침대	광고문
6	광고, 안내문 등 실용적인 글을 읽고 글의 핵심 내용 파악하기	2점	광고 / 박물관	광고문
7	광고, 안내문 등 실용적인 글을 읽고 글의 핵심 내용 파악하기	2점	광고 / 대중교통	광고문
8	광고, 안내문 등 실용적인 글을 읽고 글의 핵심 내용 파악하기	2점	광고 / 예매 안내	광고문
9	안내문, 도표 등 정보 전달의 글을 읽고 세부 내용 파악하기	2점	문화 / 한강길 걷기 대회	행사 안내문
10	안내문, 도표 등 정보 전달의 글을 읽고 세부 내용 파악하기	2점	경제 / 대학생 용돈 사용	그래프
11	안내문, 도표 등 정보 전달의 글을 읽고 세부 내용 파악하기	2점	문화 / 외국인 노래자랑 대회	소개글
12	안내문, 도표 등 정보 전달의 글을 읽고 세부 내용 파악하기	2점	사회 / 농촌 체험	기사문
13	글 단위 간의 관계 추론하기	2점	사회 / 주차 문화	설명문
14	글 단위 간의 관계 추론하기	2점	경영 / 슈퍼마켓의 물건 판매 방법	설명문
15	글 단위 간의 관계 추론하기	2점	경제 / 새로운 신용 카드 정책	설명문
16	세부 내용 추론하기	2점	과학 / 동물의 보호색	설명문
17	세부 내용 추론하기	2점	과학 / 하품을 자주 하는 이유	설명문
18	세부 내용 추론하기	2점	사회 / 자동차 구매에 대한 소비자 인식	설명문
19	핵심 내용, 세부 내용 파악하기	2점	사회 / 종이책과 전자책	설명문
20	핵심 내용, 세부 내용 파악하기	2점		
21	핵심 내용, 세부 내용 파악하기	2점	사회 / 운전 문화	칼럼
22	핵심 내용, 세부 내용 파악하기	2점		
23	핵심 내용, 세부 내용 파악하기	2점	일상 / 대학 입시	수필
24	핵심 내용, 세부 내용 파악하기	2점		
25	기사의 제목을 읽고 제목의 세부 내용 파악하기	2점	문화 / 영화 소개	신문 기사 제목

26	기사의 제목을 읽고 제목의 세부 내용 파악하기	2점	사회 / 불우 이웃 돕기	신문 기사 제목
27	기사의 제목을 읽고 제목의 세부 내용 파악하기	2점	경제 / 농산물 가격 급등	신문 기사 제목
28	세부 내용 추론하기	2점	심리 / 간접 광고	설명문
29	세부 내용 추론하기	2점	심리/ 도박의 속성	설명문
30	세부 내용 추론하기	2점	심리 / 약에 대한 믿음	설명문
31	세부 내용 추론하기	2점	경영 / 기업의 상품 판매 전략	설명문
32	세부 내용 파악하기	2점	복지 / 출산·육아 관련 제도	설명문
33	세부 내용 파악하기	2점	과학 / 색맹자용 안경	설명문
34	세부 내용 파악하기	2점	문화 / 택견	설명문
35	주제 추론하기	2점	건강 / 치매, 보청기	설명문
36	주제 추론하기	2점	문화 / 방송 프로그램	설명문
37	주제 추론하기	2점	교육 / 교육의 변화	설명문
38	주제 추론하기	2점	문화 / 스크린쿼터제	칼럼
39	글 단위 간의 관계 추론하기	2점	과학 / 인간의 감정 상태와 미각	설명문
40	글 단위 간의 관계 추론하기	2점	경제 / 자영업 생존율	설명문
41	글 단위 간의 관계 추론하기	2점	문화 / 경영학 이론	소개글
42	핵심 내용, 세부 내용 파악하기	2점	사회 / 장애인에 대한 인식	수필
43	핵심 내용, 세부 내용 파악하기	2점		수필
44	핵심 내용, 세부 내용 파악하기	2점	정치 / 정책 박람회	칼럼
45	핵심 내용, 세부 내용 파악하기	2점		칼럼
46	핵심 내용, 세부 내용 파악하기	2점	경제 / 임금 제도 개편	칼럼
47	핵심 내용, 세부 내용 파악하기	2점		칼럼
48	핵심 내용, 세부 내용 파악하기	2점	정치 / 다문화 국가, 자민족 중심주의	사설
49	핵심 내용, 세부 내용 파악하기	2점		사설
50	핵심 내용, 세부 내용 파악하기	2점		사설

실전 2회 문항 구성표

문항	문형 유형	배점	대주제 / 소주제	텍스트 유형
1	어휘나 표현의 의미 파악하기	2점	문법(-다가) / 지하철	문장
2	어휘나 표현의 의미 파악하기	2점	문법(-을 텐데) / 등산	문장
3	어휘나 표현의 의미 파악하기	2점	문법(은 커녕) / 식사	문장
4	어휘나 표현의 의미 파악하기	2점	문법(-을 게 뻔하다) / 생활	문장
5	광고, 안내문 등 실용적인 글을 읽고 글의 핵심 내용 파악하기	2점	광고 / 치약	광고문
6	광고, 안내문 등 실용적인 글을 읽고 글의 핵심 내용 파악하기	2점	광고 / 분실물 센터	광고문
7	광고, 안내문 등 실용적인 글을 읽고 글의 핵심 내용 파악하기	2점	광고 / 장애인 채용	광고문
8	광고, 안내문 등 실용적인 글을 읽고 글의 핵심 내용 파악하기	2점	광고 / 쿠폰 사용 안내	광고문
9	안내문, 도표 등 정보 전달의 글을 읽고 세부 내용 파악하기	2점	문화 / 자전거 축제	행사 안내문
10	안내문, 도표 등 정보 전달의 글을 읽고 세부 내용 파악하기	2점	문화 / 부부 나이	그래프
11	안내문, 도표 등 정보 전달의 글을 읽고 세부 내용 파악하기	2점	문화 / 하우스 콘서트	기사문
12	안내문, 도표 등 정보 전달의 글을 읽고 세부 내용 파악하기	2점	사회 / 소셜 다이닝	기사문
13	글 단위 간의 관계 추론하기	2점	과학 / 외모와 환경의 영향	설명문
14	글 단위 간의 관계 추론하기	2점	교육 / 어린이의 텔레비전 시청	논설문
15	글 단위 간의 관계 추론하기	2점	생활 과학 / 컵 분리 방법	설명문
16	세부 내용 추론하기	2점	과학 / 색깔과 맛	설명문
17	세부 내용 추론하기	2점	사회 / 에너지 음료	설명문
18	세부 내용 추론하기	2점	과학 / 채소 보존 방법	설명문
19	핵심 내용, 세부 내용 파악하기	2점	건강 / 고기 직화 구이와 건강	설명문
20	핵심 내용, 세부 내용 파악하기	2점		
21	핵심 내용, 세부 내용 파악하기	2점	심리 / 행복	칼럼
22	핵심 내용, 세부 내용 파악하기	2점		
23	핵심 내용, 세부 내용 파악하기	2점	일상 / 아이와 편찮으신 어머니	수필
24	핵심 내용, 세부 내용 파악하기	2점		
25	기사의 제목을 읽고 제목의 세부 내용 파악하기	2점	날씨 / 일기 예보(강풍)	신문 기사 제목

26	기사의 제목을 읽고 제목의 세부 내용 파악하기	2점	스포츠 / 야구	신문 기사 제목
27	기사의 제목을 읽고 제목의 세부 내용 파악하기	2점	경제 / 편의점 매출 증가	신문 기사 제목
28	세부 내용 추론하기	2점	심리 / 사람들의 기억	설명문
29	세부 내용 추론하기	2점	과학 / 상한 계란 구별법	설명문
30	세부 내용 추론하기	2점	음식 / 설렁탕	설명문
31	세부 내용 추론하기	2점	사회 / 백화점 문화 센터	설명문
32	세부 내용 파악하기	2점	사회 / 자전거 사고	설명문
33	세부 내용 파악하기	2점	심리 / 어린이들의 그림	설명문
34	세부 내용 파악하기	2점	사회 / 수사 민원 상담 센터	설명문
35	주제 추론하기	2점	건강 / 셀프 성형	설명문
36	주제 추론하기	2점	문화 / 판소리 공연	설명문
37	주제 추론하기	2점	심리 / 외로운 사람들의 심리	설명문
38	주제 추론하기	2점	정치 / 소득과 부의 불평등	칼럼
39	글 단위 간의 관계 추론하기	2점	과학 / 독감 예방 접종	설명문
40	글 단위 간의 관계 추론하기	2점	과학 / 계절과 수면	설명문
41	글 단위 간의 관계 추론하기	2점	문화 / 생각의 힘	소개글
42	핵심 내용, 세부 내용 파악하기	2점	사회 / 등록금 마련하려는 대학생	수필
43	핵심 내용, 세부 내용 파악하기	2점		
44	핵심 내용, 세부 내용 파악하기	2점	환경 / 온실가스 감축 제도	칼럼
45	핵심 내용, 세부 내용 파악하기	2점		
46	핵심 내용, 세부 내용 파악하기	2점	정치 / 국회의원 불체포 특권	칼럼
47	핵심 내용, 세부 내용 파악하기	2점		
48	핵심 내용, 세부 내용 파악하기	2점	교육 / 수학 시간 계산기 사용	사설
49	핵심 내용, 세부 내용 파악하기	2점		
50	핵심 내용, 세부 내용 파악하기	2점		

실전 3회 문항 구성표

문항	문형 유형	배점	대주제 / 소주제	텍스트 유형
1	어휘나 표현의 의미 파악하기	2점	문법(-이라도) / 가수	문장
2	어휘나 표현의 의미 파악하기	2점	문법(-만 못하다) / 시합	문장
3	어휘나 표현의 의미 파악하기	2점	문법(-었을지도 모르다) / 백화점 휴일	문장
4	어휘나 표현의 의미 파악하기	2점	문법(-으나마나이다) / 축제	문장
5	광고, 안내문 등 실용적인 글을 읽고 글의 핵심 내용 파악하기	2점	광고 / 자동차	광고문
6	광고, 안내문 등 실용적인 글을 읽고 글의 핵심 내용 파악하기	2점	광고 / 항공사	광고문
7	광고, 안내문 등 실용적인 글을 읽고 글의 핵심 내용 파악하기	2점	광고 / 언어 예절	광고문
8	광고, 안내문 등 실용적인 글을 읽고 글의 핵심 내용 파악하기	2점	광고 / 공연 관람 예절	광고문
9	안내문, 도표 등 정보 전달의 글을 읽고 세부 내용 파악하기	2점	문화 / 불꽃놀이 축제	행사 안내문
10	안내문, 도표 등 정보 전달의 글을 읽고 세부 내용 파악하기	2점	경제 / 신혼부부 수입 사용처	그래프
11	안내문, 도표 등 정보 전달의 글을 읽고 세부 내용 파악하기	2점	문화 / 요리 대결	소개글
12	안내문, 도표 등 정보 전달의 글을 읽고 세부 내용 파악하기	2점	사회 / 작은 결혼식	기사문
13	글 단위 간의 관계 추론하기	2점	생활 / 장마철 빨래 냄새	설명문
14	글 단위 간의 관계 추론하기	2점	건강 / 손 씻기	설명문
15	글 단위 간의 관계 추론하기	2점	사회 / 범죄 예방	설명문
16	세부 내용 추론하기	2점	교육 / 기차 여행	설명문
17	세부 내용 추론하기	2점	사회 / 조명 제품과 커피숍	설명문
18	세부 내용 추론하기	2점	경제 / 지폐의 인물	설명문
19	핵심 내용, 세부 내용 파악하기	2점	심리 / 개인의 집단 순응	설명문
20	핵심 내용, 세부 내용 파악하기	2점		
21	핵심 내용, 세부 내용 파악하기	2점	교육 / 여학생 체육 활성화	칼럼
22	핵심 내용, 세부 내용 파악하기	2점		
23	핵심 내용, 세부 내용 파악하기	2점	일상 / 삼계탕과 닭 트라우마	수필
24	핵심 내용, 세부 내용 파악하기	2점		
25	기사의 제목을 읽고 제목의 세부 내용 파악하기	2점	환경 / 지구 온난화	신문 기사 제목

26	기사의 제목을 읽고 제목의 세부 내용 파악하기	2점	사회 / 교통사고	신문 기사 제목
27	기사의 제목을 읽고 제목의 세부 내용 파악하기	2점	경제 / 삼겹살 값	신문 기사 제목
28	세부 내용 추론하기	2점	문화 / 명함	설명문
29	세부 내용 추론하기	2점	과학 / 해수 담수화 기술	설명문
30	세부 내용 추론하기	2점	심리 / 분노 조절 프로그램	칼럼
31	세부 내용 추론하기	2점	사회 / 퇴직자들의 자원봉사	기사문
32	세부 내용 파악하기	2점	과학 / 첨단 안전모	기사문
33	세부 내용 파악하기	2점	사회 / 특수어과 취업률	기사문
34	세부 내용 파악하기	2점	문화 / 영화사의 온라인 특강	기사문
35	주제 추론하기	2점	문화 / 외국어 사용 실태	기사문
36	주제 추론하기	2점	사회 / 연예인의 실상	칼럼
37	주제 추론하기	2점	사회 / 신종 독감	기사문
38	주제 추론하기	2점	경제 / 미술품 투자	칼럼
39	글 단위 간의 관계 추론하기	2점	과학 / 크라우드 펀딩	설명문
40	글 단위 간의 관계 추론하기	2점	사회 / 도심 공항 터미널	설명문
41	글 단위 간의 관계 추론하기	2점	문화 / 종교	소개글
42	핵심 내용, 세부 내용 파악하기	2점	생활 / 키	수필
43	핵심 내용, 세부 내용 파악하기	2점		
44	핵심 내용, 세부 내용 파악하기	2점	환경 / 환경 유해 인자 표시 제도	기사문
45	핵심 내용, 세부 내용 파악하기	2점		
46	핵심 내용, 세부 내용 파악하기	2점	교육 / 다문화 가족 자녀 교육 지원	기사문
47	핵심 내용, 세부 내용 파악하기	2점		
48	핵심 내용, 세부 내용 파악하기	2점	외교 / 전쟁	사설
49	핵심 내용, 세부 내용 파악하기	2점		
50	핵심 내용, 세부 내용 파악하기	2점		

실전 4회 문항 구성표

문항	문형 유형	배점	대주제 / 소주제	텍스트 유형
1	어휘나 표현의 의미 파악하기	2점	문법(-도록) / 귀가	문장
2	어휘나 표현의 의미 파악하기	2점	문법(-다시피) / 건물	문장
3	어휘나 표현의 의미 파악하기	2점	문법(-기 십상이다) / 운동과 건강	문장
4	어휘나 표현의 의미 파악하기	2점	문법(-을 만하다) / 경험	문장
5	광고, 안내문 등 실용적인 글을 읽고 글의 핵심 내용 파악하기	2점	광고 / 옷	광고문
6	광고, 안내문 등 실용적인 글을 읽고 글의 핵심 내용 파악하기	2점	광고 / 노래방	광고문
7	광고, 안내문 등 실용적인 글을 읽고 글의 핵심 내용 파악하기	2점	광고 / 낙서 금지	광고문
8	광고, 안내문 등 실용적인 글을 읽고 글의 핵심 내용 파악하기	2점	광고 / 재료 안내	광고문
9	안내문, 도표 등 정보 전달의 글을 읽고 세부 내용 파악하기	2점	일상 / 뮤지컬 공연	행사 안내문
10	안내문, 도표 등 정보 전달의 글을 읽고 세부 내용 파악하기	2점	사회 / 스마트폰 중독	그래프
11	안내문, 도표 등 정보 전달의 글을 읽고 세부 내용 파악하기	2점	문화 / 해수욕장 공연	소개글
12	안내문, 도표 등 정보 전달의 글을 읽고 세부 내용 파악하기	2점	사회 / 전투 식량	기사문
13	글 단위 간의 관계 추론하기	2점	과학 / 낮잠과 카페인	설명문
14	글 단위 간의 관계 추론하기	2점	경제 / 마케팅 방법	설명문
15	글 단위 간의 관계 추론하기	2점	경제 / 간소화 상품	설명문
16	세부 내용 추론하기	2점	심리 / 불안감과 통증의 정도	설명문
17	세부 내용 추론하기	2점	사회 / 유령 체증	설명문
18	세부 내용 추론하기	2점	심리 / 소득과 행복	설명문
19	핵심 내용, 세부 내용 파악하기	2점	과학 / 바나나 전염병	설명문
20	핵심 내용, 세부 내용 파악하기	2점		
21	핵심 내용, 세부 내용 파악하기	2점	심리 / 약속을 지키는 아이와 어른들의 태도	설명문
22	핵심 내용, 세부 내용 파악하기	2점		
23	핵심 내용, 세부 내용 파악하기	2점	일상 / 강아지	수필
24	핵심 내용, 세부 내용 파악하기	2점		
25	기사의 제목을 읽고 제목의 세부 내용 파악하기	2점	경제 / 냉방용품	신문 기사 제목

26	기사의 제목을 읽고 제목의 세부 내용 파악하기	2점	경제 / 취업	신문 기사 제목
27	기사의 제목을 읽고 제목의 세부 내용 파악하기	2점	경제 / 장수 제품의 변화	신문 기사 제목
28	세부 내용 추론하기	2점	사회 / 생각과 행동	칼럼
29	세부 내용 추론하기	2점	경제 / 담배 지갑	설명문
30	세부 내용 추론하기	2점	환경 / 지구 온난화와 단풍	설명문
31	세부 내용 추론하기	2점	과학 / 디지털 치매	칼럼
32	세부 내용 파악하기	2점	건강 / 저녁 운동	설명문
33	세부 내용 파악하기	2점	문화 / 응원 도구	설명문
34	세부 내용 파악하기	2점	사회 / 포트홀	설명문
35	주제 추론하기	2점	과학 / 잡초	설명문
36	주제 추론하기	2점	문화 / 중·장년층 남성과 드라마	설명문
37	주제 추론하기	2점	경제 / 빅데이터	설명문
38	주제 추론하기	2점	정치 / 정책 집행 방식	칼럼
39	글 단위 간의 관계 추론하기	2점	과학 / 페트병 재사용	설명문
40	글 단위 간의 관계 추론하기	2점	사회 / 청년 니트족	설명문
41	글 단위 간의 관계 추론하기	2점	문화 / 놀이터	소개글
42	핵심 내용, 세부 내용 파악하기	2점	일상 / 포크 댄스 수업	수필
43	핵심 내용, 세부 내용 파악하기	2점		
44	핵심 내용, 세부 내용 파악하기	2점	윤리 / 착한 소비	칼럼
45	핵심 내용, 세부 내용 파악하기	2점		
46	핵심 내용, 세부 내용 파악하기	2점	심리 / 동조 행동	칼럼
47	핵심 내용, 세부 내용 파악하기	2점		
48	핵심 내용, 세부 내용 파악하기	2점	과학 / 로봇 기술	사설
49	핵심 내용, 세부 내용 파악하기	2점		
50	핵심 내용, 세부 내용 파악하기	2점		

실전 5회 문항 구성표

문항	문형 유형	배점	대주제 / 소주제	텍스트 유형
1	어휘나 표현의 의미 파악하기	2점	문법(-고서는) / 설명	문장
2	어휘나 표현의 의미 파악하기	2점	문법(-거나) / 주말	문장
3	어휘나 표현의 의미 파악하기	2점	문법(-었으면 하다) / 출장	문장
4	어휘나 표현의 의미 파악하기	2점	문법(-을걸) / 주식	문장
5	광고, 안내문 등 실용적인 글을 읽고 글의 핵심 내용 파악하기	2점	광고 / 세탁기	광고문
6	광고, 안내문 등 실용적인 글을 읽고 글의 핵심 내용 파악하기	2점	광고 / 슈퍼마켓	광고문
7	광고, 안내문 등 실용적인 글을 읽고 글의 핵심 내용 파악하기	2점	광고 / 공공질서	광고문
8	광고, 안내문 등 실용적인 글을 읽고 글의 핵심 내용 파악하기	2점	광고 / 먹는 방법	광고문
9	안내문, 도표 등 정보 전달의 글을 읽고 세부 내용 파악하기	2점	경제 / 여성 취업 채용 박람회	행사 안내문
10	안내문, 도표 등 정보 전달의 글을 읽고 세부 내용 파악하기	2점	문화 / 청소년 휴대 전화 사용	그래프
11	안내문, 도표 등 정보 전달의 글을 읽고 세부 내용 파악하기	2점	문화 / 동물원 특별 체험 행사	소개글
12	안내문, 도표 등 정보 전달의 글을 읽고 세부 내용 파악하기	2점	과학 / 태풍 이름	기사문
13	글 단위 간의 관계 추론하기	2점	건강 / 예술 치료	설명문
14	글 단위 간의 관계 추론하기	2점	사회 / 잊혀질 권리	설명문
15	글 단위 간의 관계 추론하기	2점	환경 / 도시 정원	설명문
16	세부 내용 추론하기	2점	과학 / 체온	설명문
17	세부 내용 추론하기	2점	사회 / 모방 범죄	설명문
18	세부 내용 추론하기	2점	경제 / 기업의 문화 사업	설명문
19	핵심 내용, 세부 내용 파악하기	2점	과학 / 망각	칼럼
20	핵심 내용, 세부 내용 파악하기	2점	과학 / 망각	칼럼
21	핵심 내용, 세부 내용 파악하기	2점	심리 / 거짓말	주장하는 글
22	핵심 내용, 세부 내용 파악하기	2점	심리 / 거짓말	주장하는 글
23	핵심 내용, 세부 내용 파악하기	2점	생활 / 잘못을 인정하는 것	수필
24	핵심 내용, 세부 내용 파악하기	2점	생활 / 잘못을 인정하는 것	수필
25	기사의 제목을 읽고 제목의 세부 내용 파악하기	2점	사회 / 교육 방송 스타 강사	신문 기사 제목

26	기사의 제목을 읽고 제목의 세부 내용 파악하기	2점	과학 / 무인 자동차 시대	신문 기사 제목
27	기사의 제목을 읽고 제목의 세부 내용 파악하기	2점	경제 / 의류 매출 저조	신문 기사 제목
28	세부 내용 추론하기	2점	경제 / 대용량 제품	설명문
29	세부 내용 추론하기	2점	과학 / 동물의 공격성	설명문
30	세부 내용 추론하기	2점	과학 / 사춘기의 뇌의 변화	설명문
31	세부 내용 추론하기	2점	경제 / 키덜트 문화	설명문
32	세부 내용 파악하기	2점	과학 / 생체 인식 기술	설명문
33	세부 내용 파악하기	2점	환경 / 기후 변화	설명문
34	세부 내용 파악하기	2점	과학 / 외계 생명체 탐사	설명문
35	주제 추론하기	2점	환경 / 공중전화 부스 활용	설명문
36	주제 추론하기	2점	과학 / 노화	설명문
37	주제 추론하기	2점	건강 / 공황 장애	설명문
38	주제 추론하기	2점	문화 / 1인 방송	주장하는 글
39	글 단위 간의 관계 추론하기	2점	문화 / 테헤란로	설명문
40	글 단위 간의 관계 추론하기	2점	문화 / 느리게 읽기	설명문
41	글 단위 간의 관계 추론하기	2점	문화(책 소개) / 영화 속의 현대사	소개글
42	핵심 내용, 세부 내용 파악하기	2점	생활 / 초등학교	수필
43	핵심 내용, 세부 내용 파악하기	2점		
44	핵심 내용, 세부 내용 파악하기	2점	정치 / 주민 참여 예산 제도	칼럼
45	핵심 내용, 세부 내용 파악하기	2점		
46	핵심 내용, 세부 내용 파악하기	2점	복지 / 노인 복지	칼럼성 기사
47	핵심 내용, 세부 내용 파악하기	2점		
48	핵심 내용, 세부 내용 파악하기	2점	정치 / 대학 등록금 인하 공약	사설
49	핵심 내용, 세부 내용 파악하기	2점		
50	핵심 내용, 세부 내용 파악하기	2점		